AF259467

LA
SŒUR GERTRUDE.

LA
SŒUR GERTRUDE

DE LA

CONGRÉGATION DES FILLES DE CHARITÉ DE LA PRÉSENTATION

SUPÉRIEURE DE LA MAISON DE SANTÉ DE LA RICHE

OU

LA CHARITÉ EN ACTION

—

PRIX: 3 FRANCS

—

CHEZ TOUS LES LIBRAIRES DE LA VILLE

—

TOURS

IMPRIMERIE LADEVÈZE

1866

AU PEUPLE.

Vous avez besoin d'un courage qui ne se lasse point pour supporter toutes les misères de la vie qui vous sont échues en partage.

En été, les jours sont longs et pénibles et vous n'avez pas l'ombre d'un bosquet pour vous défendre des ardeurs du soleil.

En hiver, la terre, durcie par la gelée ou couverte de neige, vous condamne à faire grève malgré les cris de vos enfants qui demandent du pain.

Ouvrier gémissant dans ton usine sous le poids de tes lourds marteaux, tu soupires à midi après la fin du jour pour demander à la nuit la force de gagner pour ta famille le pain du lendemain.

Maçon, charpentier, couvreur, et vous tous qui suez péniblement sous des fardeaux qui vous écrasent, pour soulager la misère des vieux parents qui vous ont donné la vie ;

Mécanicien, qui t'abandonnes à la Providence et à la vapeur pour conduire les riches plus rapidement au plaisir ;

Matelot, qui, sur les vagues de l'Océan, défies les vents qui hurlent et la tempête qui gronde, pour apporter à la France les richesses de l'Inde et la fève délicieuse du Nouveau-Monde ;

Infortuné commerçant, qui cours, vas, viens, t'agites pour éviter la hideuse banqueroute et les huissiers et les recors ;

Enfin, toi soldat français, payé à *cinq* centimes par jour ; toi qui voles à la gueule du canon pour défendre ton pays et ton vieux père, ou pour faire briller le drapeau d'Austerlitz aux extrémités de l'univers ;

Peuple, vous êtes tous mes frères. J'ai dit vos œuvres ! Quelles sont vos récompenses ? Tout est à vous comme aux autres, si vous le voulez ; puisqu'il n'y a plus de distinction entre le patricien et le plébéien, et que le mérite seul peut vous conduire aujourd'hui à la fortune et aux honneurs. Mais maintenant vous souffrez, vous travaillez, donc je vous plains. Salut à vous, mes pauvres frères du peuple, salut à vous qui ne possédez rien en travaillant toujours. Vos mains calleuses sont plus douces aux miennes que les mains soyeuses de ces sophistes sans cœur qui vous méprisent. Votre langage franc et loyal est plus harmonieux à mes oreilles que les paroles hypocrites de ces écrivains fangeux qui vous trompent en vous promettant un bonheur auquel ils ne croient point eux-mêmes. Leur doctrine infernale tend à vous faire oublier vos devoirs envers Dieu, la société et la famille, parce que Dieu les gêne, la société les condamne, et la famille est pour eux un dur esclavage qu'ils ont en horreur.

Au moins, si ces méchants ne vous avaient point arraché, par d'affreux exemples, la pensée d'une autre vie, cette pensée divine allégerait vos peines, soulagerait vos douleurs, en faisant poindre à vos yeux fatigués l'aurore d'un meilleur jour. Mais, non contents de vivre à vos dépens en vendant bien cher leurs infâmes et ridicules utopies, ils travaillent à vous fermer les portes du ciel pour éterniser vos malheurs. Dans leur fureur, ils ne voudraient pas même vous laisser la fille de la charité pour soigner vos derniers jours, calmer vos douleurs, panser vos blessures et recevoir votre dernier soupir. Et ces hommes pervers, qui vous ont traités comme des brutes pendant votre vie, vous engagent encore à mourir comme les bêtes, qui paissent sans intelligence dans les campagnes et dans les forêts; car voici le conseil qu'ils vous donnent à l'heure de la mort :

> Alors, pour en finir, si par hasard tes yeux
> Se relèvent encor vers la voûte des cieux ,
> Souviens-toi, moribond, que là-haut tout est vide.
> Va, dans le champ voisin , prends une pierre aride,
> Pose-la sous ta tête et, sans penser à rien ,
> Tourne-toi sur le flanc et crève comme un chien.

Voyez comme ils vous estiment !!...

Ouvriers, mes frères, ne les croyez point ; laissez-les se vanter d'être issus d'un singe et d'aboutir au néant ; sortis des mains de Dieu, vous, pensez aux sublimes destinées qu'il vous a promises et qui vous attendent.

Soyez toujours honnêtes ; la pensée seule de prendre le bien d'autrui est un crime.

Espérez mieux de l'avenir :

Il est en France un mortel tout-puissant qui vous protége, c'est l'Empereur.

Il est de vieilles familles qui ne vous méprisent point et qui jamais ne font attendre votre salaire.

Il est dans vos usines de bons maîtres qui vous regardent comme leurs enfants.

Il est des hommes de cœur qui réclament pour vous la vraie liberté des enfants de Dieu, que ces écrivains libérâtres vous enlèvent quand ils arrivent au pouvoir.

Il est de jeunes chrétiens qui vous visitent comme des amis, les mains pleines de secours et la bouche remplie de bons conseils.

Il est dans chaque paroisse une maison qui vous est toujours ouverte : c'est le presbytère.

Il est partout un homme de foi et de charité qui veut votre bonheur présent et futur : c'est le prêtre, votre ami par le cœur, votre frère par la naissance, et votre père en religion.

Au nom du Christ, fils de Dieu et de Marie, je vous le dis en vérité, ne vous attristez point. Il a partagé vos travaux et vos souffrances ; il a promis de vous délivrer : croyez en sa promesse qui n'a jamais trompé personne.

Vous le savez, son cœur a battu jadis sur le cœur du peuple pour lui donner l'espérance. C'est à son cœur divin que le peuple doit maintenant puiser la patience. C'est de sa bouche divine que coulent toujours ces paroles consolantes prononcées pour la première fois sur une montagne de Judée :

Heureux ceux qui souffrent persécution pour la justice parce que le royaume des cieux leur appartient.

Vous serez heureux quand les hommes vous maudiront, vous persécuteront, vous accableront de calomnies à cause de moi.

Réjouissez-vous alors, faites éclater votre joie, parce qu'une copieuse récompense vous attend au ciel.

Soyez toujours frères entre vous et ne soyez jamais égoïstes; car l'égoïste veut tout pour lui et rien pour les autres. C'est un pharisien masqué, qui peut échapper aux faibles regards des hommes qui le mépriseraient. Mais Dieu qui compte les pensées de son cœur, comme les cheveux de sa tête, l'attend à sa barre inévitable pour le démasquer, le condamner, et le précipiter dans ses prisons éternelles.

Malheur! trois fois malheur au mortel égoïste !
Avant son dernier jour, souvent à l'improviste
L'imprudent est puni. Son idole, brisée,
Met au grand jour son cœur, son âme et sa pensée.
On sourit en voyant un sot moi dans son cœur,
Un vain moi dans son âme, et son être en sueur
Cherche toujours un moi. Masqué jusqu'à la tombe
Horresco referens, en le disant j'ai peur,
Entrera-t-il au ciel...? non, là son masque tombe.

Loin de vous cet homme qui pense toujours à lui; laissez-le s'adorer tout seul, aimez-vous les uns les autres et bannissez toute crainte de vos cœurs, ouvriers mes frères;... et si la mort elle-même, au milieu de votre carrière, venait vous saisir dans ses bras glacés, ne vous attristez point trop encore sur le sort des êtres chéris que vous laisseriez dans le monde; il est sur la terre chrétienne une compagne pour vos femmes, une fille pour vos mères, une mère pour vos filles, un ange consolateur pour tous, c'est la sœur de charité. L'impie la méprise, cette fille-Dieu, et loin d'admirer le sacrifice qu'elle a fait pour vous, pauvre peuple, le libertin baffoue sa virginité volontaire, quand elle est restée vierge pour être et votre sœur et votre mère.

C'est donc à vous, pauvres ouvriers, mes frères et mes amis, c'est à vous de défendre cette mère et cette sœur que la religion vous donne, contre le mépris de l'impiété, les railleries de la volupté et les sarcasmes d'un certain monde qui ferme les yeux sur vos misères.

Pour vous encourager dans cette glorieuse croisade, c'est à vous que je dédie la vie de Marguerite Demilly, en religion sœur Gertrude, la mère des pauvres, la sœur des ouvriers, le plus parfait modèle des sœurs de charité.

CHAPITRE PREMIER.

Dans le monde.

> *Fortitudo et decor indumentum ejus, et ridebit in die novissima.*
>
> Elle est revêtue de force et de beauté, et elle rira au dernier jour (SALOMON, *Proverbes*).

Pendant la tourmente révolutionnaire de 1793, quand Louis XVI, à la honte éternelle de la Convention, perdant sa tête sur l'échafaud, laissait vacant le trône de saint Louis, sur lequel venaient s'asseoir, au nom de l'égalité, des tyrans en guenilles ; quand une femme, sortie de l'écume de la société, trônait en Vénus sur nos autels dix-huit fois séculaires, à la place de la Vierge, mère de ce Jésus mort au Calvaire pour sauver le peuple étreint dans les chaînes des Césars et portant au poing les menottes de l'esclavage ; quand les ogres de septembre, après avoir insulté dans ses temples le Dieu libérateur, faisaient couler le sang de ses prêtres à l'Abbaye et aux Carmes ; lorsque enfin, des bacchantes et des tricoteuses, remplaçaient au sanctuaire les filles de Marie, et que les malades dans les hôpitaux réclamaient à cor et à cri, les sœurs de la charité que ces monstres avaient envoyées en prison, à la guillotine, ou jetées dans les eaux de la Seine et de la Loire : dans un petit bourg de Picardie, vivait une famille honorable et chrétienne composée du père, Louis-Honoré Demilly, de la mère, Marie-Philippine Soyer, et de deux filles en bas âge. Ce fut alors que naquit une troisième enfant, qui devait plus tard honorer la profession religieuse. Sans craindre les hurlements des cannibales autour de sa maison, M. Demilly affronte la mort pour faire baptiser sa fille par un de ces bons prêtres appelés réfractaires parce qu'ils ne veulent point forfaire à la conscience. C'est donc dans les catacombes de 93 que ce bon chrétien donne à sa fille le nom de Marguerite, en latin *pierre précieuse.* Elevée par une pieuse mère, en suçant à ses mamelles un lait qui donne la vie au corps, elle puise en même temps dans son cœur cette liqueur délicieuse de la charité qui l'enivre toute sa vie. Elle annonce, dès son plus bas âge, cette bonté naturelle, ce dévouement si chrétien, cet abandon si généreux à la Providence et cette candeur virginale qui ne se démentent jamais.

Douée d'un cœur sensible, Marguerite Demilly devient un grand cœur ; d'un esprit vif et pénétrant, elle comprend ses devoirs et les embrasse avec une énergie qui ne s'éteint que dans les bras de la mort. La vérité seule pour elle a des charmes, ses lèvres jamais ne sont souillées par le mensonge, qu'elle tient pour une lâcheté. Toutes ces qualités sont enchâssées dans un extérieur que Dieu rarement donne à ses créatures. Sous un front haut, développé, ses yeux doux et spirituels et sa bouche gracieuse sourient comme les anges. Dans le monde ses compagnes envient sa taille élégante, la parfaite régularité de ses traits et la vermeille fraîcheur de son visage. Elles seraient jalouses même, si l'aimable simplicité et l'admirable modestie qui règnent dans tout son maintien ne commandaient le respect et la vénération aux plus étourdies. Dieu, en un mot, l'avait douée de tous les avantages qui promettent un bel avenir dans le monde; mais le monde n'était pas digne de cette pierre précieuse, elle était taillée pour le ciel après avoir été polie dans les tristes palais de Celui qui, pauvre dans le temps, resplendit maintenant dans l'éternité.

Le caractère de **M.** Demilly était doux, quoique un peu taquin. Je me rappelle l'avoir vu il y a trente-deux ans, dans un voyage qu'il fit à Tours. C'était alors un beau vieillard, sa figure était majestueuse, sa taille élevée; au coin de sa bouche régnait un sourire un peu moqueur qui ne déparait point la bonté peinte sur son visage. Son cœur était excellent, sa religion franche et sincère. Il me dit alors combien il aimait sa fille Marguerite et combien il avait eu de peine à la sacrifier au bon Dieu, ajoutant qu'il ne s'en repentait pas néanmoins puisqu'elle était heureuse.

Madame Demilly était le modèle des mères chrétiennes. Comme sa fille, elle était admirablement belle. Ses voisines disaient qu'elle était d'une beauté ravissante et d'une piété plus ravissante encore. Quoiqu'elle aimât beaucoup tous ses enfants, elle ne pouvait s'empêcher d'admirer la petite Marguerite, qui grandissait à vue d'œil en sagesse et en piété.

Trois ans après la naissance de Marguerite, naquit une quatrième fille, qui reçut au baptême le nom de Prudence. Elle
suivit plus tard sa sœur en communauté, et maintenant, sous
le nom de sœur Prudence, car elle a conservé son nom, elle
est supérieure de l'hospice de Vernou, édifiant toute la paroisse
par sa charité envers les pauvres, vertu héréditaire dans la
famille des Demilly. Après elle, une cinquième et dernière fille
vint compléter cette maison vraiment exemplaire dans le pays.
Trois sont restées dans le monde, et toutes les trois, en marchant sur les traces de leurs parents, ont fait d'excellentes mères
de famille.

J'ai fait pressentir que Madame Demilly chérit Marguerite
d'un amour de prédilection. Elle voit cette jeune plante pousser
si vigoureusement dans le champ de la piété, qu'elle la donne
pour exemple même à ses sœurs aînées qui n'en sont point
jalouses. Marguerite, en style de famille, est le bijou de la
maison : père, mère, sœurs, tous sont tellement dans l'admiration de son heureux caractère, que, si Dieu ne l'eût douée
d'une profonde humilité, et d'un grand discernement, l'orgueil eût
vicié cette bonne et belle nature. Mais elle avait souvent lu et
compris la parole de l'Ange et les réponses de la Vierge de
Nazareth. Aussi, quand son père, sa mère ou l'une de ses
sœurs lui demandent quelques petits services, elle aime trop
la servante de Dieu pour ne pas répéter avec elle : Je suis la
servante du Seigneur. Aussi, plus heureuse que Joseph, sans
contrainte, elle est adorée du soleil, de la lune et des quatre
étoiles qui scintillent autour d'elle, et sa gerbe, plus dorée que
les autres, n'inspire jamais la moindre jalousie. Au contraire,

nous voyons, à son départ pour la communauté, pour continuer le langage figuré des saintes écritures, le soleil se voiler,
la lune s'éclipser et les étoiles pâlir; puis tous les astres de
cette pléiade naguère si brillante se plonger pour longtemps
dans des ténèbres épaisses causées par son absence. Au lieu
de la vendre à des marchands ismaélites, on eût vendu de bon
cœur tout le bien de la famille pour la retenir, mais inutilement. Elle entend une voix intérieure qui lui dit : *Venez et
suivez-moi. Quiconque aura laissé pour l'amour de moi sa
maison ou ses frères ou ses sœurs, ou son père ou sa mère, en
sera dédommagé au centuple et possèdera la vie éternelle.*

Au moment de sa première communion surtout, Marguerite
montre une grande aptitude à la piété. Pour tous les enfants,
c'est un jour bien solennel que celui d'une première communion; mais, pour elle, c'est une joie ineffable mêlée de crainte
et d'amour; car elle comprend bien mieux que beaucoup
d'autres, à cet âge, la grandeur du Dieu qui va descendre en
son cœur. Longtemps à l'avance elle s'y prépare; pas n'est
besoin de dire qu'elle est la plus savante du catéchisme sans
cesser d'en être la plus humble. Avec son intelligence très-
développée, avec un cœur pur, à l'école d'un vétéran du
sanctuaire, martyr de la révolution, nourri du pain noir de
l'exil, elle saisit et embrasse les choses de Dieu avec une ardeur qu'on appellerait fébrile, si depuis elle n'eût persévéré et
augmenté toute sa vie. L'exemple, les saints encouragements de
sa pieuse mère, et les conseils d'un pasteur vénéré allument
en son âme un incendie d'amour et de foi qui ne s'éteindra plus.
Elle profite de toutes les leçons qu'on lui donne, met en pra-

tique les pieux conseils qui lui sont adressés sans jamais en oublier un seul. A la maison, son père la couve des yeux, sa mère l'encourage, ses sœurs l'admirent; à l'église, on la voit plusieurs fois le jour faire sa cour au divin maître, qu'elle doit bientôt recevoir pour la première fois. Aux pieds de la Vierge elle répand son cœur tout entier, en l'appelant du doux nom de Mère, cherchant à imiter son humilité profonde et son admirable charité. Aussi voit-on dès lors se développer au fond de son âme le germe précieux de la foi et de la compassion tendre envers le prochain , dont elle a donné de si beaux exemples pendant toute sa vie. Il semble que Dieu prenne plaisir à converser avec cette âme candide qui se donne de si bon cœur à lui. Toujours elle sort de l'église remplie des inspirations les plus saintes, qu'elle communique ingénûment à sa mère.

La veille du grand jour étant arrivée, elle purifie son âme des fautes légères inhérentes à la faiblesse de son âge. En sortant de la piscine salutaire, la figure empourprée par les aveux ingénus qu'elle vient de faire au bon vieillard et par le bonheur qu'elle ressent d'en avoir obtenu le pardon, elle se rend à l'autel de la Vierge; c'est là qu'elle vient toujours offrir à la bonne Mère ses joies, ses peines, ses actions de grâces. Sans doute , elle y dit le chapelet; je ne connais personne qui l'ait dit autant qu'elle pendant sa vie. En quittant l'église, elle court se jeter dans les bras de son autre mère, pour lui dire son bonheur et lui demander pardon de ses désobéissances. C'est alors un combat d'amour entre la fille et la mère, car la pieuse Madame Demilly vénère dans son enfant l'ange de l'innocence et de la pureté. Le bon père eut aussi son moment de tendresse pour cette fille chérie qu'il admirait autant dans son délire que Jacob admirait Joseph. Elle veut même faire des excuses à ses sœurs, qui la couvrent de baisers.

La veille d'une première communion dans une famille chrétienne est un jour d'épanchement pour tous les cœurs. Souvent même la foi reprend son empire dans les âmes attiédies par les plaisirs ou ravagées par les passions; toujours au moins, elle produit d'heureux effets, parce qu'elle rappelle aux parents le plus beau jour de la vie. Le pardon demandé par leurs enfants fait penser au pardon qu'ils doivent eux-mêmes tous les jours demander au Seigneur, et la famille la moins chrétienne est souvent aussi émue à cet innocent spectacle qu'à la perte d'un enfant chéri ; car il est au fond de toutes les âmes une étincelle de foi qui ne s'éteint jamais. Je vous laisse à penser le bonheur de la famille Demilly, qui toujours avait conservé la pratique des vertus chrétiennes, même dans un temps où la foi n'était pas moins persécutée en France qu'à Rome sous les Néron et les Domitien.

La plupart des mères chrétiennes ont un grand tort ; celui de penser trop à la toilette de leurs enfants, le jour de la première communion, sans s'occuper assez de l'intérieur. Telle n'est point Mme Demilly, sa foi la porte à orner l'âme de sa fille sans trop penser à ses vêtements ; ce qui n'empêche pas Marguerite d'être plus belle que toutes ses compagnes. Son vêtement blanc fait ressortir les roses tendres de ses joues ; mais ce qui ravit tout le monde, c'est son voile diaphane de modestie et de candeur qui trahit les aspirations de la foi la plus vive! Aussi chaque mère en la voyant la préfère à sa fille. Je tiens tous ces détails d'un témoin oculaire.

Le moment arrivé d'aller à la table sainte, son cœur bat à pleine poitrine, comme elle l'a répété bien des fois, et ces mêmes émotions se reproduisent souvent quand elle fait, plus tard, la sainte communion. Toute l'assistance comprend à son maintien qu'elle n'est pas comme les autres enfants et qu'il se passe en elle quelque chose de divin. Tels on vit autrefois, Louis de Gonzague et Stanislas Kotska voler à la table du Seigneur avec un cœur brûlant d'amour, ainsi Marguerite, qui vient de lire la vie de ces jeunes saints, s'avance avec une volupté pure aux premières noces de l'Agneau sans tache.

A partir de sa première communion, Marguerite n'est plus une enfant; dans ses dernières années, elle prenait plaisir à parler de ce mystérieux changement, à raconter ce qu'avait produit en elle le corps adorable de Jésus, avec quelle volupté elle avait puisé à la source du sang précieux répandu au Calvaire. Elle ajoutait que ces aliments divins avaient fait germer en elle la sublime vocation de servir les pauvres dans la compagnie des filles de Marie; ce germe se développe en elle avec tant de puissance que ni les reproches paternels, ni les pleurs maternels ni les douces étreintes de ses sœurs ne peuvent jamais l'étouffer. Elle marche d'un pas ferme, sous l'égide de la Reine du ciel, sans jamais regarder en arrière. Elle écoute avec un saint respect les doléances de son père, les doutes de sa mère et les lamentations de ses sœurs; mais elle marche, elle court, elle avance toujours dans la divine route que Jésus lui montra le jour de sa première communion.

Mme Demilly, en mère chrétienne, fut la première vaincue; mais son mari, malgré sa foi, ne veut point encore laisser partir sa fille bien-aimée. A l'âge de dix-huit ans seulement, comme nous le verrons plus tard, elle entend ces paroles si longtemps désirées : *Pars ma fille, va servir les pauvres.*

Les six années qui s'écoulent de sa première communion à son entrée en communauté lui paraissent autant de siècles. Elle va souvent chez son bon vieux curé, qui l'exhorte à la patience et lui défend expressément de partir sans la bénédiction paternelle. Son plus grand plaisir alors est de chanter des cantiques à l'église et de lire à la maison des livres de piété. Sa voix juste et sonore attaque ces pieuses mélodies avec un enthousiasme qui communique la ferveur à toutes ses compagnes. Il faut bien l'avouer pourtant, cette ferveur n'est pas toujours de longue durée. Quand le ménétrier du village, après les vêpres, fait entendre sa cornemuse, l'essaim de papillons abandonne Marguerite et ses cantiques pour voler au bal. Quelquefois, cependant, elle consent à les suivre jusqu'à la porte de la salle de danse. On la prie d'entrer, on plaisante : mais elle répond en faisant, avec sa gaîté naturelle, une profonde révérence : *Chacun prend son plaisir où il le trouve. Vous aimez le monde et moi j'aime le bon Dieu. Vous voulez être riches et moi je veux servir les pauvres. Adieu !*

Loin de la blâmer, ses compagnes l'admirent, mais sans avoir le courage de suivre son exemple. Marguerite est si bonne pour elles, si complaisante, quand sa conscience n'est point en jeu, qu'elles ne peuvent s'empêcher de l'aimer cordialement. Le miel de sa parole atttire à Dieu un grand nombre de ces mouches légères, tandis qu'il en est d'autres, même parmi les personnes pieuses, qui les en éloignent en les abreuvant de fiel et de vinaigre. Cette évangélique manière de faire fût celle de Marguerite durant toute sa vie, et les résultats qu'elle obtint prouvent que ce n'est pas la plus mauvaise.

Quelque temps après sa première communion, son vénérable curé lui fit présent d'une petite boîte qu'il avait probablement faite en exil. Elle est maintenant entre les mains de la supérieure de Vernou, sa sœur. J'ai demandé à la voir. Elle est simple comme celui qui l'a donnée; mais, au moins, dans sa simplicité, elle n'est point trompeuse comme la boîte de Pandore; car on lit sur son couvercle :

« Que vous revient-il de vos péchés, que la honte de les avoir commis (*S^t. Chrysostome*) ? »

Sous le couvercle, une petite malice de père à fille :

« Vous avez de l'esprit et de la malice aussi. »

Sur la première paroi :

« Si vous voulez faire des progrès dans la piété, conservez-« vous dans la crainte de Dieu (*Imitation de J.-C*) »

Sur la seconde :

« Cherchez d'abord le royaume de Dieu, et la justice, et toutes choses vous seront données comme par surcroît (*Évangile*).

Sur la troisième enfin :

« En qui peut-on en toute sûreté mettre sa confiance, si ce « n'est en Dieu seul (*Imitation*)? »

Admirable simplicité d'un bon vieillard, mille fois plus précieuse et plus ingénieuse que tous les dons perfides de ces divinités insensées offerts à Pandore avec une boîte où sont renfermés tous les maux qui se répandent bientôt sur la terre. Marguerite a non-seulement la permission d'ouvrir sans crainte la boîte qu'on lui donne, mais le bon vieillard recommande avec un sourire de paternelle malice à sa fille spirituelle d'en méditer avec soin toutes les parois, sans oublier ce qu'il avait écrit sous le couvercle :

Vous avez de l'esprit et de la malice aussi.

Évidemment ces mots s'adressent à Marguerite. Pour de l'esprit, certes, elle n'en manque point ; mais c'est un bon esprit, porté à juger favorablement les actions d'autrui, sans s'arrêter à l'extérieur. Elle a trop de foi, trop de charité pour faire des jugements téméraires. Avec plus d'instruction, elle aurait eu l'esprit de Mgr de la Mothe, qui déplaisait seulement à certains jansénistes, indignés qu'un prélat français fût un peu de son pays.

Souvent cet esprit naturel est très-utile à Marguerite dans le cours de sa vie ; car elle avertit quelquefois par une plaisanterie toujours inoffensive quelques-unes de ses sœurs et certains d'entre ses malades qu'une leçon trop sévère eût indisposés, quelquefois même découragés. Sa gaîté, ne dépassant point les bornes et n'éclatant jamais en bruyantes exclamations, n'est au fond que la gaîté de la vertu. C'est chez elle le reflet d'une conscience pure. La fine plaisanterie qu'elle adresse au vieux pêcheur a pour but sa conversion, but qu'elle atteignit souvent, comme nous le verrons plus tard, surtout dans une conversation qu'elle eut avec un maire de Tours.

Avouons, cependant, que le bon curé a bien fait de mettre cette petite plaisanterie sous le couvercle de la boîte mystérieuse ; car la figure de Marguerite, si bonne, si douce, si naturelle, ne trahit son innocente malice qu'aux yeux de ceux qu'elle aime ou bien encore de ceux qu'elle veut faire rentrer dans le devoir. Pour tous les autres, elle est bonne jusqu'à l'excès, même lorsqu'elle est forcée de sévir. Enfin ce bon vieillard de 90 ans, est heureux de plaisanter par une innocente taquinerie une enfant qu'il aime.

Que vous revient-il de tous vos péchés, que la honte de les avoir commis?

Marguerite, avec un coup d'œil juste, comprenant toute la profondeur de cette sentence, en fait la règle de conduite de toute sa vie. Une personne atteste que, pendant trente-six ans qu'elle a eu le bonheur de la connaître, elle serait bien en peine de trouver dans sa vie plusieurs péchés véniels de propos délibéré. Son esprit droit saisit promptement le permis et le défendu, et son cœur, vraiment religieux, sent à la minute même autant d'amour pour l'un que d'aversion pour l'autre. Elle comprend que la conscience éclairée du flambeau de la foi est ce que nous avons en nous de plus près de la divinité, et qu'elle ne trompe jamais celui qui l'interroge sans chercher à s'excuser. Aussi l'interroge-t-elle avant chaque action, et quand cette action ne peut être faite aux yeux des hommes, elle en conclut avec raison qu'elle n'est point agréable à Dieu. Sa conscience, plus pure que les glaces de Venise, n'ayant jamais été ternie par le souffle du péché, elle s'est présentée à Dieu simple, pure, naïve, vêtue de la robe blanche qu'elle portait le jour de sa première communion.

Son aversion contre le péché et son amour pour le pécheur

là mirent sur la voie que lui avait tracée son divin modèle, et je
doute que quelqu'un après lui ait porté plus loin cette double
vertu. Ce qui m'étonne le plus, c'est sa connaissance de toutes
les faiblesses humaines et sa douloureuse sympathie pour les
malheureuses victimes de la volupté. Je l'ai toujours regardée
comme un ange, avec un cœur sans tache, don précieux qu'elle
avait reçu de la Reine des vierges et je serais tenté de croire
que si le jour de son baptême elle fut purifiée de la tache ori-
ginelle, par une grâce spéciale, au jour de sa première communion elle fut délivrée des effets que cette tache entraîne après
elle; ce qui ne l'empêchait point de comprendre l'offense que le
péché fait à Dieu et la honte qui le suit aux yeux des hommes.
Mais, comme Jésus-Christ, elle excuse jusqu'à *septante fois
sept fois* des fautes qu'elle n'a jamais commises. L'exemple de
Marie-Madeleine, recevant du divin Maître le pardon de toute
une vie de honte sans aucun reproche du passé, la porte à croire
sans doute que Dieu pardonne plus facilement ces fautes à la
pénitence et au repentir que les fautes de ces esprits orgueilleux qui s'élevèrent contre sa puissance, puisqu'ils furent
précipités dans les abîmes éternels.

*Si vous voulez faire des progrès dans la piété, conservez-
vous dans la crainte de Dieu.*

Si je ne craignais point d'être condamné avec Fénelon, j'ose-
rais dire que cette sentence, nécessaire à tant d'autres, ne
pouvait qu'être utile à Marguerite. Dieu la conduit plutôt par
l'amour que par la crainte. Sans être l'esclave de Dieu, elle en
est toujours la fille la plus soumise. Il n'est point permis de
dire qu'elle a dans l'esprit une indépendance coupable, car elle

donne toujours l'exemple de la soumission à l'autorité. Mais c'est plutôt l'amour que la crainte qui lui suggère de tels sentiments. Aussi pense-t-elle avec raison que les puissances de la terre gagnent beaucoup plus en autorité par la douceur que par la sévérité. En un mot, elle préfère l'agneau au tigre, et n'a-t-elle pas raison ? Elle eût été digne d'être la fille spirituelle de l'évêque de Cambrai, modèle accompli des évêques et des prêtres. Elle croit bonnement, et ne se trompe point, que Fénelon, conduisant par la corde une génisse égarée au maître qui l'a perdue, ne perd nullement de sa dignité, qu'il l'augmente au contraire. Enfin notre maître à tous ne dit-il pas que son joug est léger ? Pourquoi donc, alors, charger sur les épaules des autres des fardeaux que nous n'osons toucher du bout des doigts, quand la bonté conduit si naturellement à l'obéissance ? Il ne faudrait pas croire cependant qu'elle fût sans crainte pour son salut : elle a trop d'humilité, trop de défiance d'elle-même, pour avoir une telle pensée. Aussi, dans l'enthousiame de son admiration pour sa charité, une personne lui disant un jour : Bonne mère, je prie Dieu qu'il vous accorde de longs jours, puisque vous les remplissez si bien. Elle lui répondit dans son patois picard : Va, va, plus la bonne femme trotte, plus elle se.....

Cherchez d'abord le royaume de Dieu et la justice, et toutes choses vous seront données comme par surcroît.

L'homme naît avec une nature bonne ou mauvaise, qui se développe avec l'âge, quand la religion et l'éducation ne viennent point régler l'une ou enchaîner l'autre. Marguerite, d'une riche nature, douée d'un esprit juste avec de nobles penchants au cœur, avec d'heureuses dispositions à bien faire, ne tarde pas à voir que la terre n'est qu'un passage, qu'un isthme bien étroit qui conduit au continent de l'éternité. Aussi comprend-elle de suite la vérité de ces paroles : Cherchez avant tout le royaume de Dieu. Elle voit de prime abord la vanité des choses qui passent comme une ombre, et cherche sans s'amuser aux bagatelles du monde la pierre précieuse éternelle cachée sur la terre dans la poussière du temps. Pour la trouver et la posséder, cette pierre inestimable, il faut des efforts, et vous verrez qu'elle en fera ; il faut de la persévérance, elle n'en manquera point ; il faut surtout aimer Dieu et le prochain, elle en sera folle ; aussi la verrons-nous, dès icibas, jouir de la justice, et de toutes les autres choses qui lui seront données comme par surcroit, et maintenant au ciel bonne mère ! !...

En qui peut-on en toute sûreté mettre sa confiance, si ce n'est en Dieu seul ?

Marguerite, confiante par nature, a pourtant ses réserves où puisent seulement quelques personnes amies longtemps éprouvées, ou bien ces caractères francs et sincères que l'on juge à première vue, caractères qui, ne trompant jamais, sont toujours trompés. Elle plaint ces derniers, les aime et les défend envers et contre tous. Avec eux, elle a de ces épanchements de cœur qui, même dans une communauté, ne blessent en rien ceux qui n'y prennent aucune part. Telle est l'amitié de saint Grégoire et de saint Basile, amitié confiante, ayant la vertu pour base et le salut pour couronnement. Ainsi furent plus tard, comme nous le verrons, son amitié et sa confiance envers la mère Assomption, sa supérieure générale, et envers sœur Claire, supérieure de l'hospice de Meung, sa confidente à son début dans la communauté; ainsi vous la verrez enfin confiante dans une personne qui lui rendait bien la pareille, sans que jamais cette confiance et ces amities fussent au détriment de tous ceux qui vécurent avec elle : son cœur était si grand !!

A l'âge de quarante ans elle est bien à même de comprendre que les vrais amis sont rares. Trompée alors, elle aime encore le trompeur, parce qu'elle connaît l'espèce humaine. Supérieurs, égaux, inférieurs, elle a des idées arrêtées sur tous et sur toutes, elle les aime tous et toutes et quand-même; mais au fond elle n'a, comme elle le répétait souvent, de pleine confiance qu'en Dieu seul.

Si je me suis un peu arrêté sur les sentences de la petite boîte, c'est qu'elle en parlait souvent et que nous les verrons se refléter dans la conduite de sa vie entière.

Je ne dois point non plus passer sous silence une petite anecdote qui fera saisir combien son bon vieux curé lui porta d'intérêt jusqu'à sa mort. Le lendemain des funérailles de ce bon prêtre, Marguerite Demilly vient trouver ses héritiers et leur dit en plaisantant qu'elle doit être sur son testament : comme il n'en avait point laissé, on se met à rire. Elle insiste sur le même ton, prétendant qu'il en existe un en sa faveur, qu'il est placé dans un de ses livres, que ce livre est relié en maroquin rouge et qu'on le trouvera dans un endroit qu'elle désigne. Avec de telles indications on cherche, on trouve le livre en maroquin rouge : c'est l'*Ange conducteur*. Sur la première feuille, on lit ces mots en écriture tremblée :

Légère récompense de la vertu en en attendant une éternelle dans le ciel.

—

Priez Dieu pour moi.

—

Ce livre est pour Marie-Marguerite Demilly.

De Bras, *curé.*

Délicieux testament, legs admirable d'un bon vieillard à sa jeune fille spirituelle! Sentant sa fin approcher, désespérant de la conduire au but de tous ses désirs, il ne craint point pour sa vocation, mais il veut qu'elle marche toujours et qu'elle marche en sûreté. Que fait-il? Inspiré par la foi et par la la charité, il meurt l'espérance au cœur en lui donnant un *Ange conducteur,* ami fidèle qui ne l'abandonnera jamais; comme autrefois Tobie, envoyant son fils en pays étranger lui choisit pour guide un ange que Dieu lui envoie sous la figure d'un jeune homme vertueux.

Cent fois on a vu cet *Ange conducteur,* entre les mains de celle qui l'avait hérité avec tant de bonheur. Pendant sa maladie elle le lit encore et les leçons du bon vieillard qui lui inspira tant de foi et de charité durant sa jeunesse la soutiennent dans la dernière étape qui la conduit à l'éternité.

Pour expliquer les sentences de la petite boîte et pour donner au lecteur la touchante histoire de l'*Ange conducteur,* nous avons abandonné la jeune postulante au milieu des contradictions de sa famille, contradictions bienveillantes, il est vrai, mais par là même plus difficiles à combattre. Depuis l'âge de douze ans, Marguerite n'avait qu'une pensée : s'envoler sous la bannière de la Vierge dans une congrégation d'hospitalières. Nous avons déjà dit qu'elle luttait avec patience d'après les avis du bon curé. Ajoutons maintenant qu'elle lutte avec persévérance, en prenant pour modèle cette femme dont parle Salomon :

Celle qui doit être plus tard une femme forte et plus précieuse que les richesses travaille avec des mains sages et ingénieuses.

Elle ceint de force ses reins; elle affermit son bras, et sa lampe ne s'éteint point durant la nuit.

Jeune encore, elle a porté ses mains à des choses fortes.

Elle est déjà revêtue de force et de beauté et elle rira au dernier jour.

Elle ouvre sa bouche à la sagesse, et la loi de clémence est sur sa langue.

Elle considère les sentiers de sa maison, et elle ne mange point son pain dans l'oisiveté.

Malgré tout son courage, au bout de six ans, Marguerite avait seulement gagné son excellente mère. Son père, au contraire, est toujours opposé. Comment donner un consentement qui le sépare pour toujours d'une de ses filles, et quelle fille!… On était encore si près de ces temps malheureux où la sœur hospitalière, en place de Grève, montait à l'échafaud, était mitraillée à Lyon et jetée dans les eaux de la Loire à Nantes; où la moins maltraitée était forcée de quitter son saint habit et ses pauvres et ses malades et le sanctuaire de la mère de Dieu !

M. Demilly, témoin de ces temps malheureux, en craint le retour. Alors que deviendra Marguerite? Dans ses songes il la voit monter à l'échafaud, précipitée dans la Somme, traînée aux gémonies, déshonorée, exilée en terre étrangère. Toutes ces pensées agitent son esprit le jour et la nuit. Quand il est sur le point de donner l'autorisation si désirée, il recule épouvanté, craignant d'être un jour la cause du malheur de sa fille, que son cœur paternel voit déjà entre les mains des bourreaux. Il a derrière lui un corps de bataille qui seconde tous ses efforts; car les autres Marie (1), de leur côté la poursuivent avec toute l'ardeur de l'amour fraternel poussé jusqu'à son apogée, partageant toutes les craintes du père qui ne cesse de peindre à leurs yeux Marguerite entre les mains d'un tyran, comme Cymodocée entre les mains d'Hiéroclès, Marguerite en prison, Marguerite exilée, Marguerite à l'échafaud.

A ces paroles d'un père vénéré, on pousse des sanglots, on verse des larmes, c'est un désespoir général. Les jeunes voisines, amies des quatre sœurs, se joignent à elles pour donner de rudes et continuels assauts à la vocation qui rend si malheureuse une famille tout entière. C'est à n'y plus entendre au foyer des Demilly, un jour où le délire est arrivé à son paroxysme, on croit que la pauvre enfant va céder. Père, mère, sœurs, voisines, tous pleurent, Marguerite aussi laisse tomber doucement quelques larmes et pousse un sanglot qui donne de l'espérance, quand tout à coup elle s'écrie : « *Je vous*

(1) Il avait donné le nom de Marie à ses cinq filles, exemple qui devrait être suivi par tous les parents chrétiens.

aime bien tous, j'ai de la peine de vous quitter, et cependant il me faut partir, la voix de Dieu m'appelle ; mieux vaut obéir à Dieu qu'à ses parents.

La crainte d'une nouvelle révolution n'est pas la seule cause des angoisses qui mordent le cœur de M. Demilly. Il est dans son âme une passion plus à craindre que les révolutions , passion qui l'entraîne, malgré lui peut-être, au delà des droits paternels , passion qui germe facilement au cœur d'un père et s'y développe avec la rapidité de l'incendie. Pour fausser les consciences les plus honnêtes, cette passion, fille de l'égoïsme, prend tous les dehors du dévouement ; tous les moyens lui sont bons pour arriver à son but : le crime et la vertu lui tendent la main, l'orgueil et l'humilité marchent à ses côtés, l'avarice la précède, le déshonneur la suit, la vanité l'appelle ma sœur : C'est l'ambition.

Pour qui connaît les hommes, il est facile de comprendre que le bon père avait hypothéqué un bel avenir sur toutes les qualités de sa fille Marguerite. Elle est si belle qu'elle attire sans s'en douter les regards de tous les jeunes gens de bonne famille des environs. Elle est si bonne que tous les pères désirent l'avoir pour leurs fils. Elle est si pieuse que toutes les mères voudraient l'avoir pour belle-fille.

Pauvre enfant, il lui faut bien du courage pour soutenir tous les assauts livrés chaque jour à sa vocation ! On lui montre les autels renversés par la révolution à peine redressés, les religieuses chassées de leurs couvents à peine rentrées. Ses oreilles à chaque instant sont étourdies par les lamentations de son père, les sanglots de ses sœurs, les plaintes de ses compagnes, mêlés aux soupirs des bons jeunes gens qui demandent sa main. Mais pour elle la révolution c'est le martyre, et tant mieux ; l'expulsion du couvent c'est l'exil, la terre est au Seigneur ; le temps calmera les lamentations paternelles, apaisera les gémissements de ses sœurs, et les plaintes de ses compagnes s'évanouiront avec les soupirs des prétendants qui lui promettaient un amour éternel.

Elle m'amusait singulièrement, quand, pour chasser ma tristesse ou calmer mes souffrances, elle me racontait naïvement tout le bruit, tout le vacarme que l'on faisait autonr d'elle. Mais un jour tout ce tapage attire sur Marguerite les regards du seigneur du village. De l'esprit, une fortune colossale, le prestige d'un nom aristocratique étaient bien de nature à rendre folle une jeune fille de dix-huit ans. Porter un titre respecté dans la contrée, fouler aux pieds de moelleux tapis, habiter sous des lambris dorés, avoir à ses ordres, femmes de chambre, cocher, équipage, c'eût été beaucoup trop pour faire changer ses compagnes, mais ce n'était pas assez pour ébranler, un instant, sa vocation. Toutes ces billevésées n'étaient dignes que d'un sourire de pitié pour celle, qui, prétendant à la main du Roi des rois, ne voulait ici-bas pour château qu'un hôpital, pour coiffure une cornette de quinze sous, pour suivantes des filles infirmes, pour cochers des pauvres, pour amis des malades.

Le marquis fut donc évincé, comme les autres prétendants, avec ses cent mille francs de rente, ses châteaux, ses équipages et son beau nom. Pauvre homme ! Tu perds ta peine et ton temps. Il y a longtemps que celle que tu poursuis de ton amour a fait son choix, et l'Époux que son cœur a choisi ne veut point de rival. Il promet à sa fiancée une nombreuse postérité, des jours heureux et des richesses qui n'ont rien à craindre de la rouille ni des voleurs ; elle est sûre avec lui d'un nom éternel dans l'éternité. Console-toi donc de ses refus, en donnant ta fortune ton nom et tes armes à une mortelle comme toi; Marguerite, qui vise à l'immortalité, veut un époux immortel, ses armes sont une croix en champ d'azur, ses généraux des pêcheurs, ses soldats des martyrs, ses ambassadeurs des anges; il est ton maître, il est ton roi, il est ton Dieu, l'univers l'appelle Jésus.

Marguerite, de plus en plus convaincue qu'elle est appelée de Dieu à l'état religieux, veut faire un voyage à Notre-Dame de Liesse, pour demander à la Madone et son avis et sa protection. Dans cette pensée, elle fait avec une de ses compagnes, à pied, quinze lieues dans un jour. Chemin faisant, elle rencontre, dans un bois, des soldats en marche qui changeaient de garnison. En les voyant, elle tremble d'être insultée, mais Dieu qui la protége, inspire au chef qui les commande la pensée de conduire lui-même les deux jeunes filles au milieu de tous ses soldats, qui n'osèrent, en présence de leur chef, prononcer un seul mot qui pût les faire rougir. Toute sa vie elle a conservé une grande reconnaissance pour ce brave officier.

Après cette rencontre, les deux compagnes cheminent sans aucun obstacle, et arrivent le soir même au lieu du pèlerinage. Les pieds de Marguerite étaient tout ensanglantés. Le lendemain, malgré les fatigues du voyage, elle se lève de bon matin pour se rendre à la chapelle de la Vierge, qu'elle venait consulter et implorer. Après s'être confessée avec sa compagne, toutes les deux entendent la messe et font la sainte Communion ; puis elles se présentent de nouveau à la sainte Table, pour demander chacune un salut et un évangile.

En sortant du sanctuaire vénéré, Marguerite était heureuse comme la vierge de Nazareth en quittant la maison d'Élisabeth, sa cousine. Il n'en est pas de même de sa compagne, qui change aussitôt de vocation et prend la résolution de vivre dans le monde. Marguerite, au contraire, plus convaincue que jamais que Dieu l'appelle à lui, se rend en toute hâte à la maison paternelle, où elle espère, à son arrivée, entendre sortir de la bouche de son excellent père la permission depuis si longtemps réclamée. En effet, elle ne se fit pas longtemps attendre ; de guerre lasse, mettant de côté la crainte des prisons et de la mort, jusqu'à son ambition même, profondément touché du courage de sa fille qui vient de faire trente lieues en trois jours, pour interroger la Vierge sur sa vocation, M. Demilly accorde la permission si longtemps désirée. C'était au temps de la première communion de Prudence, maintenant supérieure des sœurs de Vernou. Depuis quelque temps, cette enfant, gagnée par Marguerite, était devenue son avocate auprès du bon père. Elle avait profité de cette occasion favorable pour renouveler sa demande. Inspirée par le Dieu qu'elle vient de recevoir, elle est vraiment éloquente. Puis, comment un père chrétien pourrait-il refuser, le jour de sa première communion, une jeune fille qui prie pour sa sœur tendrement aimée au nom du Dieu qui parle avec elle ! Aussi M. Demilly, lui dit-il avec une grande bonté : « Plus tard nous verrons ; » et, comme nous le savons déjà, ce plus tard n'est pas longtemps attendu.

La permission donnée, Marguerite aussitôt s'abandonne aux transports d'une joie ineffable; elle embrasse tendrement son père en le remerciant ; puis, suspendue au cou de sa mère qui pleure, elle pleure avec elle. Ses quatre sœurs se disputent à l'envi le bonheur de serrer en même temps dans leurs bras la généreuse victime qui va s'immoler au Dieu des pauvres.

Scène de tendresse et d'amour dans une famille chrétienne vous serez toujours inconnue aux gens du monde, qui ne comprennent rien aux jouissances de la foi dans les âmes chrétiennes!

CHAPITRE II.

Voyage.

*Angelis suis Deus mandavit de te , ut custo-
diant te in omnibus viis tuis.*

Le Seigneur vous a confié à ses anges
pour vous garder en voyage.

Depuis longtemps Marguerite avait préparé son trousseau ;
aussi, dès le lendemain de la permission donnée, part-elle, avec
la bénédiction de son nouveau curé, les étreintes de son père,
les baisers de sa mère, les embrassements de ses sœurs et les
adieux de ses compagnes, sous la garde d'un ami de sa famille
qui jouissait d'une excellente réputation dans le pays et qui se
rendait à Paris pour ses affaires.

Pendant que la postulante s'éloigne du toit paternel, les Demilly pleurent l'ange qui vient de les quitter pour toujours ; le
père parle de ses craintes et de ses rêves de fortune évanouis ;
la mère savoure encore son dernier baiser ; trois Marie
pleurent à chaudes larmes, et la quatrième, qui vient de faire
sa première communion, déjà forme en silence le projet de

3

rejoindre sa sœur en communauté. Aussi pieuse que Marguerite et charitable comme elle, aimant la prière et les pauvres de tout son cœur, Prudence doit nécessairement un jour aller chez les filles de la Charité de la Présentation retrouver celle qui, par son exemple, lui frayait alors le chemin du dévouement.

Les premières impressions, toujours si vives, une fois passées, la famille Demilly cherche à se consoler : le père voit déjà Marguerite revenir au printemps comme les hirondelles. Illusion bien permise au pauvre père qui voyait s'évanouir avec elle tous ses rêves dorés ! Mais la pieuse Marguerite, qui fut toujours d'un caractère réfléchi, n'avait point agi légèrement. Sa vocation n'était point une boutade de jeune fille se répentant le lendemain des démarches de la veille. Inébranlablement attachée à sa communauté jusqu'à la mort, elle arrive saine et sauve au bout de la carrière, quoiqu'elle ait rencontré bien souvent des cœurs trop sensibles disposés à ralentir ses pas. Aux promesses qu'on lui faisait alors elle répondait avec un profond dédain qui mettait le démon en fuite, ou par un sourire de compassion qui faisait rire les anges et soupirer les mortels qui voulaient la ravir à son immortel époux.

Pendant son voyage de Picardie à Sainville, résidence de la supérieure générale des sœurs de la Charité de la Présentation, Marguerite pense encore à son vieux père, à sa mère désolée, à ses sœurs affligées, pour les recommander à Dieu et à la bonne Mère Générale de tous les chrétiens. Mais, répondant à l'appel de son divin fiancé, elle ne tarde point à se consoler. Telle on voit la fille du monde quitter ses parents en pleurant et voler avec joie à l'autel pour y jurer amour et fidélité au mortel que son cœur a choisi ; ainsi, et plus joyeuse encore, Marguerite, sous l'égide d'un ami de son père, se rend dans la famille de son époux, où l'attend une bonne mère avec des sœurs aimantes et des compagnes impatientes de la serrer dans leurs bras.

Dans une famille chrétienne, quand une fille, destinée au saint état du mariage, se rend à l'autel témoin de ses serments, la mère tremble pour l'avenir de son enfant.

Dans une famille chrétienne, quand une fille, appelée à l'état plus saint de la virginité, s'achemine vers le couvent, la mère gémit sur son absence.

Pendant que la première déjà se console en pensant aux petits enfants qu'elle espère, la seconde compte précieusement dans son cœur tous les pauvres que la sienne va soulager.

Celle-là craint des revers de fortune, un époux infidèle, et des jours néfastes.

Celle-ci, sûre de la fidélité de l'Époux et de la dot qu'il a promise, ne redoute point les mauvaises chances de la fortune.

L'une ne pense qu'au temps qui dure peu ;

L'autre à l'éternité qui dure toujours.

Parents chrétiens, croyez-moi, répétons avec le grand Apôtre : *Qui matrimonio jungit virginem suam bene facit et qui non jungit melius facit.* A chacun sa vocation. Si Marguerite, la jeune vierge de Picardie, s'est sanctifiée au milieu des pauvres et des malades, Marguerite d'Ecosse était sainte à la cour au milieu des courtisans qu'elle édifiait par ses vertus et des trois cents pauvres qu'elle nourrissait comme une mère nourrit ses enfants.

Les parents chrétiens, qui ne peuvent eux-mêmes conduire une jeune fille en lointains pays, ne prendront jamais trop de précautions, surtout, quand il s'agit d'une enfant belle et spirituelle comme Marguerite. Il est plus d'un loup caché sous la peau d'une brebis, puis la nature humaine est si faible et si forte en même temps, que tous les hommes qui n'ont point failli doivent néanmoins toujours se tenir en garde à la pensée de ce roi d'Israël qui, après avoir demandé et obtenu la sagesse, se livre à la passion de la volupté, avec une frénésie telle, qu'elle n'a point été dépassée dans l'histoire des païens eux-mêmes.

Nous avons vu Marguerite Demilly partir avec un ami de son père, jouissant au milieu des siens d'une excellente réputation, réputation qui ne se dément point jusqu'à Paris. Il a pour elle, durant la route, des soins paternels; il prête une oreille complaisante à tout ce qu'elle raconte des difficultés qu'elle a rencontrées chez son père, pour entrer en communauté, il paraît édifié du voyage qu'elle a fait à Notre-Dame de Liesse, pour consulter la Madone sur sa vocation et pour lui demander aide et protection. L'épisode de l'officier qui conduit Marguerite et sa compagne à travers un régiment, au milieu d'une forêt, pour les défendre des insultes et des mauvaises plaisanteries de ses gens, provoque son admiration pour le soldat français.

Jusqu'à Paris donc, c'est un bon père, un ange conducteur qui sert de guide à la jeune vierge; mais arrivé à l'hôtel, l'ange de lumière se fait ange de ténèbres. Le lecteur connaît sans doute l'histoire de Suzanne et des deux vieillards maudits. Quand ces infâmes s'approchent d'elle pour la porter au crime, elle préfère la mort à l'ignominie ; ainsi, quand notre ange, métamorphosé en démon, les yeux hagards, se présente à Marguerite, elle s'écrie : *Un pas de plus, je vous arrache les yeux.*

Dieu qui l'avait sauvée du plus grand péril de sa vie, voulut aussitôt la récompenser de sa première victoire. Après avoir passé la nuit tout entière en oraisons, sans vouloir se coucher, tant elle redoutait le misérable qui, trompant la confiance de son père, avait voulu la porter au mal, elle se rend dès le matin à la voiture de Paris qui doit l'emporter à Sainville.

En montant dans cette voiture, qui la conduisait enfin au paradis terrestre rêvé depuis si longtemps, elle y trouve deux femmes et un vieillard vénérable qui la salue respectueusement. Comme la seule place qui reste dans la voiture se trouve en face du voyageur, elle est forcée de la prendre.

Au signal donné, le conducteur monte, on part. On fait au moins une lieue sans rien dire, mais non sans penser ; Marguerite, osant à peine lever les yeux, égraine son chapelet. Le vieillard, qui s'aperçoit de son embarras, lui adresse quelques paroles de bonté pour la mettre à l'aise. Il lui demande d'où elle est, si c'est là son premier voyage, si la route ne l'a point fatiguée. Pendant que la pauvre enfant répond à toutes ces demandes avec une grande timidité, tout à coup le bon vieillard, saisi d'un enthousiasme religieux qu'il ne peut maîtriser, lui fit plusieurs questions auxquelles elle répondit avec beaucoup d'à-propos. Nous avons jugé convenable de mettre ses réponses dans le dialogue suivant. Si ce ne sont pas les paroles de la bonne Marguérite, c'est au moins sa pensée tout entière :

« — Jeune fille, où vas-tu?

« — Je vais servir un bon maître qui pour gages m'a promis des rentes éternelles.

« — Que tes vœux soient bénis, jeune fille !

« — Jeune fille, où vas-tu ?

« — Je vole dans les bras d'une bonne mère dont la main génereuse veut ceindre mon front d'une couronne immortelle.

« — Que tes vœux soient exaucés, jeune fille !

« — Jeune fille, où vas-tu ?

« — Je vole au palais du fiancé que mon cœur a choisi, ses lèvres distillent des paroles plus douces que le miel, ses mains, blanches comme l'ivoire, me préparent des richesses plus précieuses que l'or et l'argent.

« — Que tes vœux soient bénis, jeune fille !

« — Jeune fille, où vas-tu !

« — Chercher des sœurs bien-aimées, elles m'attendent avec une guirlande de roses qui ne se flétrit jamais.

« — Que tes vœux soient bénis, jeune fille !

« — Jeune fille, où vas-tu ?

« — Donner des soins aux vieillards glacés par le froid des années, mangeant du pain noir, buvant de l'eau et gisant sur la paille indigente.

« — Que tes vœux soient bénis, jeune fille !

« — Jeune fille, où vas-tu?.

« — Visiter la vieille femme presque nue qui demande au riche des vêtements pour se couvrir, des miettes de pain pour se nourrir, et une obole pour la donner au maître avare d'une chaumière ouverte à tous les vents.

« — Que tes vœux soient bénis, jeune fille !

« — Jeune fille, où vas-tu ?

« — Chez le pâtre du village porter des langes à sa jeune épouse qui n'en a point pour emmailloter son premier-né, couché dans une étable sur du foin, comme autrefois son divin frère Jésus.

« — Que tes vœux soient bénis, jeune fille !

« — Jeune fille, où vas-tu ?

« — Dans la maison du pauvre ouvrier, il a passé douze heures à gagner quelques pièces de monnaie pour nourrir ses enfants et la mère de ses enfants ; ses membres fatigués et meurtris ont besoin d'une huile précieuse ; je vais lui porter celle du bon Samaritain, afin qu'il puisse le lendemain par son travail éloigner des siens la famine qui donne la mort.

« — Que tes vœux soient bénis, jeune fille !

« — Jeune fille, où vas-tu ?

« — Je vais à la montagne, visiter une parente malade, comme le fit autrefois la Reine des vierges à Élisabeth, sa cousine.

« — Que tes vœux soient bénis, jeune fille !

« — Jeune fille, où vas-tu ?

« — Sur les pas de la fille de Jephté, consacrer ma jeunesse au Dieu d'Israël, Jéhovah, le Tout-Puissant,

« — Que tes vœux soient bénis, jeune fille !

« — Jeune fille, où vas-tu ?

« — Je vais au Calvaire, recueillir précieusement les gouttes d'un sang divin versé sur la croix pour la rédemption des hommes, qui sont tous mes frères.

« — Que tes vœux soient bénis, jeune fille !

« — Jeune fille, où vas-tu?

« — Au champ de bataille, cicatriser les plaies d'un jeune soldat, mon frère, blessé en combattant pour la France, ma patrie.

« — Que tes vœux soient bénis, jeune fille !

« — Jeune fille, où vas-tu ?

« — Je vais prêter mon pied au boiteux, mon oreille au sourd, ma langue au muet et mes mains à l'aveugle.

« — Que tes vœux soient bénis, jeune fille !

« — Jeune fille, où vas-tu?

« — Chez les orphelins, je les adopterai tous pour mes enfants, ces pauvres petites créatures délaissées; oui, je serai leur mère.

« — Que tes vœux soient bénis, jeune fille !

« — Jeune fille, où vas-tu?

« — Porter du pain aux affamés, un vin généreux aux altérés, du feu à ceux qui gèlent dans la mansarde et des vêtements à ceux qui sont nus.

« — Que tes mains soient bénies, jeune fille !

« — Jeune fille, où vas-tu ?

« — Donner de la science aux ignorants, des conseils aux imprudents, des soins aux malades et des consolations aux affligés.

« — Que ta langue soit bénie, jeune fille !

« — Jeune fille, où vas-tu ?

« — Combattre le choléra, le typhus et la fièvre noire qui moissonnent en grand nombre les enfants de mon pays.

« — Que ton courage soit béni, jeune fille !

« — Jeune fille, où vas-tu ?

« — Je vais au palais de la souffrance, entendre et apaiser les soupirs de la douleur, les lamentations de la vieillesse, les vagissements de l'enfance, les ricanements de la folie, les rugissements du désespoir et le râle des mourants.

« — Que tes œuvres soient bénies, jeune fille !

« — Jeune fille, où vas-tu !

« — Ensevelir les morts et prier sur leurs tombes.

« — Que tes prières soient bénies, jeune fille !

« — Jeune fille, où vas-tu ?

« — Chez la fille du péché, pour en faire une Madeleine et la conduire aux pieds de Jésus.

« — Que ta charité soit bénie, jeune fille !

« — Jeune fille, où vas-tu ?

« — Je vais au pied des autels dire au fils de Marie : *Mon Sauveur et mon maître, je fais vœu de vous servir dans la pra-*

*tique de la pauvreté, de la chasteté et de l'obéissance religieuse,
de m'employer avec zèle et pour votre amour, sous l'autorité
de mes supérieures, à l'instruction des jeunes filles et au soulagement des pauvres malades.*

« — Que ton cœur et tes lèvres soient mille fois bénis, jeune
fille !

« — Jeune fille, où vas-tu ?

« — Au ciel!... »

A ces deux mots, qui résument la vocation de la fille de la
charité, le bon vieillard, prenant les mains blanches de Marguerite, s'écrie des profondeurs de son âme chrétienne, en
levant au ciel des yeux mouillés de larmes :

« — Heureux le père qui vous a engendrée, mon enfant!
heureuse la mère qui vous a allaitée, heureuse fille de la charité!!!

« — Merci, bon vieillard ; votre bénédiction portera bonheur
à la fille de la charité. »

A ces dernières paroles, le respectable vieillard descend de
voiture en faisant ses adieux à celle qui venait de lui faire
comprendre la vocation de la sœur de charité de la Présentation.
Les deux femmes restées seules avec Marguerite se dédomma-
gèrent amplement du long silence que le respect leur avait
imposé pendant le dialogue précédent. Elles étaient bien
d'humeur à chercher querelle à la pauvre enfant, qui prit
aussitôt son chapelet pour ne plus l'abandonner avant son
arrivée à Sainville.

Dans sa dernière maladie, elle parlait encore de ce voyage
et des émotions qu'elle avait ressenties en approchant du lieu

désiré, enfin de sa joie quand elle franchit le seuil de cette maison vers laquelle elle soupirait depuis six grandes années. Les Israélites n'étaient pas plus heureux quand ils entrèrent dans la terre promise.

CHAPITRE III.

Le noviciat.

*Inveni quem diligit auima mea, tenui eum ,
nec dimittam.*

J'ai trouvé celui que mon cœur aime, je
l'ai pris et je ne l'abandonnerai jamais.

Avant d'entrer avec notre postulante dans la maison mère
des sœurs de la Charité de la Présentation, voyons et admirons
d'abord cet ordre qui, dans la terre de saint Martin, a jeté de si
profondes racines et dont les rameaux s'étendent maintenant
sur la France entière.

La fondatrice de cette congrégation est Marie Poussepin,
née à Dourdan, au diocèse de Chartres, le 14 octobre 1653.
Ayant perdu de bonne heure son père et sa mère, elle quitta
généreusement son pays, pour se dévouer au service de Dieu et
du prochain et vint se fixer dans la paroisse d'Angerville, où
ses premiers essais furent sans succès. Elle choisit alors, pour
centre de ses bonnes œuvres, la commune de Sainville, où elle

s'établit vers l'an 1684. Aidée de quelques personnes généreuses, elle s'y livre, avec un zèle infatigable, à l'instruction des enfants, et au soulagement des pauvres et des malades. Bientôt son exemple et l'odeur de ses vertus attirent auprès d'elle des jeunes postulantes qu'elle accueille avec bonté, pour les former avec le plus grand soin à l'exercice de toutes les vertus chrétiennes en général, et de la charité en particulier. Formées à l'école d'une aussi bonne maîtresse, ces jeunes filles ne tardent pas à mériter assez de confiance pour être envoyées en d'autres paroisses, afin d'y répandre les vertus qu'elles avaient puisées au cœur de madame Poussepin, leur mère.

Le temps venu de donner à la communauté qui s'agrandissait toujours une forme régulière, appuyée dans sa demande par Nosseigneurs les évêques de Chartres, d'Arras, de Paris, de Meaux, d'Orléans, de Blois et de Sens, qui, tous, avaient dans leurs diocèses des maisons de charité desservies par ses filles, Marie Poussepin sollicite et obtient du roi, en 1724, des lettres patentes ainsi conçues :

« Louis, par la grâce de Dieu roi de France et de Navarre,
« à tous présent et à venir salut. Notre bien-aimée Marie
« Poussepin nous a très-humblement représenté qu'ayant conçu
« le dessein de procurer aux pauvres malades de la campagne
« les secours nécessaires, et aux pauvres filles de village une
« instruction suffisante pour les mettre en état de prévenir,
« par leur travail et leur éducation, les désordres où la misère
« et l'ignorance exposent, elle aurait consacré son bien et sa
« vie à cette œuvre commencée depuis vingt-huit ans dans la
« paroisse de Sainville, sous l'autorité du sieur évecque de

« Chartres : que Dieu a béni son entreprise de manière qu'elle a
« déjà dans plusieurs paroisses de différents diocèses des élèves
« qui servent, dans l'esprit de son institut, à la satisfaction des
« prélats qui les ont demandées, et qui auraient invité l'expo-
« sante à nous supplier de lui accorder nos lettres nécessaires
« pour que cet établissement pût être durable; qu'elle espérait
« d'autant plus de notre grâce, qu'encore que le fond qu'elle
« a fait et dont elle fait don, ne vaille, tant en maison qu'en
« meubles et effets, que cinq mille livres, elle renonce à tous
« dons et legs qui se pourraient faire à la communauté dont
« elle nous suppliait de permettre, approuver et confirmer
« l'établissement. A ces causes et bien informé par les sieurs
« Evecques de Chartres, Meaux, Orléans et Arras, de l'utilité
« du dit établissement, nous avons permis, approuvé et con-
« firmé, et de notre grâce spéciale, pleine puissance et autorité
« royale, permettons et confirmons ces présentes, signées de
« notre main, l'établissement fait par la dite Poussepin sous
« le titre de communauté de la charité de Sainville, pour être
« par elles et par celles qui lui succèderont, régie et gouvernée
« au dit lieu, sous l'autorité du sieur évecque de Chartres, et ses
« successeurs, à la charge que la dite communauté ne pourra,
« pour le présent ni à l'avenir, accepter aucun don ni legs,
« à peine de nullité des présentes, ni acquérir aucuns fonds
« sans notre expresse permission.

« En conséquence, avons fait et faisons don et remise à la
« dite Poussepin, et à sa communauté, de tous les droits qui
« pourraient nous être dus pour raison du dit établissement
« en la dite maison de Sainville, que nous avons amortis et

« amortissons, à la charge qu'il y sera fait tous les dimanches,
« une prière particulière pour nous et nos successeurs rois à
« perpétutité.

« Ci donnons mandement à nos amis et féaux conseillers
« les gens tenant nos cours de parlement à Paris, et tous
« autres nos officiers qu'il appartiendra, que ces présentes ils
« aient à faire enregistrer, et de leur contenu jouir et user la
« dite Poussepin et celles qui lui succèderont au dit Sainville
« pleinement, paisiblement et perpétuellement, et nonobstant
« tous édits, déclarations, arrêts et règlements contraires
« auxquels nous avons dérogé par ces présentes pour ce
« regard seulement; car tel est notre plaisir, et afin que ce soit
« chose ferme et stable à toujours, nous avons fait mettre
« notre scel à ces dites présentes.

« Donné à Versailles, au mois de mars, l'an de grâce, mil
« sept cent vingt-quatre et de notre règne le neuf.

« Signé Louis. »

Cette communauté compte parmi ses premiers protecteurs son Eminence le cardinal de Noailles et Bossuet, le plus grand de tous les orateurs chrétiens.

Dès que les lettres patentes citées plus haut sont obtenues, Marie Poussepin fait approuver par l'évêque de Chartres la règle qu'elle avait donnée à ses filles.

Cette règle, conservée et suivie maintenant dans toute son intégrité, est la règle de saint Augustin appropriée aux besoins des religieuses dévouées aux œuvres de charité.

Le révérend père Mespolier, de l'ordre de saint Dominique, directeur du noviciat de Paris, que l'on peut regarder comme le second fondateur de la congrégation, avait puissamment aidé la pieuse fondatrice dans l'adoption de son admirable règle, qui fut sanctionnée par l'évêque de Chartres en 1738.

Enfin, le 24 janvier 1744, Marie Poussepin, âgée de quatre-vingt dix ans et trois mois, rendit son âme à Dieu, laissant sa congrégation dans l'état le plus prospère, au spirituel comme au temporel.

Cet état de choses dure jusqu'en 1793, quand la maison-mère de Sainville avec ses dépendances est pillée par les révolutionnaires, au nom de la liberté. Les sœurs chassées, dispersées et persécutées, continuent leur noble mission en costume séculier, exposant leur vie pour faire baptiser des enfants, et confesser des mourants par de bons prêtres qu'elles cachaient avec les soins les plus intelligents dans ces temps malheureux, où l'exercice de la religion du peuple français était un crime de lèse-nation.

L'orage apaisé, comme elles avaient perdu tout ce qu'elles possédaient à Sainville, elles se réunirent à Janville, paroisse du diocèse de Versailles, où elles restèrent jusqu'en 1812. Alors elles vinrent se fixer à Tours avec la double autorisation de l'archevêque du diocèse et de l'évêque de Versailles, et cette autorisation fut aussitôt suivie de l'approbation du gouvernement impérial, qui leur avait déjà donné une existence légale à la date du 19 janvier 1811, lorsqu'elles étaient encore à Janville.

4

Enfin, dans l'année 1845, un local trop petit, malsain, manquant d'air les force à quitter le faubourg de Lariche, pour se fixer à la Grande-Bretèche, dans la paroisse de Saint-Symphorien, sur les bords de la Loire, à deux cents mètres du Pont de pierre.

Pour acheter cette maison et pour l'approprier aux besoins d'une communauté, les sœurs furent obligées de faire des dépenses immenses qui forcèrent ces pieuses filles à s'imposer pendant plusieurs années les plus grandes privations.

Grâce à ces dépenses, tous les ouvriers de la ville, dans un temps où l'ouvrage manquait à Tours, furent très-heureux de trouver à leur porte un travail qui les mettait à même de gagner la vie de leurs femmes et de leurs enfants.

Je suis bien sûr que les paiements ne se firent point attendre et que les maîtres-ouvriers, les ouvriers et les manœuvres n'eurent qu'à se louer des bonnes sœurs. Sont-ils toujours aussi promptement et aussi bien payés quand ils travaillent pour ces hommes sans foi ou sans cœur qui ne ménagent pas plus les ouvriers que les filles de la Présentation, leurs sœurs !...

Maintenant que nous connaissons les sœurs de charité de la Présentation, revenons à Marguerite Demilly, qui fait son entrée au noviciat. C'était au commencement de 1811 ; sœur Potentienne était supérieure-générale, sœur Miséricorde assistante, et sœur Pélagie, maîtresse des novices. J'ai beaucoup connu cette dernière, pendant les quatre années que j'ai passé dans la maison de santé de Lariche. Elle me parlait souvent du noviciat de celle qu'elle appelait encore sa bonne fille, de sa timidité, de son caractère aimable qui plaisait à toutes ses compagnes, et de son obéissance exemplaire à l'autorité.

A l'arrivée de la nouvelle postulante profondément émue, la mère Potentienne, femme de cœur, lui tend les bras, lui parle avec une bonté maternelle et la recommande à son assistante, qui la conduit aussitôt dans une petite cellule en lui disant avec une grande douceur tout ce qu'elle doit faire le lendemain. Elle lui parle aussi d'une jeune postulante, arrivée depuis quelques jours, avec laquelle elle pourra converser le reste de la journée. Comme elle était bien fatiguée du voyage, la bonne assistante lui fit servir à dîner dans sa chambre, par la postulante dont nous venons de parler. De prime-abord ces deux jeunes filles se comprirent, et s'aimèrent à partir de ce jour jusqu'à la mort, comme nous le verrons dans la suite de cette histoire ; car cette postulante devait plus tard porter le nom de sœur Claire.

Quand la nouvelle arrivée a fini de dîner, son amie improvisée la quitte en lui souhaitant bon courage. Alors Marguerite, restée seule, se jette aux pieds de la statue de la Sainte-Vierge, qu'elle aperçoit sur une table, et ne se lève que pour aller demander au sommeil des forces pour le lendemain.

A dix-huit ans seulement, voilà donc Marguerite Demilly entrée au noviciat, pour y consacrer sa vie à l'éducation des enfants ou au soin des malades. Or son choix n'est pas douteux. Elle aurait pu, dans cette pieuse maison, se préparer par de bonnes études à l'éducation des jeunes filles, où elle n'eût pas manqué de réussir, de se distinguer même, car sa mémoire était riche, son esprit juste et prompt à saisir, son goût exquis, son imagination brillante. La maîtresse des novices étant élue par toutes les sœurs, et choisie parmi les plus capables de la communauté, Marguerite pouvait facilement s'instruire dans cette congrégation où l'on exige avec raison que tous les sujets soient capables de faire de bonnes sœurs de classe. Le réglement de la maison porte que la maîtresse des novices est chargée d'abord de faire connaître à fond aux jeunes personnes qui lui sont confiées le cœur d'un Dieu, frère des pauvres, la grandeur de l'homme en général, et du chrétien en particulier. Elle ne s'attache pas moins, pour fortifier leurs vertus naissantes, à développer à leurs yeux les sublimes vérités de la religion. Elle fait comprendre que la mortification intérieure l'emporte de beaucoup sur la pénitence extérieure, et l'oraison mentale sur la prière des lèvres. Elle les forme même à cette urbanité française qui encadre si bien les vertus chrétiennes. Aussi la sœur de la Présentation, qui vit dans le monde, et qui sait allier cette urbanité à la modestie d'une carmélite est-elle aux autres religieuses, ce que le clergé français est au clergé des autres nations.

Pour donner une telle éducation, ajoute le règlement de la communauté, la maîtresse des novices ne doit agir qu'avec un saint tremblement, sans se laisser aller pourtant au découragement, bien persuadée que Dieu qui, par la voix de ses sœurs, lui confie cette charge lui donne aussi les grâces pour s'en acquitter saintement, pourvu toutefois qu'elle les demande avec humilité et persévérance.

A ce portrait, plusieurs novices reconnaîtront j'en suis sûr, la femme de mérite qui dirige aujourd'hui le noviciat.

Tout ce que nous avons dit jusqu'ici était bien du goût de la jeune postulante ; mais quand on lui parlait d'histoire , de géographie, d'analyse littéraire, de dessin linéaire, d'arithmétique, car on enseigne parfaitement toutes ces choses au noviciat des sœurs de la Présentation, alors Marguerite n'était plus de la partie, car elle n'avait d'attraits que pour soigner les malades. Cependant, par conscience, elle travaillait à s'instruire. La sœur Pélagie , sa maîtresse , vingt-cinq ans après , dans l'effusion de son cœur, me disait qu'au noviciat, Marguerite était pieuse, douce, spirituelle et très-humble, mais qu'elle abandonnait facilement l'étude pour aller à la pharmacie, au laboratoire ou à l'infirmerie. Voilà donc l'école où se forme la jeune postulante , qui ne tarde pas à mériter l'estime de ses supérieures par une piété douce et naïve, l'amitié de ses compagnes par une gaîté toujours aimable, et l'admiration de toute la maison par sa profonde humilité.

La mère Potentienne, supérieure générale, d'accord avec sa maîtresse des novices, sœur Pélagie, voyant dans la bonne Marguerite, une vocation bien prononcée pour les malades, pensant qu'elle ne doit point s'opposer à ce dévouement sublime, la fait passer à la pharmacie, et ne tarde pas à lui donner le saint habit. C'est alors qu'elle abandonne complètement les études , et que son cœur généreux l'entraîne, sans aucun frein , dans la science de la charité mille fois plus précieuse aux yeux de Dieu et des hommes de cœur.

Marguerite avait le génie du bien.

Pendant son noviciat, elle ne se plaint jamais de la nourriture, comme le font tant d'autres. Il est vrai qu'elle oublie toujours son corps , pour ne penser qu'à son âme et aux besoins des autres. Puis la nourriture dans la communauté, sans être recherchée, est saine et abondante. Dans le monde, quand on parle du noviciat, on en fait une maison de péni-tence corporelle et de torture spirituelle. On ferait mieux de l'appeler une maison de santé pour l'âme et pour le corps, car pour l'âme, vous avez lu ce que j'ai dit en parlant de l'instruc-tion donnée au noviciat, pour le corps, chez les sœurs de la Présentation, c'est la nourriture du peuple aisé sans ses priva-tions, sans ses excès.

Lorsque Marguerite, admise à recevoir le saint habit de la communauté, voit le temps du sacrifice approcher, ses médi-tations sont plus longues, ses prières plus ferventes, sa charité plus vive, son humilité plus grande. Il y eut alors dans son âme une lutte impossible à décrire entre sa charité et son hu-milité, vertus qui furent toutes les deux la cause de son entrée en religion, les compagnes assidues de son exil, le couronne-ment de sa vie sur la terre, et le principe de son bonheur dans le ciel.

Son cœur sans doute sent bien toujours l'immense besoin d'être à Dieu et au prochain, mais elle ne s'en croit plus digne. Sans réserve et quand-même elle veut être au Seigneur ; mais les frémissements de la crainte, excités par l'extrême défiance qu'elle a d'elle-même, jettent l'épouvante dans son âme. Elle ne comprend pas, la pauvre enfant, que cette défiance qui la rend si timide, est la preuve la plus évidente que Dieu la veut à son service. Car l'humilité est le seul et unique fondement de la vie religieuse. Sans humilité, on bâtit sur le sable de la mer, et les vents mugissent, et la tempête gronde, et les vagues déferlent en s'acharnant au pied de l'édifice, et l'édifice, hélas ! ébranlé par tant d'ennemis conjurés, tôt ou tard chancelle, craque, et s'écroule avec un horrible fracas.

La supérieure générale, l'assistante et la maitresse des novices n'ont pas de peine à découvrir l'ennemi qui fait des ravages dans la place. Elles connaissent trop bien l'humilité de la jeune postulante pour s'y tromper. Aussi l'ennemi est-il promptement mis en fuite, car Marguerite ayant dans ses supérieures une confiance bien méritée , comprend facilement que, ne pouvant rien, il est vrai, par elle-même, elle peut tout en celui qui fortifie et soutient les âmes de bonne volonté. Il n'en faut pas davantage pour la calmer. Avec une foi vive, ardente en Notre-Seigneur Jésus-Christ, elle chasse promptement de son cœur les vaines craintes qui la tourmentent, pour l'ouvrir tout entier à l'amour de son divin maitre qui ne tarde pas à lui faire sentir combien son joug est léger. Elle se prépare donc avec une parfaite confiance au jour solennel de sa prise d'habit, jour qui fut pour elle le plus beau de sa vie après celui de sa première communion, comme elle l'a répété bien souvent même pendant les derniers jours de sa maladie.

Enfin le grand jour tant désiré brille à ses yeux. Marguerite va prendre le saint habit qu'elle ne quittera plus que pour le rendre sans tache, en mourant, à celui qu'elle a fidèlement gardé pour époux durant 52 ans. Une prise d'habit, c'est, dans dans la vie religieuse, un jour ineffable, imprimant dans le cœur des souvenirs doux et profonds, qui ne s'effacent jamais, tandis que les plaisirs du monde passent avec le jour qui les a vus naître, quand ils ne laissent point après eux des remords qui durent toujours. Que le mondain qui, blasé par toutes les jouissances de la terre, demande des émotions factices au théâtre, vienne un jour de prise d'habit ou de profession religieuse, en chercher de réelles dans la chapelle de la Grande-Bretêche ; en sortant, il me dira lesquels il préféré, s'il peut surtout lire les pensées intimes qui s'agitent au fond des âmes pures que le Seigneur appelle à lui, pour leur parler sans paraboles comme autrefois à ses apôtres, et il ne sortira point de la maison de Dieu sans crier à haute voix :

Je suis chrétien.

Marguerite, unie aux vierges ses compagnes, destinées comme elle à former le cortége de l'Agneau sans tache, s'est préparée dans une sainte retraite à faire au Seigneur le sacrifice qu'il demande. La chapelle est parée des ornements les plus riches, l'autel brille de ses plus beaux feux, l'encens fume au sanctuaire, l'orgue, avec une grande majesté, roule sous les voûtes sacrées les flots d'une harmonie divine, et une voix, forte comme le tonnerre, modulée comme le chant de la lyre, une voix céleste enfin qu'une oreille mortelle n'entend qu'une fois dans sa vie, retentit au fond des âmes choisies : *Allez au devant de l'époux.*

Marguerite, au milieu des vierges sages, vêtue d'une robe blanche comme la neige, la modestie au front, la joie au cœur, entre dans le temple et s'avance à l'autel. *Que l'époux vienne maintenant quand il voudra, les lampes sont allumées.* Mais

Jésus tarde encore; sa famille n'est pas toute réunie. A la suite des postulantes, viennent les novices qui, depuis deux ans, ont abandonné ces livrées du monde, que leurs jeunes sœurs revêtent aujourd'hui pour la dernière fois. La robe qu'elles portent est blanche aussi, mais son tissu de laine annonce que c'est la religion qui l'a donnée; cette robe a déjà vu le combat, peut-être même est-elle empourprée du sang d'un premier martyre.

A l'entrée des novices dans la chapelle, les derniers sons de l'orgue expirent, un silence profond règne au sanctuaire; un auguste prélat, la mitre en tête, la crosse en main, bénit d'abord les habits de laine blanche, symbole d'innocence et de pauvreté, les voiles de toile blanche qui doivent derober aux regards du monde les modestes filles de Marie, et le rosaire qui va pendre à leur côté comme l'épée à la ceinture du guerrier.

Après cette pieuse cérémonie, sa Grandeur entonne le *Veni Creator*, et cette hymne de l'espérance, mêlée de notes languissantes comme la flûte consacrée aux morts, et de notes vibrantes comme le son du clairon, est continuée par les voix émues des jeunes filles, prosternées, soupirantes, attendant avec une sainte impatience, le moment d'offrir en holocauste les droits qu'elles ont encore, aux richesses, à la liberté, aux jouissances de la famille.

Pendant que Marguerite et ses compagnes chantent à pleine poitrine les dernières paroles du *Veni Creator*, un vénérable curé du voisinage qui, par hasard, est invité à prêcher la prise d'habit, monte à la tribune sacrée, et sur les lèvres des jeunes filles les dernières syllabes du chant divin expirent en notes vagues et langoureuses , qui commandent le silence et portent au recueillement.

Ce bon prêtre, modeste et profondément instruit, comme il en est tant d'autres relégués à la campagne, parle avec une grande liberté, des devoirs et des obligations de la vie religieuse et en particulier de la charité des sœurs hospitalières. Durant trois quarts d'heure au moins, son auditoire est suspendu à ses lèvres, parce qu'il a, plus de pensées que de paroles, plus d'âme que d'esprit, et encore plus de cœur que de savoir.

A la péroraison, il s'écrie avec l'enthousiasme d'un prophète :
« Mes enfants, je viens de mettre au grand jour vos sacrifices,
« vos devoirs, surtout vos dangers. Vous avez découvert avec
« moi les écueils que la mer du monde dérobe à vos yeux, les
« serpents cachés sous l'herbe qui vous attendent au passage ;
« soyez néanmoins la fille du vieillard , mais en pensant
« à Dieu, la sœur de tous les hommes, mais les yeux fixés sur
« la sainte Vierge, la mère de l'enfance, mais sans jamais
« oublier que tous les enfants nés de la femme sont remplis
« de beaucoup de misères.

« Défiez-vous des fragiles avantages que Dieu accorde par-
« fois à ses créatures, ils sont dangereux ; de votre esprit, il est
« faible ; de votre cœur, il est plus faible encore. Ayez con-
« fiance cependant ; une trinité providentielle veille ici-bas
« sur vous ; Dieu seul partout, son représentant sur la terre au
« tribunal du bon conseil, et, au foyer domestique, une bonne
« mère que la religion vous a donnée. Soyez charitables envers
« tous, quand-même, toujours. Pour vous seulement soyez sé-

« vères, ne vous arrêtez point à cueillir les fleurs des champs ,
« si vous voulez goûter aux fruits du ciel. Rappelez-vous que
« le seul talent digne de la sœur de charité de Présenta-
« tion, c'est de marcher, sur les traces de saint Martin, à la
« conquête du royaume éternel, que je vous souhaite avec la
« bénédiction de Monseigneur ? »

Après cette allocution si vraie , si simple, si touchante, les vierges se jettent aux pieds de l'auguste pontife pour demander la grâce d'être admises au nombre des sœurs de la communauté. Alors sa Grandeur leur demande, et leur impose, à chacune, un nom qu'à l'exclusion de tout autre, elles doivent toujours porter en religion.

A son tour, Marguerite Demilly interrogée s'écrie avec un élan d'amour : Gertrude ! Gertrude aujourd'hui nom béni entre toutes les servantes de Marie, Gertrude ! nom qui doit, surtout maintenant, toujours, servir d'étendard aux nobles filles de la Présentation.

Les novices, après avoir subi les épreuves du noviciat, demandent, à leur tour, la grâce de s'engager définitivement dans la congrégation. Elles ont essayé déjà leurs forces, pratiqué peut-être des vertus héroïques dans la ferveur du noviciat, et cependant, le joug leur paraissant doux et le fardeau léger, elles veulent continuer leurs victoires, en vivant dans la délicieuse servitude qui leur a déjà mérité une palme avec un bonheur sans amertume.

Aussitôt le *Miserere* commence et toutes, le front prosterné dans la poussière, elles offrent à Dieu leur sacrifice en s'engageant à pratiquer toutes les œuvres de charité envers le prochain. Le *Miserere* fini, les chastes vierges, devenues mères des pauvres, se lèvent, les joues humides, en les voyant on dirait leur visage inondé de pleurs..... C'est une rosée de foi, d'espérance et d'amour.

Dans ce moment les novices sortent, et pendant qu'elles abandonnent, avec un joyeux dédain, les livrées du monde, on chante au chœur : le psaume *Ecce quam bonum, et le Benedictus.*

A leur seconde entrée dans la maison du Seigneur, l'orgue entonne l'hymne du triomphe, et la communauté tout entière à l'envi, pousse au ciel des cris de joie mêlés au chant d'amour et de reconnaissance, qui sont répétés par les anges et les saints sous les dômes éternels.

Alors commence l'auguste sacrifice. A la communion, les professes s'avancent à la table sainte ; en présence du Dieu de l'eucharistie qui va descendre dans leur cœur, elles s'engagent, par des vœux sacrés à pratiquer, dans toute leur perfection, les trois vertus de pauvreté, d'obéissance et de chasteté.

Et l'orgue soupire des modulations plus douces, plus harmonieuses ; et un cantique sacré dit au Seigneur les joies pures et saintes des âmes qui seront désormais pour toujours à lui; et la ferveur qui redouble au *Quid retribuam Domino pro omnibus quœ retribuit mihi,* s'enflamme au *Calicem salutaris accipiam et nomen Domini invocabo.*

La journée se termine par un salut solennel, et chaque épouse de Jésus-Christ emporte dans son âme un feu sacré qui ne s'éteindra plus sur la terre, et dans son cœur un souvenir délicieux qu'elle racontera plus tard aux habitants du ciel.

Marguerite n'est plus, la jeune et belle fille du monde est morte, passons maintenant à la vie de la sœur Gertrude. Le soir même de la cérémonie, les jeunes novices étaient encore profondément émues, mais aucune ne l'était autant que la sœur Gertrude, car mieux que toutes les autres, elle avait parfaitement compris que ce n'est pas l'habit qui fait le moine.

Pendant toute la cérémonie, sans le savoir, elle avait concentré sur elle les regards de tous les assistants. Dans ses vêtements du monde elle était pieuse et modeste comme un ange, sous les habits religieux, elle paraissait plus pieuse plus modeste encore. Un petit sacrifice dans la matinée lui avait un peu coûté, comme à la sœur de l'Incarnation, supérieure des Carmélites, son amie, qui mourut quelques temps avant elle, ainsi que nous le verrons dans la suite. L'une et l'autre avaient de très-beaux cheveux, en les voyant tomber sous le tranchant de l'acier, un instant elles regrettent ces vaines parures, si chères aux femmes du monde, mais aussitôt s'humilient d'une faiblesse bien pardonnable à vingt ans.

Retirée le soir dans sa cellule, sœur Gertrude pense au chagrin de son père, à l'amour de sa mère, aux tendresses de ses sœurs, aux adieux mêmes de ses compagnes ; mais tous ces rêves s'évanouissent à la vue de Jésus, son divin fiancé. Elle pense aussi au supérieur de la communauté, son père ; à la supérieure générale, sa nouvelle mère ; à l'amour de ses compagnes devenues ses sœurs, elle aperçoit déjà les pauvres malades qu'elle va soigner dans les hôpitaux , elle croit entendre la voix plaintive des jeunes orphelins qui l'appellent ma mère. Riche de toutes ces pensées, la pieuse novice, avant de se coucher, demande la protection de la Reine des vierges, puis montant à sa couche, elle s'écrie avec un bonheur ineffable : Dieu seul est mon partage.

Semblable au ver-à-soie, la jeune fille de Picardie, réchauffée dans le chaste sein d'une mère chrétienne, vient d'éclore à la vie religieuse, dans les saintes demeures de la Présentation. Là, des yeux maternels ont encore veillé sur les premiers mouvements de son cœur et sur les nobles élans de son âme ; là, les soins les plus délicats ont éloigné d'elle les miasmes délétères d'un monde qui voudrait corrompre les élus eux-mêmes ; car le souffle de la vertu la plus pure, seul règne en ces lieux ; enfin. là, des mains habiles lui ont prodigué une nourriture saine, une liqueur généreuse, qui se changent dans son cœur en un suc précieux, qu'elle va distiller maintenant avec une charité divine, dans les pauvres hôtels des enfants de Dieu, dans les tristes mansardes des veuves abandonnées, chez les orphelins délaissés et jusque dans les crèches, où vagissent les petits frères de l'enfant Jésus. En sortant du noviciat, nous la verrons bientôt métamorphosée en humble chrysalide, s'enfermer avec une admirable modestie dans le riche tissu de ses bonnes œuvres, pour échapper aux éloges du monde, qui cependant, malgré elle, souvent ne pourra s'empêcher d'admirer la richesse de ses travaux ; puis, quand viendra le moment solennel de rompre sa prison mortelle, vous la verrez portée sur les ailes brillantes de la charité, s'élancer dans les plaines éternelles, pour y jouir de la pure et sainte liberté des enfants de Dieu, conduisant après elle au ciel, par son exemple et par ses bienfaits, les enfants des hommes, qu'elle a soignés et nourris sur la terre avec tant de bonté.

———

de Dieu, conduisant après elle au ciel, par son exemple et par ses bienfaits, les enfants des hommes, qu'elle a soignés et nourris sur la terre avec tant de bonté.

CHAPITRE IV.

Hospice général.

Conserva me , domine, quoniam speravi in te. (PSAUME).

Conservez-moi Seigneur, car j'ai mis mon espérance en vous.

La sœur Gertrude, dès sa première année de noviciat, est tellement estimée de ses supérieures, on est si sûr de sa vocation, ses vertus inspirent tant de confiance, que l'on n'hésite pas un instant à la placer, à l'âge de vingt ans seulement, dans les postes les plus dangereux et dans les positions les plus difficiles de la communauté. Cette rose, à peine épanouie, aussi riche de modestie que de beauté, on ne craint point de la jeter au milieu d'un de ces cloaques de toutes les misères humaines, qu'on appelle hospice général. Dieu qui la prédestine à devenir le modèle des sœurs hopitalières, met sous ses yeux, tout d'abord, le triste panorama des souffrances physiques et morales qu'elle est appelée à soulager un jour.

La plaie livide, le sang qui coule, la vermine qui grouille, le pus qui suinte, les fétides émanations de la chair humaine qui brûle, l'odeur de la fièvre typhoïde, les gémissements de la douleur, le bistouri qui tranche, la scie qui crie sur les os , le grincement de la rage, la voix étouffée du désespoir, le ricanement des fous, et le dernier soupir des mourants.

Voilà pour le corps.

Toutes ces maladies si tristes à l'œil et au cœur ne sont rien néanmoins en comparaison des maladies de l'âme qui remplissent les salles d'un hospice général. Car, il ne faut pas se le dissimuler, la plupart des souffrances physiques, qui se rencontrent dans les hôpitaux, ont leur germe dans la corruption de l'esprit qui ne voit Dieu nulle part, quand il est partout. Si la jeune novice ne découvre point encore ce germe pestilentiel, la mère Gertrude, plus tard, dans sa maison de santé, mieux choisie et moins nombreuse, n'hésite point à dire cependant que la plupart des infirmités corporelles sont la suite des maladies de l'âme. La jeune fille de vingt ans n'a donc maintenant devant les yeux que les maladies apparentes, sans en soupçonner la cause. Aussi, nous n'en parlerons point dans ce chapitre qui nous la montrera seulement occupée à guérir les plaies, et surtout à instruire les enfants.

Ses mains délicates, accoutumées à égrener son chapelet ou bien à tresser des guirlandes à la Vierge, voyez comme elles sont déjà pleines de pus, de sang, et de sanie ! Jeunes personnes du monde, vous arrêtez le cour de mon histoire en détournant les yeux de cet appareil dégoûtant; des miasmes fétides vous asphyxient dans les salles de l'hospice, et vos mains frissonnent

sous la peau satinée qui les couvre ; courage, au moins un
instant arrêtez-vous pour admirer une héroïne au début de sa
carrière. Sœur Gertrude n'est pas moins ardente à poursuivre
les maladies et les douleurs de ses frères que Jeanne Darc à
poursuivre les Anglais. Le dévouement de la première n'est
pas moins grand que celui de la seconde. Voyez avec quel
enthousiasme elle mesure la voie douloureuse qu'elle va par-
courir, les charitables combats qu'elle doit livrer à la souffrance, et les dangers qui l'environnent de toutes parts: la
mort à droite, la mort à gauche, la mort hier, la mort aujourd'hui, la mort demain, partout la mort, la mort toujours.
Cependant ne craignez point pour elle, la novice magnanime
est à la hauteur du poste que la religion lui confie. Ses yeux,
ouverts par la foi, animés par la charité, ne voient partout
que des victoires à remporter sous le regard de Dieu. Et si vous
n'avez point assez de vertus pour suivre l'exemple qu'elle vous
donne, allez au moins prier, supplier vos pères et vos frères de
ne plus blasphémer contre un Dieu qui donne tant de courage
à cette jeune fille de vingt ans. Dites leur que vous avez vu la
vierge de la Présentation au chevet d'un vieillard jadis impie
qui meurt en chrétien. Que ces romanciers, qui gâtent vos
cœurs, apprennent de vous que la fille de la Vierge a reçu le
dernier soupir d'un jeune débauché qui prononce en mourant
les doux noms de Jésus et de Marie. Protestez avec une sainte
énergie contre les séides du philosophe de Ferney qui vomissent
à la face de la servante des pauvres le noir venin de la
calomnie. Armez-vous d'une sainte colère contre ces hommes
indignes du beau nom de chrétien et de Français, qui crachent,

à l'exemple d'Arouet, leur maître, sur l'héroïne de Vaucouleurs qui sauve la France avec son roi, et sur la sœur de charité qui les soignera plus tard, quand leurs plaies, leurs haillons, leur misère auront mis en fuite les amis de leur débauche ; oui, la Jeanne Darc de la charité, la sœur de la **Présentation**, les rencontrera peut-être un jour dans les salles d'un hôtel-Dieu, les reconnaîtra sans aucun indice, et les conduira, non à Paris, non à Reims, pour y recevoir une couronne mortelle, mais au ciel, dans la compagnie de saint Augustin, dût-elle être brûlée vive par les mains de leurs anciens amis, qui ne sont ni Français ni chrétiens. Les lâches ! ils abjurent les nobles sentiments de la patrie et de la foi pour n'être que des sceptiques ou des Anglais.... Ah ! qu'ils soient plutôt forcés d'ouvrir les yeux pour admirer malgré eux une beauté de vingt ans, qui se fait, dans l'espace d'une heure, la fille dévouée d'un vieux goutteux, la sœur affectueuse d'un jeune soldat blessé, la tendre mère d'un orphelin, enfant délaissé du vice qui lui donna le jour ; et si l'on vous demande où sœur Gertrude a puisé tant d'amour, vous répondrez : Au pied de la Croix....

Si la novice de la charité vous paraît si grande, dans les salles de l'hospice, environnée de malades et de mourants qui l'appellent ou ma sœur ou ma mère, ne vous lassez point, suivez sœur Gertrude à la maternité, à la crèche, à l'asile, au milieu des femmes éhontées, et des petits êtres délaissés, qui vivaient alors et grandissaient nombreux, très-nombreux même, à l'hospice général, quand la fille coupable, pour voiler son déshonneur, au lieu d'aller comme elle le fait maintenant avouer en cour d'assises, des crimes contre nature, préférait déposer son fils ou sa fille sur un tour qu'on aurait jamais dû supprimer, et vous marcherez d'admiration en admiration et de prodige en prodige.

On l'a vue, cette généreuse novice, on l'a vue au milieu de tous ces pauvres enfants, les caresser comme une bonne mère, on l'a vue, cette jeune mère adoptive, prodiguer à ces innocents tous les soins de propreté, de salubrité que nos mères seules voulaient nous donner. C'est à l'Hospice-Général, sur la tête de ces petites créatures délaissées, qu'elle a commencé à se servir de ces armes qui, plus tard, mirent en fuite tous les hideux insectes ravageant impunément, avant son arrivée, la chevelure inculte des vieillards de l'Hospice de Meung. C'est là qu'elle a préludé à ces hauts faits qui, plus tard, nous forceront d'avouer que sœur Gertrude, en Touraine, fut l'héroïne de la charité la plus parfaite.

Les soins de la pieuse fille de Marie, ne se bornaient point au corps, car ces soins, chez une hospitalière, ne sont que des moyens pour arriver à sauver les âmes. Or, pour les sauver, il faut les instruire, et les instruire de bonne heure, car les passions n'attendent pas toujours l'âge de raison pour entrer dans le cœur humain. J'ai connu des enfants pervertis à l'âge de huit ans par des servantes infidèles. C'est donc pour s'opposer à ces entraînements de la nature humaine, à ces leçons prématurées de la corruption, que la novice apprend à ces chétives créatures à balbutier les doux noms de Jésus et de Marie, puis le *Pater*, ensuite l'*Ave Maria*, enfin la prière tout entière. Elle réprime avec bonté leurs petites impe fections, en leur montrant l'œil de Dieu qui les regarde toujours, et la bonne Vierge qui n'aime pas les enfants indociles, elle sait leur inspirer un grand respect pour les administrateurs et les employés de la maison. Il me semble enfin, qu'elle puise, au milieu de ces pauvres petites créatures du bon Dieu, l'ineffable charité qu'elle montre plus tard envers leurs mères coupables.

Ce que faisait la sœur Gertrude aux enfants de l'hospice me donne la pensée de demander à brûle-pourpoint, à ces hommes qui ne veulent plus de la religion du Christ, ce qu'ils feront sans elle, de leurs enfants jusqu'à quinze ans, et ce qu'ils font de leurs fils et de leurs filles jusqu'au moment de les établir.

Pouquoi ne veulent-ils donc plus de cette religion qui présidait à leur enfance? Ont-ils oublié les services qu'elle a rendus aux quinze premières années de leur vie? Est-ce qu'ils n'étaient pas plus obéissants, plus respectueux envers leurs parents, quand ils voyaient briller en eux l'autorité de Dieu lui-même? Combien de temps n'ont-ils pas hésité à se livrer au libertinage, en pensant que Dieu, qui les voit partout, les punirait un jour? Le nom de Jésus, uni au nom de Marie, ne les a-t-il donc jamais retenus sur le penchant de l'abîme? La confession, qu'ils attaquent avec tant d'acharnement, ne les a-t-elle pas souvent éloignés des fautes qui compromettent la santé de l'âme et du corps! le Dieu de l'Eucharistie, qu'ils blasphèment maintenant et qu'ils poursuivent des railleries les plus indécentes, ne les a-t-il pas fortifiés bien des fois contre des tentations funestes qui viennent assiéger l'homme dans sa jeunesse! Si maintenant même ils sont d'honnêtes gens, ne le doivent-ils pas, en grande partie, à cette crainte de la divinité mille fois plus puissante que la crainte servile des gendarmes, pour inspirer et conserver la probité. Ces hommes avaient cependant d'autres pères et d'autres mères que ces enfants délaissés de la société, qui passent leurs premiers jours dans les rues, sur les places publiques et leur jeunesse dans les cabarets. Pourquoi ces hommes sont-ils donc devenus ingrats au point de méconnaître et de calomnier des femmes qui rendent de tels services à la société? Comment, eux si faibles, quelques-uns si reprochables, cherchent-ils à trouver et plus souvent à attribuer certains défauts à ces femmes qui donnent des soins si tendres à ces enfants dont ils n'osent, eux, avouer la paternité? D'où vient encore leur sévérité contre ces anges de la terre, lorsqu'entraîné par la faiblesse humaine, un d'entre eux s'égare un instant dans les sentiers qu'ils fréquentent tous les jours? Hypocrites pharisiens, dites donc que vous ne voulez plus de la religion du fils de la Vierge, parce qu'elle gêne vos passions! Ou plutôt faites comme saint Pierre; tenez, croyez-moi, comme vous il a renié le Christ Dieu, comme lui, faites pénitence, et ne soyez plus des fils ingrats et rebelles envers ce Dieu qui fit les délices de vos premières années. Si cependant vous êtes encore trop lâches pour être chrétiens, au moins soyez assez justes, assez français, pour respecter et vénérer celle que le protestant de Londres appelle, avec un sentiment d'admiration, la bonne fille de la charité.

Revenons maintenant à la sœur Gertrude, au beau milieu de ses enfants-trouvés. Prêtons une oreille attentive aux explications qu'elle leur donne sur le catéchisme, ce divin code de tous les âges et de tous les temps, ce code qui ne change point lui, comme les constitutions des hommes, qui sont balayées avec eux par leurs successeurs. Elle dit à ces malheureux qu'ils sont es enfants chéris de Dieu, qu'ils doivent l'aimer et l'adorer, qu'il leur défend de prendre le bien d'autrui, qu'il eur commande de supporter patiemment la pauvreté, d'obéir au chef de l'Etat et à tous ceux qui commandent après lui. Voilà l'enseignement qu'elle donne à ces petits enfants qui semblent créés pour être le jouet des autres enfants, et plus tard, un être que l'homme religieux seul ose appeler son frère.

Tout le bien que faisait sœur Gertrude dans cette maison, les soins qu'elle donnait aux malades, son extérieur et surtout sa modestie attirèrent bientôt sur elle l'attention de tous ceux qui l'environnaient. Elle a trop de qualités, trop de vertus, pour rester longtemps ignorée. Malheureusement pour elle, ou plutôt heureusement, tant de vertus, tant de qualités sont mises à l'épreuve. Je répéterai à tous les chapitres de son histoire qu'elle est aimée de sa supérieure et de toutes les sœurs, parce que toujours c'est vrai, qu'elle est estimée et vénérée des administrateurs, parce qu'elle le mérite. Mais, dans un hospice général, il n'y a pas que des sœurs et des administrateurs. Des regards indiscrets à son adresse, ne tardent pas à lui dire qu'elle est en danger. Aussitôt elle donne un exemple que toutes les jeunes religieuses, qui vont en paroisse, doivent méditer attentivement et suivre à la lettre, sans quoi leur vocation court toujours les plus grands périls, et quelquefois même, vient sombrer contre des écueils cachés dans les eaux perfides du monde.

Sœur Gertrude, avec autant de franchise et d'abandon, que d'esprit et de jugement, ne tarde pas une minute à faire part de ses observations à sœur Miséricorde, supérieure de l'hospice. Il paraît que tout le bien que l'on m'a dit de cette excellente religieuse n'est pas exagéré. Chez elle la prudence et la foi marchent de front. Elle donne à la jeune novice des conseils qui mettent l'ennemi promptement en fuite. Mais s'apercevant bientôt que le démon qui la poursuit s'appelle Légion, elle en avertit la supérieure générale, qui court promptement arracher à cet enfer une de ses filles les plus chères. Dieu récompensa la sage confiance de la bonne novice, car jamais la calomnie n'osa mordre la réputation de celle que je propose à toutes les sœurs comme un modèle à imiter; et c'est une ressemblance de plus avec le divin maître, puisque jamais les hommes les plus pervers n'osèrent la soupçonner.

Pendant que ces choses se passent à Tours, sœur Assomption, qui connut Marguerite durant son postulat, et sœur Gertrude, depuis son noviciat, fut nommée supérieure de l'hospice de Meung. Par un coup de Providence, sans savoir ce qui se passe à l'hospice général, elle demande en grâces d'emmener avec elle la sœur Gertrude, et cette faveur est accordée sur-le-champ.

Avant de quitter l'hospice avec la prudente novice, je pense qu'il est bon de donner ici quelques avis plus étendus sur les précautions que les novices et les jeunes sœurs doivent prendre, pour conserver leur vocation. Il est des âmes bien nées, des cœurs bien innocents, qui n'ont rien à craindre du vice éhonté , quelquefois même de l'hypocrisie, quand ils ont un peu d'expérience. Mais il est un autre danger, plus redoutable pour les sœurs hospitalières. C'est la société des gens du monde. Cela paraît tout d'abord un paradoxe, et cependant ce que je dis est vrai.

Lorsque deux méchants se rencontrent , ayant tout à craindre de leur méchanceté réciproque , ils se défient l'un de l'autre.

Quand deux bonnes natures au contraire sont en présence, elles ont tout à redouter de leur bonté, disons plutôt des tendresses d'un cœur trop sensible..

La personne la plus vertueuse, quelle que soit sa position sociale , quelque rang qu'elle occupe dans le monde, eût-elle même la réputation d'une sainte, sa présence dans une maison religieuse peut-être un danger. La sympathie entre deux nobles cœurs est si naturelle, si douce à savourer, si prompte aux entraînements, la conscience si facile à s'illusionner, lorsque les intentions sont droites, honorables, chrétiennes même, qu'il est rare que cette intimité étrangère ne tourne pas au détriment de la vie religieuse. Sans doute, le vice est encore loin, peut-être même ne viendra-t-il jamais; mais ce qu'il y a de bien certain, c'est que cette amitié particulière nuit essentiellement à l'esprit religieux. Le Créateur et la créature ne peuvent vivre ensemble dans un même cœur, il est trop étroit pour les contenir tous les deux ; puis le Dieu des chrétiens est jaloux, quand il voit que la créature lutte avec lui, il se retire. Alors plus d'oraison, peu de prières et beaucoup de distractions.

Dans la joie, ce n'est plus Dieu qui triomphe, dans la peine ce n'est plus lui qui console. On n'appartient donc plus à Dieu, et on ne s'appartient plus à soi-même. On est le bien, la chose d'un autre. La supérieure, qui s'en aperçoit, fait des observations qui ne sont plus écoutées. Elle en vient à des menaces, on les méprise, elle insiste, on part

Ainsi sans jamais avoir fait une faute grave contre les devoirs du chrétien, une bonne religieuse, fervente même, une âme privilégiée, un cœur d'élite, sort d'une maison où elle eût fait beaucoup de bien, parce qu'elle n'a pas fui assez tôt une amie du monde qui lui fait perdre sa vocation.

Un vieux poète français, dont je ne me rappelle plus le nom, dit en parlant de ces amitiés, une vérité vraie :

> Qui résiste est vaincu, qui s'enfuit est vainqueur.

Puissent ces conseils profiter à toutes les filles de la Charité, à toutes les personnes pieuses ; puissent-elles me croire sur parole : l'affection la plus honnête, la plus pure ne donne jamais le bonheur qu'elle promet, et laisse souvent après elle des remords, qui font payer bien cher des jouissances trop éphémères, pour ralentir une héroïne chrétienne, qui marche à la conquête d'un bonheur éternel.

CHAPITRE V.

Hospice de Meung.

Manum suam aperuit inopi, et palmas suas extendit ad pauperem, et panem otiosa non comedit.

Sa main s'est ouverte à l'indigence, elle a tendu ses bras vers les pauvres et elle a mangé son pain en travaillant. (SALOMON).

A Meung comme à l'Hospice-Général et au noviciat, pendant tout le temps qu'elle y passe, sœur Gertrude fait l'admiration de tous ceux qui la connaissent. Chérie de sa supérieure, adorée de ses sœurs, estimée de l'administration de l'hospice, vénérée du clergé de la paroisse, elle passe doucement ses plus beaux jours au milieu des malades et des pauvres vieillards, pour lesquels, toute sa vie, elle eut un amour de prédilection.

Dix ans après son départ de Meung, sa mémoire vivait encore dans tout le pays. Ce fut à cette époque que je visitai pour la première fois l'hospice de cette ville. Quand on sut qu'elle m'avait soigné pendant longtemps, on fit cercle autour

de moi ; les sœurs se réjouissaient en apprenant de ses nouvelles, la supérieure surtout, son intime amie de noviciat et de
communauté, sœur Claire, ne se lassait point de m'interroger
sur la santé et sur les belles actions de la sœur Gertrude, dont
la renommée à Tours comme à Meung grandissait toujours. Les
vieillards, dont elle avait autrefois chassé les cruels bourreaux,
pleuraient de reconnaissance et de tendresse ; tous attendaient
mes réponses avec autant d'empressement que les Grecs attendaient les oracles de la Pythonisse. Mon arrivée dans l'hospice,
où j'étais inconnu, était un événement heureux, parce qu'en
entrant j'avais prononcé un nom vénéré. Sœur Claire me
conduisit dans les salles visiter les infirmes que sœur Gertrude
avait soignés. Il en restait un qui lui avait causé bien des peines.
Il était idiot et souvent bien méchant. Quand il entendit le nom
de la bonne sœur, il se mit à pleurer en répétant : Gertrude,
trude, trude. Il y avait des sanglots dans sa poitrine, des
lamentations dans sa voix et des pleurs dans ses yeux. Ce nom
vénéré était donc sur toutes les lèvres, comme il est gravé
dans les cœurs de ceux qui ont eu le bonheur de la connaître
et de l'apprécier.

Ce fut dans ce voyage que j'appris une grande partie des
belles actions que je vais maintenant dérouler sous les yeux
du lecteur.

— En arrivant à Meung, sœur Gertrude retrouve dans la
bonne mère Assomption et dans sa fidèle compagne de noviciat
cette amitié pure qui ne s'est point démentie même après leur
mort. Car sœur Gertrude, pendant sa dernière maladie, parlait
souvent encore et toujours avec bonheur de la mère Assomption

et de la sœur Claire. Amitié surannée dans le siècle où nous vivons, puisque maintenant les amis de la veille sont, hélas! souvent les ennemis du lendemain.

A son entrée dans l'hospice, sœur Gertrude est chargée du soin des vieillards et des petits enfants. Lorsqu'un malfaiteur entre en prison, le geôlier le fouille des pieds à la tête, pour s'assurer qu'il ne porte point sur lui des instruments dangereux; ainsi, quand un vétéran de la charrue arrive de la campagne à l'hôpital, on le met entre ses mains pour qu'elle en fasse la revue. Jamais elle ne trouve dans ses vêtements des pinces, des tenailles, des limes, ni des rossignols, mais sur sa tête les instruments de son supplice, car bien rarement le nouveau venu entrait seul à l'hospice. Une légion sans ordre s'agitait presque toujours dans ses cheveux en désordre semblable à un troupeau de chiffonniers qui grouillent dans les rues de Paris, quand le tocsin des révolutions sonne à Notre-Dame; mais, plus heureuse ou plus courageuse que nos rois, sœur Gertrude remporte toujours la victoire. Un bon vieillard de Meung, M. Clément, médecin de l'hospice, aimait à voir ces combats quotidiens, où l'armée ennemie tombait toujours sous les coups du fatal instrument aux applaudissements de la victime délivrée de ses cruels tyrans. Aussi disait-il souvent qu'après la mort de sœur Gertrude, on la représenterait avec le fatal instrument à la main; comme on représente sainte Catherine avec une roue et saint Roch avec son chien.

En ville, on se donnait rendez-vous dans les salles de l'hospice pour contempler la bonne sœur aux prises avec la tête, les pieds et les mains de ces vieux chrétiens, les enfants de sa charité, et ses frères en Jésus-Christ. On versait des larmes d'admiration en la voyant laver, savonner, décrasser leurs membres calleux et dégoûtants. O foi divine ! voilà les prodiges de ta charité ! A quoi bon ce dévouement sublime, en effet, si Jésus-Christ n'avait pas dit : *Tout ce que vous faites au plus petit des miens, c'est à moi que vous le faites.*

Les mains blanches, les pieds propres, la chevelure en ordre, avec un col de chemise irréprochable et des blouses sans tache, on voyait tous les dimanches ces pauvres sénateurs de la misère se rendre à l'église, pour y remercier le Dieu de la sœur Gertrude des tendres soins qu'elle leur donnait toute la semaine. Après la messe, ils revenaient dans leurs salles, le cœur content et l'âme en paix parce qu'ils avaient accompli un devoir sacré. La bonne sœur n'est donc point seulement pour eux une mère nourrice, elle est encore la porte du ciel. Après les avoir lavés des pieds à la tête, elle avait sans doute le droit de leur parler d'un autre bain plus salutaire qui lave les taches de l'âme, et en la voyant à l'œuvre, comment ces bons vieillards ne comprendraient-ils pas que la religion seule pouvait inspirer à la bonne sœur les sentiments qu'elle avait pour eux, et alors, comment ne seraient-ils pas portés à croire à la divinité de cette religion qui donne au cœur de tels sentiments? Cependant elle leur conseillait rarement d'approcher du tribunal de la pénitence, excepté quand ils étaient en danger de mort. Sa charité suffisait alors pour réchauffer la foi engourdie dans ces vieux cœurs glacés. Elle en gagnait beaucoup à Jésus-Christ en leur parlant

vec une grande simplicité, de leur première communion, du
bonheur qu'ils avaient goûté dans ce beau jour, des derniers
instants d'un père mort en chrétien, et des touchantes exhor-
tations de leurs mères. A ces souvenirs si précieux pour des
cœurs bien-nés, ces braves gens pleuraient et demandaient
eux-mêmes, à la bonne sœur, le médecin charitable qui guérit
les âmes. Ainsi ces hommes, délivrés par elle des haillons de
la misère et des cruels perturbateurs de leur sommeil, lui
devaient encore le vêtement plus précieux de l'innocence
recouvrée et la paix de la conscience, qu'ils conservaient souvent jusqu'aux portes de l'éternité.

A chaque repas, la fille de la Présentation venait donner la
becquée à ses vieux oiseaux, je dis la becquée, parce qu'elle
faisait manger le goutteux et le manchot en les amusant de ses
légendes picardes, parce qu'elle avait des petits mets pour ceux
qui ne pouvaient point supporter l'ordinaire, parce que tous
les jours elle se privait des fruits que lui donnait sa supérieure
pour les porter aux plus souffrants, enfin, parce que sa gaieté,
se communiquant à tous ses convives, leur faisait oublier
souvent le rôti, qui manquait toujours.

Après le dîner, elle passait sa récréation avec ses vieux
enfants, au lieu de la passer avec ses sœurs. Tantôt donnant le
bras au boiteux pour le conduire à la promenade, tantôt prêtant
sa main à l'aveugle, pour lui faire prendre l'air, et souvent des
orphelins la suivaient en jouant avec son chapelet. Si Dieu me
prêtait un instant le pinceau de Raphaël, je voudrais la peindre
donnant le bras au boiteux, la main à l'aveugle, suivie d'un
orphelin qui joue avec son chapelet, car, ainsi que nous

l'avons dit au commencement du chapitre, elle était chargée de surveiller les enfants délaissés. On n'a point oublié, pour les soins à donner à ces malheureux enfants, qu'elle a fait son apprentissage à l'Hospice-Général, au milieu des jeunes orphelins. Je ne parlerais donc point ici des enfants de l'hospice de Meung, si sœur Gertrude n'était une femme de progrès dans la force du terme. En effet, sa charité croissait avec ses années. Or, rien n'est plus ingénieux que la charité chrétienne. Elle parvint à s'identifier tellement avec la maternité, que plusieurs de ces petites créatures l'appelaient ma mère et quelques-unes maman. Cette enfantine dénomination lui resta surtout dans sa communauté, où presque toutes les sœurs, dans les dernières années de sa vie, l'appelaient maman Tude, quelques-uns même de ses malades suivaient l'exemple des sœurs, tant elle avait su se faire aimer de ceux qu'elle avait une fois soignés : ce qui fit un jour croire à des étrangers qu'elle était veuve.

En disant que la sœur Gertrude était une femme de progrès, on a sans doute bien compris que je ne voulais point parler de progrès dans les arts ni dans les sciences ; que je ne pensais nullement à la vapeur, au fil électrique, ni à la photographie, mais seulement à la charité. Oui, sœur Gertrude a fait progresser cette vertu et ces progrès sont encore plus utiles à l'humanité que les moyens de voyager, d'écrire, ou de peindre plus vite qu'autrefois, elle a trouvé l'ingénieux moyen de faire oublier à l'orpheline qu'elle n'a plus de mère, à la mère qu'elle a perdu sa fille, à l'exilé qu'il est sans patrie, en se faisant la mère de l'orpheline, la fille de la mère et la patrie de l'exilé.

Tous les jours de la sainte religieuse sont remplis de bonnes œuvres ; du matin au soir, elle est sœur de charité. Après avoir soigné les vieillards et les enfants, elle a ses heures de parloir, non pour y recevoir l'aristocratie de Meung, mais pour y panser les plaies des malheureux ouvriers étrangers à l'hôpital. Pendant le temps qu'elle passe dans cette maison, il est impossible d'énumérer le nombre des enfants tombés dans le feu qui furent confiés à ses soins. Quand la portière voit arriver une de ces pauvres petites créatures, elle court vite l'annoncer, comme une bonne nouvelle, à la sœur Gertrude, qui laisse aussitôt son dîner, ses orphelins, ses vieillards, l'office divin même, pour voler au secours de ses petits saints Laurents ; c'était le nom qu'elle donnait à ces malheureuses victimes de la négligence des parents.

Un jour que la portière l'appelle pour un de ces jeunes martyrs, elle court aussitôt et trouve en arrivant au parloir une petite fille brûlée des pieds à la tête. Les parents qui sont pauvres ne la conduisent point au médecin qu'il faudrait payer ; puis la sœur Gertrude possède à Meung la réputation de rendre des points à la Faculté de médecine de Paris, dans la science de guérir les brûlures. A la vue de cet enfant, dans un état pire que tous ceux qu'elle avait soignés jusque-là, touchée de la compassion la plus vive, elle demande à la mère sa petite fille pour quelques jours seulement, à la supérieure la permission de la soigner dans sa chambre, et aussitôt un petit lit est organisé auprès du sien pour la jeune martyre.

Cette enfant avait reçu au baptême le nom d'Aimée. Voilà donc Aimée, âgée de sept ans, installée dans la modeste cellule auprès d'une jeune mère de vingt-quatre ans, que la religion met à la place de celle qui lui donna le jour ; car la pauvre mère n'était plus là. Après avoir confié sa fille à la bonne sœur elle s'était rendue promptement auprès de son mari, atteint d'une maladie qui le conduisit à la mort.

Sœur Gertrude se met aussitôt à l'œuvre. Pendant que sa main adroite et légère panse les plaies livides, sa voix douce et maternelle calme les cris de la pauvre brûlée qui réclame sa mère. La peau qui tombe en lambeaux laisse voir sa chair nue en plusieurs endroits. Spectacle horrible pour les yeux même d'un vieux médecin !

Pendant huit jours au moins, Aimée fut entre la vie et la mort. Le savant médecin en désespérait, mais l'espérance était toujours au cœur de la bonne religieuse, elle aimait déjà tant cette pauvre enfant ! Au bout de huit jours un peu de mieux se fait sentir, s'augmente, puis la convalescence arrive, enfin la guérison. Sœur Gertrude fit, dans cette circonstance, un apprentissage qui lui servit beaucoup dans la suite, comme nous le verrons, dans la guérison d'un ouvrier tombé dans la chaux vive.

La santé de l'enfant arrivait à propos, car sa jeune mère adoptive, tombait sur les dents, accablée de fatigue et d'insomnie. Pendant le jour, elle vaquait à son travail ordinaire ; vieillards, enfants, malades, personne ne souffrait des soins qu'elle donnait à son Aimée. La nuit, elle se levait dix fois, pour calmer ses souffrances, essuyer ses larmes et apaiser ses cris. Aussi le médecin inquiet demandait-il, tous les jours, à la supérieure d'arracher cette enfant à sœur Gertrude, dont la santé était gravement compromise. Mais ses instances étaient inutiles. Sœur Assomption, comprenant le mal qu'elle lui ferait, en la privant du plaisir de donner des soins à la fille de son cœur, la laissait continuer, réduite à prier le Seigneur de lui conserver cette fille tendrement aimée et si précieuse à la communauté. Elle n'ignorait point sans doute , la bonne supérieure, ces paroles de nos livres saints, qui la consolaient.

La femme forte se lève quand il est nuit, pour partager la nourriture à ses servantes.

La force est dans ses reins, la force est dans ses bras ;

Sa lampe ne s'éteint point dans les ténèbres :

Elle a porté sa main à des choses fortes, et sa main s'est ouverte à l'indigent ; elle a tendu ses bras vers les pauvres, et son cœur est sans crainte.

Ces paroles de Salomon sont accomplies à la lettre : sœur Gertrude retrouve sa gaieté et ses forces, dès qu'Aimée recouvre la santé. J'ai souvent entendu dire, et je suis payé pour le croire : plus un enfant donne de peine à sa mère, plus il en est aimé. Il en fut ainsi de la bonne sœur pour sa fille adoptive. Pendant qu'elle était encore l'objet de tous ses soins, le père de cette enfant rendait le dernier soupir, en recommandant sa fille à la sœur Gertrude ; et sa mère qui s'était fatiguée à le soigner jour et nuit, le lendemain même de ses funérailles, comme les pauvres sont forcés de le faire, reprenait sa place dans le lit solitaire qu'elle ne devait plus quitter. Après quelques mois seulement, elle faisait aussi le voyage de l'éternité , laissant sa fille orpheline sur la terre, mais bien consolée, en comptant sur les tendres soins de la bonne sœur qui va la remplacer auprès d'elle.

A cette nouvelle, grand deuil à l'hôpital. Que va devenir la pauvre enfant ? Si j'ai dit quelque part : la charité chrétienne est ingénieuse , j'ajoute aujourd'hui : elle est bien puissante. L'amour est plus puissant que la mort, et la charité chrétienne est le plus pur, le plus fort, comme le plus constant des amours. Rien ne l'arrête, rien ne la rebute ; marchant toujours, elle arrive tôt ou tard à son but.

Tous les administrateurs de l'hospice, qui ne perdaient pas de vue le dévouement continuel de la bonne sœur, le vieux médecin de l'hospice surtout, M. Clément, qui l'aimait comme un bon vieux grand-père aime sa petite fille , ne pouvaient rien lui refuser. Mais il fallait faire des démarches , des avances , et sœur Gertrude était aussi timide à demander que généreuse à donner. C'est le fait des natures d'élite , des grandes âmes et de tous les cœurs magnanimes. Poussée néanmoins par la charité la plus ardente, à la vue de sa pauvre orpheline, après avoir longtemps hésité, elle ose prier ces Messieurs de lui laisser l'enfant qu'elle a sauvée et adoptée. Comment refuser une mère qui prie pour sa fille ? une mère adoptive ! une mère comme la sœur Gertrude, qui faisait tant de bien et d'honneur à leur maison, par les services qu'elle rendait à tous les malades !...

Le jour même on assemble le bureau, on délibère quelques instants, qui parurent une année tout entière à la bonne sœur. Le maire en sortant du conseil , la demande au parloir.

En entrant , elle s'écrie : Eh bien ! Monsieur le Maire.

— Eh bien, ma sœur..... vous conserverez près de vous l'enfant de votre cœur ; vous serez sa mère, sa bonne mère.

— Et vous son père, son bon père , n'est-ce pas , monsieur le Maire ? car c'est à vous que nous nous adresserons pour payer ses vêtements.

— Oui, ma sœur, comptez sur moi.

— Merci , monsieur le Maire ; puis elle vole apprendre la bonne nouvelle à la supérieure et à ses sœurs ; et ce jour-là, il y eut une grande joie à l'hospice.

Tout le monde aimait tant la sœur Gertrude !

> C'est là le doux portrait devant qui je m'incline ,
> O vous, qui sous votre aile avez pris l'orpheline ,
> Déployant à plein cœur, sans avoir enfanté ,
> Le maternel amour dans toute sa beauté.

Comme on voit dans l'armée des enfants de troupe adoptés par un régiment pour en faire plus tard de vaillants soldats ; ainsi l'on vit adopter par les charitables sœurs de la Présentation et par les généreux administrateurs de l'hospice de Meung, cette jeune fille qui marche maintenant sous la bannière de la Charité, que sa mère adoptive, sœur Gertrude, a portée si haut pendant cinquante-deux ans. On peut dire que dans la tombe de son père et de sa mère Aimée trouve une seconde naissance plus heureuse que la première. Chez ses parents, extrêmement pauvres, elle aurait eu des vêtements grossiers, une nourriture à peine suffisante, une instruction bien médiocre ; et comme la faim est mauvaise conseillère, peut-être son salut eût-il couru quelques dangers, tandis qu'élevée au milieu des saintes filles de Marie, à l'école de sa mère adoptive, elle ne pouvait manquer de grandir en sagesse et en charité. Aussi, à l'âge voulu par le règlement, fut-elle enrôlée dans la communauté de la Présentation. Je regrette qu'on ne lui ait pas donné le nom de Gertrude; car à moins d'être une ingrate, elle doit bénir, encore et toujours, celle qui lui rendit la vie du corps en lui donnant la vie de la grâce. Dans la congrégation elle doit remplacer sa mère adoptive, en donnant à ses sœurs, l'exemple de la foi, de l'humilité et de la charité, qu'elle lui a légué dans son testament. Si par hasard, un jour ici-bas, je la rencontre je lui dirai : « *Ma sœur, imitons notre mère.* »

Que d'ignorants, inspirés par des gens plus malins qu'eux, s'insurgent contre la virginité de la sœur de charité! ils feraient mieux d'attaquer franchement la sœur hospitalière elle-même, car elle est fille de l'Eglise catholique, et je défie de la trouver ailleurs. Le protestantisme aurait bien voulu, voudrait bien encore engendrer de ces filles sublimes; mais son arbre n'a pas assez de sève pour produire de tels fruits. Ceux qui font école parmi les ennemis de la virginité catholique prétendent que la femme est faite pour donner des chrétiens à l'Église, et des citoyens à l'État (Remarquez bien en passant, que tel est surtout le langage des vieux garçons débauchés et des vieilles filles qui n'ont point trouvé de mari). Arrière ces faux paradoxes, que le peuple avale comme un verre de vin, tandis qu'il devrait, en considérant d'où ils viennent, ne les recevoir que sous bénéfice d'inventaire.

Il est des mères qui laissent en mourant des Aimées, il faut des mères Gertrudes pour les adopter.

Il est des vieillards qui manquent de soins, il faut des sœurs Gertrudes pour les soigner.

Il est des vieilles femmes qui n'ont plus de vêtements, il faut des sœurs Gertudes pour les vêtir.

Il est des pauvres qui n'ont point de pain, point de feu, il faut des mères Gertrudes pour les réchauffer et les nourrir.

Ces vieux célibataires, et ces vieilles filles qui souvent meurent dans une vertu douteuse, et voilà pourquoi, sans doute, ils s'insurgent contre la virginité des enfants de Marie, quittent le monde sans avoir jamais rendu aucun service à la patrie ; et voilà ceux, et voilà celles qui crient plus haut que les autres : haine à la virginité romaine. Tandis que les sœurs de la Présentation, ces nobles filles aimées du souverain Pontife, sont présentes au champ de bataille de la peste et du choléra, pour sauver tous les français ; dans les hôpitaux, pour soigner nos vieux pères ; dans les asiles, pour élever et instruire les enfants du peuple ; dans les crèches pour les nourrir ; dans les orphelinats pour servir de mères à ces êtres délaissés le plus souvent hélas ! par ceux qui, poursuivent de leurs sanglantes calomnies et de leurs railleries dégoûtantes les vierges de la charité. Mais ces filles sublimes, pour se consoler de tant d'ingratitude, se contentent de jeter un coup d'œil sur le divin crucifié, en disant : *tout est là!!*

Pour vous, peuple chrétien, peuple français, qui connaissez le prix de la virginité des filles de Marie, chantez-la bien haut cette virginité sublime qui promet des mères à vos enfants après votre mort; ayez confiance dans la Providence dont les yeux sont toujours ouverts sur votre sort; comptez sur Dieu qui vous a donné, comme à son divin fils, des vierges pour mères, et afin de faire naître ou d'augmenter cette confiance dans vos cœurs, lisez avec moi l'épisode suivant, tiré d'un auteur que vous retrouverez encore dans le cours de cette histoire. Pendant sa vie, la bonne mère Gertrude prenait plaisir à l'entendre raconter. Je suis certain que tous les cœurs sensibles et tous les esprits judicieux, liront avec bonheur ce chef-d'œuvre, qui fait du bien à l'âme et que personne ne sera jamais assez intelligent pour traiter de hors-d'œuvre, dans la vie d'une sœur hospitalière, ce passage qui nous peint la Providence attentive à veiller sur nous, puisque les mains généreuses et dévouées des sœurs sont les instruments dont elle se sert le plus souvent pour venir à notre secours (1).

« Deux hommes étaient voisins, et chacun d'eux avait une femme et plusieurs petits enfants, et son travail seule pour les faire vivre.

« Et un de ces hommes s'inquiétait en lui-même, disant : Si je meurs, ou que je tombe malade, que deviendront ma femme et mes enfants.

« Et cette pensée ne le quittait point, et elle rongeait son cœur comme le ver ronge le fruit où il est caché.

« Or, bien que la même pensée fût venue également à l'autre père, il ne s'y était point arrêté; car, disait-il : Dieu qui connaît toutes ses créatures et qui veille sur elles, veillera aussi sur moi et sur ma femme et sur mes enfants.

____

(1) Ce passage se trouve dans un cours de littérature mis entre les mains des élèves de l'institution Saint-Louis, qui appartenant à l'archevêque de Tours.

« Et celui-ci vivait tranquille, tandis que le premier ne goûtait pas un instant de repos, ni de joie intérieure.

« Un jour qu'il travaillait au champ, triste et abattu à cause de sa crainte, il vit quelques oiseaux entrer dans un buisson, en sortir, puis bientôt y revenir encore;

« Et s'étant approché, il vit deux nids, posés côte à côte, et dans chacun plusieurs petits nouvellement éclos et encore sans plumes;

Et quand il fut retourné à son travail, de temps en temps, il levait les yeux, et regardait ces oiseaux qui allaient et venaient portant la nourriture à leurs petits.

Or, voilà qu'au moment où l'une des mères rentrait avec sa becquée, un vautour la saisit, l'enlève, et la pauvre mère, se débattant vainement dans ses serres, jetait des cris perçants;

A cette vue, l'homme qui travaillait sentit son âme plus troublée qu'auparavant, car, pensait-il, la mort de la mère, c'est la mort des enfants. Les miens n'ont que moi non plus. Que deviendront-ils si je leur manque?

« Et tout le jour, il fut sombre et triste; et la nuit il ne dormit point.

« Le lendemain, de retour aux champs, il se dit : Je veux voir les petits de cette pauvre mère; plusieurs, sans doute, ont déjà péri, et il s'achemine vers le buisson;

« Et regardant, il vit les petits bien portants; pas un ne semblait avoir pâti;

« Et ceci l'ayant étonné, il se cacha, pour observer ce qui se passerait.

« Et après un peu de temps, il entendit un léger cri, et il aperçut la seconde mère, rapportant en hâte la nourriture qu'elle avait recueillie, la distribuer à tous les petits indistinctement, et il y en eut pour tous, et les orphelins ne furent point délaissés dans leur misère;

« Et le père qui s'était défié de la Providence raconta le soir à l'autre père ce qu'il avait vu;

« Et celui-ci lui dit : Pourquoi s'inquiéter? Jamais Dieu n'abandonne les siens; son amour a des secrets que nous ne connaissons pas; croyons, espérons, aimons et poursuivons notre route en paix;

« Si je meur avant vous, vous serez le père de mes enfants; si vous mourez avant moi, je serai le père des vôtres.

« Et si l'un et l'autre nous mourons avant qu'ils soient en âge de pourvoir eux-mêmes à leurs nécessités, ils auront pour père Dieu dans le ciel.

Cet épisode n'est que la paraphrase des paroles du grand maître, disant à ses disciples qu'ils sont plus précieux aux yeux de Dieu que les petits oiseaux, qui trouvent leur nourriture sans semer et sans moissonner, et plus beaux que le lis des champs avec toute sa parure.

Consolez-vous donc, vous tous qui souffrez maintenant; un jour vous serez récompensés, comme le pauvre Lazare abandonné du mauvais riche. Pensez qu'il y aura toujours sur la terre une fille de la Présentation pour soulager vos misères, pour adopter vos enfants, pour les élever et les instruire; et bénissez le Seigneur d'avoir donné pour seconde Providence aux orphelins les sœurs de la bonne mère Gertrude, que nous allons retrouver dans l'hospice de Meung.

Longtemps on a parlé, dans cet maison d'un vieillard qui mourut entre les bras de la sœur Gertrude. Pauvre malheureux ! il avait un ulcère au côté gauche. Sa plaie était hideuse, les vers y fourmillaient comme dans le corps d'Antiochus. Personne n'osait l'approcher, tant était fétide l'odeur qui s'en exhalait. M. Clément lui-même, plus d'une fois, n'eut pas assez d'énergie pour faire le pansement. Quand ce misérable appelait au secours, sa voix jetait l'épouvante dans toute la salle. La sœur courageuse était seule fidèle au poste. Pour s'aguerrir, elle s'approchait de la plaie purulente, la touchait du doigt, puis se mettait à l'œuvre, sans jamais se rebuter. Le médecin lui disait : le mal est contagieux, elle souriait en continuant, et quand sa supérieure lui commandait de prendre des précautions, elle souriait encore et continuait toujours, à la grande admiration de la supérieure, des sœurs et du vieux médecin.

Bientôt les autres malades de la salle, tout en partageant l'admiration générale pour la bonne sœur, déclarent qu'ils ne peuvent plus supporter ni la vue, ni l'odeur de la plaie, ni les cris féroces du malheureux qui hurle de rage et de désespoir. Il faut le transporter dans une chambre particulière. Tel on vit autrefois Philoctète, abandonné dans une île déserte, par tous les Grecs, ses compagnons d'armes qui ne supportent plus l'odeur de sa blessure ni les cris rauques de sa douleur ; ainsi notre pauvre malade, insupportable à ses compagnons de salle, est relégué dans un lieu séparé des autres ; mais voyez la différence entre l'idée païenne et l'idée chrétienne ; pas un de ses compagnons d'armes, pas un de ses amis d'enfance ne consent à rester auprès de Philoctète pour soigner ses plaies et calmer ses douleurs ; tandis qu'une femme, une jeune sœur de la Présentation, qui ne connaît ce pauvre martyr que depuis quelques jours, non-seulement consent à rester auprès de lui, mais elle y tient, dût-elle en mourir !...

Egoïsme païen d'un côté, dévouement chrétien de l'autre. Voilà ce que je tenais à mettre sous les yeux du lecteur, en lui faisant remarquer que les païens d'autrefois ont des successeurs dans ces hommes de nos jours qui voudraient placer de nouveau, sur l'autel de Jésus-Christ, les anciens dieux protecteurs des passions et du despotisme pour faire retomber les peuples dans l'esclavage d'où les a tirés Jésus-Christ, ce divin frère des pauvres délaissés.

Dix fois par jour, l'ange de la charité visite son malade, panse ses plaies et l'encourage par la vue du Christ qu'elle porte à son chapelet.

Prudence Demilly, ou plutôt sœur Prudence, encore novice, étant à l'hospice de Meung en même temps que sa sœur aînée, veut un jour assister au pansement du malade pour s'aguerrir au combat. Sœur Gertrude la refuse craignant pour elle les dangers de cette visite ; mais la novice intrépide, qui brûle de marcher sur les traces de sa sœur, insiste, et la professe, qui ne veut point exposer la poitrine délicate de la jeune novice à l'air empoisonné qu'elle respire tous les jours, refuse encore. Enfin, vaincue par son insistance, l'aînée conduit la plus jeune dans l'antre affreux de la douleur, où depuis longtemps elle pénétrait seule et sans crainte. La porte s'ouvre à la courageuse novice, un rugissement affreux frappe ses oreilles, une odeur fétide l'arrête à l'entrée; allons, dit sœur Gertrude, courage Prudence, entre puisque tu l'as voulu.

La plaie découverte laisse voir un pus jaunâtre mêlé de sang noir où pullulent des milliers de vers. Un moment la novice tient bon, mais quand elle voit sa sœur plonger ses doigts dans le sang pourri pour en extirper les vers et nettoyer la plaie hideuse; quand elle entend les soupirs étouffés de la victime, elle s'enfuit dans la crainte de s'évanouir, car ses pieds chancelaient, et sœur Gertrude continue de plonger et de replonger ses doigts dans le pus, et sa main râcle la plaie qu'elle esssuie de sa charpie avec plus de courage qu'il n'en faut à un soldat pour mourir sur le champ de bataille. Admirable fille de Marie, continue encore, continue toujours; cette sanie, ce pus, ce sang pourri, ces vers métamorphosés en rubis, en émeraudes, en pierres précieuses, orneront un jour la couronne que les saints te préparent dans les demeures éternelles!...

On crut un instant que l'infortunée victime allait mourir, mais les soins assidus qu'on lui donne prolongent sa vie longtemps encore. Toute la maison s'inquiète en voyant sœur Gertrude pâlir et s'étioler. La supérieure lui commande d'aller plus rarement visiter son malade, et la sœur pleure, et la supérieure la laisse faire, et les craintes pour sa santé augmentent de jour en jour. Enfin, la mort du pauvre martyr vient délivrer la ville de Meung tout entière des angoisses mortelles que le dévouement de sœur Gertrude donnait à tous ses habitants.

O vous, qui tous les jours distillez dans vos journaux et dans vos romans, le fiel de la calomnie sur les sœurs de charité, avares - publicistes qui vendez, sur les tables des estaminets et des cabarets, quelques exemples de fragilité humaine pour nectar à vos lecteurs avinés, vous ne leur servirez jamais celui de la sœur Gertrude : elle appartient à une religion qui gêne trop vos passions. Vous aimez mieux museler le peuple par vos écrits, en lui donnant rarement quelques morceaux de pain, que vous lui reprochez ensuite, mais des spectacles toujours. Vous savez bien que c'est le Christ, frère du peuple, qui ralluma sur la terre le feu de le charité et de la liberté des enfants de Dieu, éteint dans les glaces du paganisme, et voilà pourquoi vous voulez rétablir le paganisme, et voilà pourquoi vous criez : haine, haine au Christ, frère du peuple, haine à son plus haut représentant sur la terre qui défend le peuple, haine à la sœur du peuple, qui n'est autre que la sœur de charité. Vous aurez beau faire, vos forces s'épuiseront un jour, et quand viendra la mort, vous serez forcés de répéter ce refrain de tous les ennemis de Jésus-Christ, qui vous ont précédés, refrain arraché à la poitrine d'un empereur apostat, qui râle en criant : Tu as vaincu, Galiléen ! A moins qu'une fille de la Présentation, par sa charité, ne vous fasse comprendre alors, la justice et la miséricorde d'un Dieu qui vous appelle à son tribunal.

Vous tous aussi, philosophes sans entrailles pour ce peuple que vos écrits abusent, sans jamais lui donner un morceau de pain, osez donc, au moins une bonne fois, entrer dans la lice de la charité avec sœur Gertrude, venez avec elle, donner le bras au boiteux, la main à l'aveugle, entrez à sa suite dans l'antre infecte de cet homme couvert d'ulcères, c'est bien là le vrai champ clos de la charité ! Eh quoi ! après toutes ces belles paroles lancées au peuple par la voix de publicité ; vous reculez !.. au moins, dites-nous donc franchement où vous portez l'argent que vous avez pris au peuple.

— Au bal, au spectacle, à tous les plaisirs du monde...

— Et le peuple où l'envoyez-vous ?

— A l'hôpital.

Je tiens d'une personne sûre, l'histoire que je vais raconter, elle ne sera pas sans intérêt pour le lecteur, en prouvant que la charité de sœur Gertrude était à l'étroit dans les murs de l'hospice de Meung. Ayant appris que dans un village appelé Bardon, distant de sept à huit kilomètres de la ville, un vieillard et sa femme qui n'était plus jeune, plongés dans une misère extrême, manquant souvent de pain pour se nourrir, ayant pour lit de la paille, pour couverture des haillons glacés, sans feu en plein hiver, étaient malades depuis longtemps, la sœur Gertrude demande à sa supérieure la permission d'aller les visiter pour leur porter des secours. La permission est accordée sur-le-champ. Sur-le-champ aussi, sœur Gertrude part, non comme les Argonautes à la conquête d'une toison d'or, mais comme une excellente bergère, qui va chercher deux brebis vieilles, malades, égarées au désert, pour les ramener au bercail et les guérir.

En entrant dans la chaumière, elle voit qu'on ne l'a point trompée; les pauvres viellards gisent sur un tas de paille couverts d'un drapu oir de crasse et de poussière. Ils sont tous deux blottis sous des haillons plus noirs encore qui l'empêchent de voir la légion qui les dévore. Presque tous les carreaux de la croisée brisés sont remplacés par des papiers imbibés d'huile, qui ne permettent jamais au soleil de sécher les gouttes d'eau verdâtres qui tombent du plancher sur la terre humide. Elle aperçoit, sur une vieille table, deux morceaux de pain noir avec une écuelle de bois remplie d'eau froide. A ce navrant spectacle, des larmes coulent de ses yeux; mais comme elle n'est pas venue pour pleurer, bientôt ses larmes sont essuyées, alors, puisant aussitôt dans son âme virile toute l'énergie dont elle a besoin :

Mes amis, leur dit-elle, vous êtes malades depuis longtemps, n'est-ce pas?

— Oui madame, répond le mari.

— Dis donc ma sœur, imbécile, s'écrie la femme, ne vois-tu pas, à son grand bonnet blanc. que c'est une sœur de l'hospice.

— Eh bien oui, ma sœur, je suis bien malade.

— Voulez-vous entrer à l'hôpital? vous y serez bien soigné.

— Dame, pardi, ma sœur, puisque c'est comme ça, j'irai tout de même.

— Et moi, reprit la mégère, il faudra donc que je crève ici toute seule ? non. nous resterons tous deux, nous mourrons ensemble.

— Oui, nous resterons tous deux, nous mourrons ensemble, répéta le vieillard.

— Mes amis, vous viendrez tous les deux à l'hospice, ça vaudra mieux.

— Non, non, disent les deux malades, nous aimons mieux vivre ou mourir, tous deux, ensemble.

— Eh bien, qui vous empêchera d'en faire autant à l'hospice?

— (Le mari seul), dame, tout de même, si tu voulais, ma femme?...

— (La femme), comme tu voudras, quoique cependant.......

— Allons, croyez-moi, venez tous deux et vous ne vous en repentirez point, nous vous guérirons.

La bonne sœur insiste et finit par les gagner, puis, sans perdre de temps, elle demande un charretier dans le voisinage, le charretier arrive, et les deux pauvres malades montent dans le tombereau en versant des pleurs de joie et de tristesse, la sœur se place au milieu d'eux les voilà partis. Flanquée de ces deux recrues, elle entre dans la ville qui l'admire sans qu'elle s'en doute. Arrivée à l'hospice, elle fait descendre ses deux vieux enfants du tombereau et les conduit dans les salles, où elle ne manque pas de faire leur toilette, et la revue accoutumée. Bientôt ces deux pauvres créatures, couchées dans des draps blancs, bien nourries, bien soignées, bénissent la sœur qui les a tirées de leur chaumière glacée pour les conduire dans des salles bien chauffées où elles ne tardent pas à recouvrer les forces et la santé.

Le bruit de cette expédition se répandit dans la ville, qui bénit aussi l'ange de la charité , pour la victoire qu'il vient de remporter, puisqu'avant lui, personne n'avait pu faire consentir ces malheureux à sortir de leur pauvre chaumine où ils n'auraient pas manqué de mourir de faim, étant éloignés de toute espèce de secours. Encore un fleuron de plus à la couronne de la bonne sœur Gertrude, qui seule n'était point étonnée de tout ce qui venait de se passer. Sa main droite ne connaissait jamais les bienfaits de sa main gauche. Toujours elle faisait le bien avec autant de simplicité que de dévouement sans jamais penser aux louanges des hommes. Dieu seul était le but ! Dieu seul était la fin qu'elle se proposait dans toutes ses actions.

N'avais-je pas raison de dire que sœur Gertrude fit dans ce pays l'admiration de tous ceux qui la connurent. Seulement, ce n'est point sur les promenades , comme les vierges folles, qu'elle est admirée, ni dans les fêtes du monde qu'elle est adorée. Elle ne sort jamais de l'hospice que pour aller à l'église, à moins que la charité ne l'entraîne à faire une de ces expéditions dont nous venons de parler. On la voit rarement au parloir, où cependant elle est souvent demandée. Combien de fois la sœur Assomption ne la force-t-elle pas à venir recevoir des remerciements et des louanges que d'autres savourent avec tant de bonheur ! Elle, au contraire, les accueille avec un air de surprise qui peut faire croire qu'elle ne les a pas méritées. La supérieure , qui connaît sa répugnance pour tous les compliments , abrége ses tourments en abrégeant la visite, et les visiteurs se retirent tout étonnés de tant de simplicité unie à tant de dévouement. Le maire, le curé, le médecin, les administrateurs, la réclament toutes les fois qu'ils viennent à l'hospice; mais sœur Assomption, qui connaît sa timidité, donne souvent quelque prétexte, pour la laisser auprès de ses malades, car c'est là qu'elle est toujours, tantôt au milieu de ses vieillards, tantôt avec ses jeunes orphelins, ici soignant ses enfants brûlés, là consolant un moribond qui pleure en quittant la vie. Partout elle passe en faisant du bien, aussi partout elle est bénie.

Ce fut pendant son séjour à Meung, qu'elle vint faire sa profession à la communauté, le 7 octobre 1816. Alors la supérieure générale de la congrégation était sœur Adélaïde. Je ne m'étendrai point sur cette circonstance, la plus importante sans doute de la vie religieuse, dans la crainte de répéter ce que j'ai dit en parlant de sa prise d'habit.

Ses sentiments sont les mêmes ce jour-là que tous les jours de sa vie; elle édifie ses supérieures, ses compagnes toute la communauté, par sa charité, par son humilité, et surtout par sa foi brûlante, en prononçant ses trois vœux, avec l'accent de la conviction la plus profonde, et ils sont bien accueillis du Seigneur, comme le prouve l'exemple de ces trois vertus qu'elle n'a pas cessé de donner un instant durant toute sa vie; j'en prends à témoin toutes les supérieures générales de la communauté, les sœurs qui vécurent avec elle, et tous ceux qui la connurent.

A Meung, sœur Assomption, vivant oubliée et sans ambition, compte y passer des jours heureux entre ses deux filles chéries sœur Gertrude et sœur Claire. Mais dans une retraite, la grande voix de la communauté s'est fait entendre, le 29 octobre 1824, sœur Assomption est élue supérieure générale des sœurs de la Charité de la Présentation. Quand cette nouvelle parvient à l'hospice de Meung, trois cœurs y sont déchirés de la même blessure, et quand le bruit s'en répand dans la ville la ville pleure, car sœur Assomption y jouit de l'estime générale. On prévoit bien aussi qu'elle emmènera avec elle sa fille de prédilection, et alors sœur Claire reste seule.

Une remarque bien édifiante à faire, sur ces deux filles aimées de la mère Assomption, c'est que jamais la plus légère étincelle de cette livide jalousie qui tourmente tant de mortels ici-bas, n'apparut à l'horizon de leur parfaite amitié. En se quittant avec des larmes sincères, elles conserveront leurs mutuels sentiments jusqu'à la mort de sœur Claire, en 1862. Quand sœur Gertrude apprend cette nouvelle que l'on cherche à lui cacher, elle est profondément affligée, il lui semble qu'elle ne tardera pas à la suivre. Sainte et pure amitié des âmes chrétiennes, pourquoi sur la terre vous trouve-t-on si rarement aujourd'hui ? C'est que les hommes ne s'aiment plus par le cœur, mais seulement pour des intérêts personnels, sentiments sordides qui provoquent les vomissements de l'homme de cœur. Je suis d'un âge assez avancé, et je n'ai point vu d'autre amitié de 50 ans, et j'ai vu hélas, trop souvent, le contraire. Car j'ai connu des hommes impies qui faisaient semblant d'aimer. Je les ai vus, ces vampires de l'égoïsme, sucer jusqu'à la dernière goutte, le sang généreux des cœurs trop sensibles qui battaient si violemment pour eux ; je les ai vus ces cœurs de farfadets,

se jouer avec insolence des âmes trop aimantes qu'ils aban-
donnaient au premier souffle de l'adversité.

David, Jonathas, vos noms vivront dans l'histoire des cœurs,
jusqu'à la consommation des siècles, tandis que les noms de
ces cruels vampires et de ces ignobles fardets, heureusement
encore pour leur mémoire, périront avec eux dans la tombe.

Bonnes sœurs, j'ai béni mille fois, et tous les jours je bénis
encore votre sainte et parfaite amitié. Avouez-le, vous avez
été bien récompensées, trois ans seulement vous ont sépa-
rées l'une de l'autre, et vous voilà réunies au sein de Dieu pour
l'éternité. Priez au moins, priez pour les exilés de la terre qui
comptent aujourd'hui si peu d'amis, maintenant que vous êtes
au ciel, peut-être même n'en comptent-ils plus !!!....

Le jour du départ arrivé, sous l'aile de sa bonne mère, la
sœur Gertrude sort de Meung, laissant des pleurs dans tous
les yeux, des regrets dans tous les cœurs.

La communauté avait à dessein caché son départ, parce
qu'elle craignait les réclamations du maire, du curé, des
administrateurs, de la ville entière, qui pleurait en voyant
partir sa bonne sœur.

Cependant malgré toutes les précautions prises, un pauvre
manchot, que sœur Gertrude avait soigné pendant de longues
années en fut averti. Connaissant l'heure du départ, il s'esquive
de l'hospice et court à la voiture qui devait l'emporter pour
voir une dernière fois sa sœur, sa bonne sœur. A la vue de ce
malheureux, la réprimande est sur les lèvres de sœur Gertrude, mais une grosse larme qu'elle aperçoit sur son visage,

l'arrête aussitôt, elle consent à lui prêter pour la dernière fois cette main qui l'avait soigné et nourri si longtemps.

Il y a quatre ans seulement, sœur Gertrude, fit sa dernière visite à sœur Claire, qui mourut comme nous l'avons dit l'année suivante. Ce voyage me rappelle les visites de ces pieux solitaires de la Thébaïde, avertis par une voix intérieure de leur fin prochaine, ils voulaient avant de quitter la terre, s'y donner un rendez-vous au ciel. J'aurais voulu assister à cette dernière entrevue des deux filles de Marie, si naïves dans leur amitié. La mère Gertrude, quelques jours après, paraît heureuse de son voyage. Mais elle se garde bien de dire que l'hospice et la ville même s'est émue à son arrivée ; que les riches ont chanté ses louanges, et les pauvres, béni son nom en pleurant. Sa vie était devenue une légende populaire. Pendant les longues soirées d'hiver, le grand-père avait parlé si souvent à ses petits enfants de la bonne sœur qui soignait si bien les vieillards, les orphelins et les enfants brûlés ! A cette époque quand on parlait d'elle, on disait encore ma sœur, sans prononcer son nom. Elle fut obligée de repartir promptement, pour ne pas recevoir toutes les visites annoncées, parce qu'elle était déjà malade. Je suis certain que la nouvelle de sa mort a plus vivement impressionné cette petite ville, que la mort d'un prince, tant elle vivait encore dans le cœur de ses habitants.

Ce voyage de Meung, quelques visites à sœur Prudence, et une autre dont nous parlerons plus tard, furent les seuls qu'elle fit, pendant tout le temps qu'elle passa dans la maison de santé de Lariche, où nous allons la suivre dans le chapitre suivant.

—

CHAPITRE VI.

Maison de santé de Lariche.

> La mère Gertrude remplissait les plus
> grands devoirs de la charité avec une sim-
> plicité qui eût pu faire croire que ses actions
> étaient tout ordinaires.
>
> *Lettre de la mère du Calvaire à l'auteur.*

Dieu, qui avait inspiré subitement à la nouvelle supérieure générale, sœur Assomption, l'heureuse pensée d'emmener avec elle la bonne sœur qui faisait les délices de Meung, pour mettre en évidence cette nature d'élite sur un théâtre où le monde verrait, malgré elle, sa foi, sa charité, son humilité, voulut aussi qu'elle fût auprès de la Maison-mère, qu'elle y restât longtemps, et qu'elle y mourut, pour donner à ses sœurs un modèle de toutes les vertus chrétiennes. Elle fut placée à la tête de la maison de Notre-Dame-Lariche.

C'est dans cette maison, c'est là surtout, que la bonne sœur Gertrude montre avec une simplicité évangélique, la grandeur et la profondeur de son immense charité.

C'est là qu'elle ruine sa santé auprès des malades ;

C'est là qu'elle contracte des infirmités pour le restant de ses jours, en transportant des malades d'un lit sur l'autre et même du rez-de-chaussée au premier étage ;

C'est là qu'elle conserve si longtemps près d'elle les sœurs qui l'aident à soigner les malade, les unes 15 ans, les autres 20 ans, celle-ci 25 ans, et sœur Marcelle 42, car elle est entrée avec elle dans la maison de santé ;

C'est là qu'elle fait des prodiges de foi et de charité ;

C'est là qu'elle calme par sa douceur tant d'âmes malheureuses et tant de cœurs meurtris par les coups de la fortune ;

C'est là qu'elle est la fille la plus tendre du vieillard le plus décrépit, la sœur du soldat blessé, et la mère de l'orphelin délaissé ;

C'est là qu'elle reçoit avec tant de désintéressement et de bonté, tous les élèves du sanctuaire que les rigueurs de la fortune ou de leurs parents éloignent du toit paternel au jour de la maladie ;

En un mot, c'est là qu'elle devient la bonne mère Gertrude, sans s'en douter.

C'est de là aussi que son nom rayonne sur tous les points du département d'Indre-et-Loire et des départements voisins. Maintenant que nous ne craigons plus les reproches de son humilité, nous allons dire ce nom vénéré à la France entière, et comme la France, cette terre bénie du Ciel à cause de sa charité, a la voix haute et sonore, le nom de la mère Gertrude retentira dans tout l'univers, comme le synonyme de charité ; et c'est juste, car la modeste fille de la Présentation a rendu plus de services à la religion et à l'humanité, que le guerrier qui doit sa réputation aux flots de sang qu'il a versés.

La maison de santé de Lariche avait à peine quelques années d'existence, quand la mère Gertrude en fut nommée supérieure. Ce n'est pas la beauté du site qui la rendra prospère, c'est une masure au milieu des masures du quartier ; ce n'est pas la richesse de l'ameublement, elle est meublée comme le cinquième de la rue du Temple ; ce n'est pas la quantité, ni la finesse du linge, car elle y trouve à peine des draps pour changer ; ce n'est pas non plus le luxe ni la grandeur des salles, elle n'en a que deux ; l'une très-humide au rez-de-chaussée, l'autre mal aérée, quoiqu'au premier étage, contenant chacune cinq lits trop pressés. Sur le même plan, trois chambres passables et un cabinet pour les opérations. Je ne parlerai point de la modeste cellule de la supérieure ; ni des mansardes glacées où couchent les sœurs ; qui sacrifient tout au bonheur du prochain, telle est la description et l'inventaire de la maison de Lariche, à l'arrivée de la mère Gertrude.

Cette maison doit donc la célébrité dont elle jouit maintenant à si juste titre aux soins de la mère Gertrude, à sa science médicale et surtout à son ardente charité.

Ce n'est point à l'hospice qu'on vient demander des soins, mais à la mère Gertrude.

En un mot, la maison de santé de La Riche, c'est la bonne mère Gertrude elle-même. Son nom rend les salles trop petites et les appartements trop rares. Il faut s'y prendre longtemps à l'avance pour y trouver une place, très-souvent même la bonne supérieure refuse des malades, n'ayant plus de lits à leur donner ; malheureusement sa maison était moins grande que son cœur qui voulait soulager toutes les souffrances !...

Je ne comprenais pas cet état de choses. Comment la supérieure ne venait - elle pas en aide, en faisant bâtir une maison plus spacieuse et plus convenable ? Comment laissait-elle cette perle précieuse dans une telle masure ? Pourquoi ne faisait - on pas des sacrifices pour celle qui donnait tant de réputation à sa communauté ? J'en étais indigné. Il paraît que Mme la supérieure générale actuelle, sœur du Calvaire, partageait cette manière de voir, car elle vient de faire bâtir à la place de cette bicoque que nous aimions tant néanmoins à visiter, parce qu'elle était habitée par notre mère, une maison magnifique, splendide, avec une petite chapelle intérieure, où les malades, les infirmes pourront entendre la messe sans s'exposer à la rigueur de toutes les saisons. On y trouve seize chambres pour les malades et les pensionnaires, deux grandes salles bien aérées, une belle pharmacie, une lingerie admirable et des salles de bain très-confortables. Une marquise même le long de ce vaste édifice donne à la convalescence une promenade à l'abri des rigueurs de l'hiver et des chaleurs de l'été ; c'est une maison, en un mot, digne des souffrances qui l'habitent, digne de la supérieure générale qui l'a fait bâtir, digne de la mère Gertrude. mais, hélas ! bonne et tendre mère vous n'y êtes plus !!!!

Consolons-nous cependant, cette maison promet encore des prodiges de charité, Mme la supérieure générale vient de mettre à la tête de cet établissement une femme qui marchera sur les traces de celle que nous aimerons toujours. La mère

Archangel, sœur de M. l'abbé Gervais, aumônier de la Grande-Bretèche, qui gouverne maintenant la maison de santé de La Riche, est trop regrettée en Bretagne, pour ne pas hériter de l'affection, du respect, de la reconnaissance, que tous les malades, les infirmes, les malheureux, la ville de Tours entière, avaient justement voués à la bonne mère Gertrude.

Mme la supérieure générale, heureusement inspirée par un pieux sentiment, a voulu que la chère défunte rendit le dernier soupir dans la nouvelle maison, pour l'embaumer du doux parfum de sa charité; et ce parfum brûle encore et brûlera toujours, car j'entends dire que le bon esprit, l'amour du prochain, la charité sans bornes de l'excellente mère Gertrude brillent déjà dans toutes les actions de la bonne mère Archangel.

Enfin, celle dont nous écrivons la vie n'est pas morte tout entière à la maison de santé de La Riche. Son corps, il est vrai, n'est plus là! mais combien son âme doit avoir de crédit sur le cœur du Dieu de charité, qu'elle a servi dans ces lieux avec tant de dévouement, dans la personne de ses frères malheureux, et alors...!!

Généreuse bonté, qui régnas dans ces lieux,

Et qui vis aujourd'hui dans les parvis des cieux,

Regarde sur la terre et vois cette demeure

Témoin de ton martyr et de ta dernière heure,

Regarde-là toujours, ne la quitte jamais;

Un jour ton nom sera sur ces murs gravé!!! mais

Dieu qui veut un modèle aux filles de Marie,

Est plus fort que le temps... J'attends donc, et je te prie! .

CHAPITRE VII.

Le Clergé.

Usque nunc prononciabo mirabilia tua.
Je ne cesserai point de publier vos mer-
veilles.

Écriture sainte.

J'ai pensé que le meilleur moyen de faire connaître la mère
Gertrude dans sa maison de santé, c'était de parler, dans un
ordre chronologique, de toutes les personnes qui furent en
relation avec elle, en commençant par le clergé, plus à même
de la connaître et d'apprécier ses belles et grandes qualités.

Je ne connais rien de particulier sur M. Danicour, son
premier supérieur, sinon qu'il avait parfaitement su la deviner
pendant son noviciat et qu'il avait prédit qu'un jour elle ferait
une excellente sœur de charité.

M. l'abbé Fustier la fait connaître à Monseigneur de Mont-
Blanc, qui daigne souvent la visiter, il ordonne même à la
supérieure générale de lui amener, quelquefois, la nouvelle
supérieure de la maison de santé, et la mère Assomption, est

heureuse et fière de conduire au palais archiépiscopal sa fille bien-aimée. Que je comprends bien mieux cette maternelle fierté, que la sotte vanité de ces hommes ombrageux qui craignent toujours d'être éclipsés par des inférieurs ! Est-ce qu'un bon père dans le monde ne préfère pas la grandeur de son fils à la sienne !

Monseigneur de Mont-Blanc, ce prélat si vénéré, qui, pendant son épiscopat, conduisit ses prêtres et ses religieuses avec tant de suavité, voyant l'humilité et la modestie de la jeune mère Gertrude, lui tendait, à son arrivée, la main qui devait la bénir à son départ.

Monseigneur Dufêtre, alors premier grand-vicaire de sa Grandeur, plus tard évêque de Nevers, rencontrant la bonne supérieure un jour de visite à l'archevêché, fut tellement frappé d'admiration, qu'il dit à M. Fustier : Celle-ci ne fera jamais défaut à sa vocation, et un jour elle fera honneur à sa communauté, plus tard vous m'en donnerez des nouvelles. » Plus tard il vint lui-même en chercher, quoiqu'il ne fût pas le supérieur de sa congrégation. Mais il entendait dire tant de bien et des choses si merveilleuses sur son compte, qu'il se faisait un plaisir, un devoir même de l'encourager. Il était trop intelligent, lui, pour ne pas comprendre que cette héroïne de la charité méritait bien une visite.

Je me rappelle que Monseigneur Bonamie, évêque de Babylone, consul de France à Bagdad, avec le vénérable abbé Bergounioux, supérieur du grand séminaire et vicaire-général de Tours, se faisait un devoir de visiter la mère Gertrude, pour lui recommander les élèves du sanctuaire qu'elle soignait avec tant de générosité, et pour la remercier ensuite des soins qu'elle leur avait donnés. A ce propos, je citerai un fait qui montre qu'elle était la bonté et la condescendance des directeurs qui conduisaient alors le grand séminaire de Tours, et en même temps la reconnaissance que la bonne supérieure savait inspirer.

Un jeune séminariste, apprenant que la mère Gertrude était bien mal, court aussitôt dans la chambre de son directeur lui demander, avec la plus grande ingénuité, d'aller voir sa mère dangereusement malade.

— C'est pour plusieurs jours, lui répondit le directeur, que vous demandez cette permission?

— Non, Monsieur, pour une heure seulement.

— Mais votre mère demeure à trente-deux kilomètres de Tours?

— Ce n'est pas de celle-là que je veux parler.

— Vous en avez donc deux?

— Oui, Monsieur le directeur.

— De laquelle parlez-vous alors?

— Mais de la mère Gertrude, vous savez bien qu'elle est aussi ma mère?

— Allez, je vous le permets.

Ce mot fut prononcé avec une bonté qui n'a d'égale que la reconnaissance du pauvre séminariste pour sa bonne mère Gertrude.

La dernière année de sa vie, Monseigneur de Montblanc, lui écrit pour la remercier des soins qu'elle avait données à un vieil ecclésiastique qui lui avait été recommandé par le roi

Charles X. Il veut même la voir avant de mourir, pour la remercier de vive voix, se recommander à ses prières, et lui donner sa bénédiction.

Monseigneur Morlot, qui lui succède sur le siége archiépiscopal de Tours, plus tard cardinal de la sainte Eglise romaine, puis archevêque de Paris, enfin, grand aumônier de France, son Eminence le cardinal Morlot, qui meurt insolvable, avec deux cents mille francs de rente, parce qu'il donne tout aux pauvres, ne pouvait manquer d'apprécier, d'estimer, d'affectionner même, la charitable supérieure de la maison de santé de Lariche. Il aimait à l'appeler *notre sœur débonnaire, la Providence des grandes dames, la mère des pauvres, la sœur miséricordieuse des vieux pécheurs et le refuge des séminaristes sans fortune.* Il la remerciait, avec une grande bonté, des soins qu'elle donnait à ces derniers. Il en parlait dans son salon, comme d'une gloire de la charité chrétienne, souvent il lui envoyait des personnes de la plus haute distinction pour la consulter. Or, celles-ci ne manquaient jamais de venir l'en remercier, en exaltant la science en médecine, la douce aménité, l'esprit naturel et la délicieuse humilité de la fille de la Présentation.

Tous les ans, Monseigneur Guibert daigne aussi faire une visite à la bonne sœur Gertrude, accompagnée tantôt de M. l'abbé Malmouche, son grand-vicaire, supérieur de la communauté de la Présentation, qui lui dit dans sa dernière visite, pendant sa maladie, tout l'intérêt qu'il lui portait; tantôt de M. l'abbé Vincent, également vicaire-général de sa Grandeur, que la bonne mère affectionnait sincèrement parce qu'elle l'avait connu bien jeune encore, servant la messe dans la chapelle de la communauté. Or, depuis ce temps, elle ne l'avait jamais perdu de vue. Dans sa dernière maladie, elle me répétait souvent ces mots : Il est bien bon, n'est-ce pas, M. Vincent. Je l'estime surtout à cause de sa franchise, de sa loyauté et de son humilité sans bassesse.

Au mois de janvier dernier, sa Grandeur Monseigneur Guibert lui fit sa visite ordinaire accompagné de M. l'abbé Hurtault, son secrétaire particulier; sa Grandeur sortait comme j'entrais pour faire la mienne. La mère Gertrude me dit alors les conseils pleins de foi et les souhaits remplis de charité que lui avait faits Monseigneur en ajoutant ces paroles prophétiques qui frappèrent mon cœur d'une grande crainte, et qui s'accomplirent, hélas! à la lettre : *Ma bonne sœur, les années s'écoulent vite, nous vieillissons et bientôt nous ferons place à d'autres.*

J'ai entendu dire, et je suis porté à le croire, que Monseigneur, qui l'estimait beaucoup, plaisantait souvent son médecin en lui disant : Docteur, vous êtes un excellent praticien, mais il en est un meilleur que vous à Tours, et qui jouit d'une plus grande réputation dans le département...., c'est la sœur Gertrude.

Quelques jours avant la mort de la bonne mère, sa Grandeur était absente. A son arrivée le mercredi soir, on lui dit qu'elle est mourante. Comme il était bien tard, elle promet aussitôt d'aller lui donner, le lendemain dès le matin, sa dernière bénédiction. Malheureusement il n'était plus temps, elle mourut le même jour à minuit, et sa Grandeur, qui lui portait un vif intérêt, fut profondément affligée de ne pouvoir tenir à sa promesse.

Depuis le mois de janvier jusqu'à sa mort, elle me parlait à chaque visite de Monseigneur Guibert, dont elle admirait le caractère ferme pour soutenir la bonne cause, la foi puissante, et le zèle brûlant pour édifier à saint Martin un temple digne du plus grand évêque des Gaules. Elle me répétait souvent ces paroles qui prouvaient tout à la fois son attachement sincère au souverain Pontife et son admiration pour le savant archevêque de Tours, paroles que son cœur avait stéréotypées sur ses lèvres : *Monseigneur est le premier archevêque du monde pour la défense de notre bon Saint-Père, n'est-ce pas?*

Orgueil bien permis à une fille qui parle de son père.

J'en ai dit assez pour faire comprendre au lecteur ce que Nosseigneurs les archevêques et évêques pensaient de l'humble sœur de la Présentation; passons maintenant à des hommes qui la connaissaient mieux encore, étant plus à même d'apprécier son mérite, puisqu'ils la voyaient plus souvent. Je veux parler des supérieurs de la communauté.

Cette belle âme n'avait point échappé à M. l'abbé Fustier, supérieur de la congrégation et grand-vicaire de Tours, dont nous avons déjà parlé sous l'épiscopat de Monseigneur de Montblanc. Il avait, pour sa pieuse fille, des entrailles paternelles. Visitant très-souvent la maison-mère qui, dans ce temps, était auprès de la maison de santé, rarement le bon vieillard manquait de faire une petite visite à celle qu'il appelait : *Gertrude, ma bonne petite fille.* Excellent homme, il pensait, lui, qu'un supérieur de congrégation est un père de famille; et qu'il doit souvent visiter, aider, encourager ses enfants, plutôt que de se poser en idole pour en recevoir les adorations.

Quand les supérieures générales, ou d'autres sœurs, appre-
naient au bon vieillard quelques-uns de ces prodiges de charité,
si fréquents dans la vie de sa bonne fille, il courait aussitôt le
répéter dans les salons de l'archevêché, chez Mme de Lignac,
supérieure des Ursulines ; il aurait voulu, dans son orgueil
paternel, les crier sur les toits, les dire au monde entier. Semblable à un général d'armée, ayant sans cesse les yeux fixés
sur tous ses enfants, il mettait souvent sœur Gertrude à l'ordre
du jour. Un tel général est toujours sûr des siens au moment
du danger.

Je connais de réputation seulement, par M. le comte de
Clermont-Tonnerre, son parent, M. de Grammont, duc de Lespare, qui commande à Tours le deuxième régiment de carabiniers ; advienne le jour de la bataille et vous verrez le dernier de ses soldats se faire tuer pour lui sauver la vie, et le
dernier de ses sous-lieutenants se faire hacher en pièces plutôt
que d'abandonner le poste ou le drapeau que son colonel lui
confie à l'heure du danger. Pourquoi ? parce que le duc de
Lespare , soldat chrétien, traite ses carabiniers comme ses
enfants et que , lui colonel et duc, il ne craint point de s'a-
baisser en déjeûnant et en dînant tous les jours avec ses officiers ; ainsi M. Fustier, aimé, vénéré de toutes les sœurs de la
Présentation aurait pu sans crainte aucune les envoyer toutes
affronter les maladies, la peste et la mort, si d'elles-mêmes ces
généreuses filles portées sur les ailes de la foi et de la charité,
n'eussent été toujours prêtes à voler où il y avait des douleurs
à soigner, des dangers à courir, la mort à redouter. Aussi, bien
loin d'avoir à les encourager, cet excellent supé rieur fut-il oblig

de calmer leur zèle, aux funestes jours du choléra, quand cette courageuse congrégation se distingua par tous les genres de dévouement. Il faut pourtant bien l'avouer, dans ces temps, comme toujours, la mère Gertrude marchait à l'avant-garde. Ici, la discrétion m'empêche de dire jusqu'à quel point M. l'abbé Fustier avait confiance en elle. Qu'il me suffise seulement, pour en donner une preuve de dire ces mots qu'il m'a souvent répétés ; « Aimez-la, votre mère, mon enfant, car elle est bien digne d'être aimée ; Gertrude, c'est l'incarnation de la charité. »

J'ai suivi son conseil.

M. l'abbé Bruchet, ancien curé de la cathédrale d'Auxerre, grand vicaire de Tours, archiprêtre de la métropole, succède à M. l'abbé Fustier, comme supérieur des sœurs de charité de la Présentation ; ce prêtre, modelé à l'antique, au cœur d'acier, à la science de bénédictin, cet homme qui connaît parfaitement le passé et le présent, et qui devise si bien de l'avenir avec deux chanoines de Saint-Martin, ce caractère inflexible qui commande avec tant d'autorité la crainte et le respect, ce prédicateur, le plus digne de tous ceux que j'ai entendus, ce chrétien aux convictions profondes même en politique, qui refuse, dit-on, l'épiscopat, dont il est si digne pour ne point faillir à ces mêmes convictions, M. Bruchet, homme si complet et qui sut apprécier au poids du sanctuaire le bien que sœur saint Pierre fit à sa communauté, ne craint point de descendre des hauteurs de sa science et de ses dignités pour demander des avis à la modeste supérieure de la maison de santé de la Riche. Je l'ai entendu plus d'une fois, avant le conseil, l'in-

terroger sur les personnes et sur les choses. Ces deux natures
si différentes étaient bien utiles dans ces réunions, où s'agitent
les plus graves intérêts de la communauté, où l'on prononce en
dernier ressort sur les changements à faire dans le personnel;
questions brûlantes, pleines d'orages et de tempêtes, qui tou-
chent de plus près qu'on ne pense aux intérêts sacrés de la religion ; changements qui réclament des supérieurs la connaissance approfondie des lieux, des personnes et des choses ;
changements qui peuvent avoir, dans la suite, les conséquences
les plus heureuses comme les plus désastreuses. Dans ces cas
épineux, la bonté naturelle de l'une mitigeait la sévérité non
moins naturelle de l'autre, et le caractère positif de M. Bruchet
mettait des limites à la charité pourtant si judicieuse de la
mère Gertrude.

Dans une circonstance très-importante, et dont les suites
furent très-graves, la bonne mère, qui connaît les gens et les
lieux, prévoyant la fin qu'aura cette affaire si l'on agit avec
rigueur, ne partage point l'avis du supérieur, ni de la supérieure générale ; elle combat avec une retenue pleine de
franchise, qui devrait toujours remporter la victoire. Hélas !
il n'en fut point ainsi. L'événement vint tristement donner
raison à la prudente sœur, et le bruit courut alors que M. Bruchet s'en repentit ; ce qui ne m'étonne point : il était assez
grand, lui, pour avouer une erreur. Il n'y a que les esprits bien
petits, bien vaniteux, qui veulent avoir raison toujours et quand
même. Une grande âme, au contraire, ne craint point de
s'amoindrir en disant plusieurs fois dans sa vie : *Erravi.*
N'avons-nous pas, pour exemple le plus grand des hommes du

nouveau testament, saint Pierre, le premier des Pontites romains, qui pleure amèrement jusqu'à la mort et sa faiblesse et son erreur, *flevit amare.*

Un noble cœur avoue sans peine une faute et cet aveu le grandit aux yeux des hommes sensés, tandis qu'un extrait d'homme, un pygmée, qui ne sait jamais descendre du trône de son infaillibilité, devient souvent la risée de ses prétendus admirateurs : comme on voit, dans nos rues, des enfants montés sur des échasses pour se grandir au-dessus des hommes ; mais les échasses se brisent aux grands éclats de rire de tous ceux qu'ils voulaient dominer. Si nous nous sommes trompés, avouons-le franchement comme le fit M. Bruchet, et comme le faisait avec tant de simplicité la bonne mère Gertrude ; car c'était une de ses grandes qualités, qu'elle avait sans doute puisée dans la défiance continuelle qu'elle avait de ses propres forces. Vous ne serez donc point étonné de l'entendre, à la fin de ses jours, faire des excuses à ses sœurs qu'elle avait touours si bien traitées. Imitons son humilité par l'aveu sincère de nos fautes, et sa charité, en ne jetaut pas sur les épaules des autres certains fardeaux que nous n'osons point toucher du doigt. Elle connaissait trop bien la faiblesse humaine pour la mettre à l'épreuve. Voilà pourquoi dans le conseil elle mesurait judicieusement les forces et les dispossitious des sujets que l'on voulait changer ; bel exemple à uivre par tous les supérieurs, quels qu'ils soient, appelés à commander aux autres. Elle avait donc bien raison, cette excellente supérieure de Meung, sœur saint Grégoire, de m'écrire le 12 juillet dernier : « *Je suis assuréc du bonheur*

qu'éprouveront toutes nos sœurs en lisant la vie de mère Ger-
trude, vie si pleine d'exemples à suivre et d'enseignements so-
lides à pratiquer. »

Cette double sympathie pour la bonne mère, dans des cœurs aussi différents que les cœurs de MM. Fustier et Bruchet, et l'estime de ces deux hommes si distingués, l'un par sa bonté, et l'autre par sa science, ne m'étonnent point ; pour aimer à visiter et à consulter la mère Gertrude, il suffisait d'avoir de l'esprit ou du cœur.

Maintenant j'aurais beaucoup à dire sur la douceur de M. l'abbé Malmouche, actuellement supérieur général, sur la haute protection qu'il daigne accorder à la communauté de la Présentation, sur l'intérêt qu'il a porté à la bonne mère Gertrude, mais connaissant sa modestie, j'arrête ici ma plume indiscrète et la brise à ses pieds.

J'en prends une autre pour continuer la vie de la bonne mère.

Le pieux rédacteur de la *Touraine catholique*, disait le lendemain de sa mort, après avoir payé son tribut d'éloges, de regrets et d'admiration à la bonne religieuse : « *Aller voir mère Gertrude pour soi ou pour les autres, c'était une fête qu'on aurait aimé à renouveler souvent.* »

Aussi un grand nombre d'ecclésiastiques de la ville et des environs aimaient-ils à lui faire visite et à la consulter, soit pour eux-mêmes, soit pour leurs paroissiens. Ils étaient toujours sûrs d'être les bienvenus.

M. l'abbé Maurice, curé de Vernou, l'un des prêtres les plus vénérables et les plus vénérés du diocèse, ne manquait pas tous les ans de lui faire plusieurs visites pour la remercier de tout le bien qu'elle avait fait à plusieurs de ses parents.

MM. les curés de Saint-Genouph, de Joué et de Ballan, qui la connurent trop tard, furent profondément touchés de sa résignation à mourir dans les visites qu'ils lui firent pendant sa maladie. Le premier de ces ecclésiastiques surtout m'a fait souvent des reproches de ne l'avoir pas conduit plus tôt s'édifier auprès de la bonne mère ; mais tous trois la connurent assez pour la regretter sincèrement et pour l'estimer autant qu'elle méritait de l'être.

Si les prêtres étrangers à la paroisse de Lariche faisaient si grand cas de la mère Gertrude, nous ne serons point étonnés de la voir mériter l'estime et la reconnaissance des trois curés de cette paroisse qui se succédèrent pendant qu'elle était à la maison de santé.

M. l'abbé Lesourd, curé de la La Riche, arrivait dans sa paroisse à peu près dans le même temps que la mère Gertrude entrait dans sa maison de santé. Le souvenir de ce prêtre selon le cœur de Dieu, comme celui de M. Simon, curé de la cathédrale, restera chez nous le type du bon pasteur qui donne son bien et sa vie pour ses brebis ; son portrait est chez tous les prêtres du diocèse ses contemporains, et son nom est encore aujourd'hui, comme il y a trente ans, en vénération dans la ville de Tours, où sa famille, l'une des plus respectables du pays, donnant l'exemple de toutes les vertus chrétiennes, promet à l'église de Jésus-Christ un prêtre qui bientôt marchera sur les traces de son oncle et à la société un citoyen qui sera toujours un excellent catholique.

En 1832, dans le moment où le choléra fait ses plus grands ravages dans la ville de Tours, surtout dans les bas quartiers, M. Lesourd, curé de Notre-Dame La Riche, n'abandonne point un seul instant, ni le jour ni la nuit, les martyrs du fléau destructeur qui frappe à droite et à gauche sans aucune distinction, tous les rangs de la société. Le bon pasteur court encore plus vite à la demeure du pauvre qu'à celle du riche. De maison en maison, de chambre en chambre, portant de tous côtés les consolations de la religion, exhortant les pécheurs à faire pénitence à la vue des jugements de Dieu, encourageant les tièdes à l'approche des flammes du purgatoire, ranimant les justes en faisant briller à leurs yeux une couronne immortelle, soufflant partout la foi, la charité, l'espérance, consolant le père ou la mère, le veuf ou la veuve, le frère et la sœur, promettant des secours aux orphelins, du pain aux pauvres, des tendres soins à tous, le bon pasteur finit par s'écrier comme plus tard Monseigneur Affre, sur les barricades de 1848 : « *Faites que je sois, Seigneur, la dernière victime ; épargnez le peuple que vous m'avez confié : par ce populo.* »

Mais quelle est cette courageuse et rapide messagère qui précède le saint prêtre en tout lieu ? Ses pieds courrent toujours, ses mains frictionnent sans cesse, elle passe d'un lit à un autre pour soulager les plus pressés, elle commande et agit en même temps. elle plaint, elle encourage, elle exhorte et persuade, elle entraîne à sa suite. les enfants, les femmes, les hommes eux-mêmes. Tous obéissent à sa voix comme à celle d'un chirurgien-major qui, sur un champ de bataille jonché de mort, de blessés et de mourants, coupe, taille, tranche et donne en même temps des ordres à ceux qui le suivent sans vouloir entendre aucune réclamation. Ainsi, ni les plaintes des victimes, ni les lamentations des parents, ni les angoisses des mourants, rien n'arrête cette femme intrépide. Son nom vole de bouche en bouche ; on lit sur les ordonnances qu'elle donne dans toutes les maisons par où elle passe ce nom béni : sœur Gertrude.

Ce fut dans cette circonstance que la bonne mère, qui ne voulait point laisser une seule maison sans secours, suivant les traces de son divin maître qui visite Zachée, entra pour la première fois dans ces étables d'Augias, dont il me faudra bien parler aussi dans le cours de cette histoire, pour montrer jusqu'à quel point la fille de la charité portait son admirable dévouement.

Le soir quand elle rentrait chez elle, harassée de fatigue, sa première station, était toujours au pied de la croix ; c'était là qu'à chaque instant elle venait dire ses joies et ses peines, ses combats, ses défaites et ses victoires. C'était aussi de là qu'elle partait le matin après avoir fait d'amples provisions de courage et de dévouement qui duraient jusqu'au soir.

Pendant un mois le choléra perdit un peu de son intensité, les victimes furent moins nombreuses. L'espérance commençait à renaître dans tous les cœurs. Mais Dieu, qui pense à tout, n'avait point oublié les sublimes promesses du bon pasteur qui s'était offert en victime pour apaiser sa colère ; car nous lisons dans le *Journal d'Indre-et-Loire*, à la date du 8 novembre 1832.

« Le choléra, qui depuis un mois semblait avoir abandonné

« nos contrées, vient de frapper à la fleur de l'âge, un de
« pasteurs les plus distingués du diocèse.

« M. Lesourd, curé de La Riche, vient de succomber sous
« les coups de cette cruelle maladie qui le moissonne au mi-
« lieu de sa carrière, dans l'espace de vingt-quatre heures.
« Cette mort inattendue, qui plonge dans le deuil une famille
« honorable et nombreuse, dans la désolation une paroisse
« immense et dans la stupeur une ville toute entière, enlève
« en même temps au clergé un des prêtres les plus recom-
« mandables par ses vertus, ses lumières et sa charité.

« Entreprendre de raconter en détail toutes ses vertus
« serait s'exposer à en obscurcir l'éclat. D'ailleurs, il n'est point
« un prêtre dans le diocèse qui ne le connaisse, et chacun d'eux
« dira que l'église perd un docteur en théologie, un homme de
« bon conseil, sa paroisse un excellent pasteur, les affligés un
« consolaleur, la veuve et l'orphelin, un defenseur et un père. »

La mère Gertrude, apprenant les premières atteintes de sa
maladie, se rend auprès de lui, pour lui donner tous les soins
qu'une tendre fille en Dieu doit au directeur de son âme, et ses
soins sont reçus avec la plus vive reconnaissance. Pendant que
M. Lesourd, son frère, ancien garde du corps, fidèle à son
Dieu comme à son roi, homme recommandable par ses sentiments religieux et par son amour envers les siens, ne l'abandonne pas un instant jusqu'à sa mort, la mère Gertrude,
dit-on, lui annonce que Dieu a exaucé ses vœux. Je n'en serais
point étonné, n'ayant jamais trouvé une foi plus vive et plus
courageuse que la foi de la bonne mère.

Dieu, dont les desseins sont cachés aux hommes, accepte le

sacrifice du bon pasteur, et bénit le dévouement de la fille de charité qui reste pour consoler les brebis de la perte qu'elles viennent de faire. Il me semble que Dieu, dans ces cruels moments d'épreuve, veut montrer aux enfants des hommes que les siens n'ont pas peur, et qu'ils donnent généreusement leur vie pour le salut de leurs frères. Cependant, comme il est bon, il ne veut point laisser ses enfants orphelins : en leur enlevant je meilleur des pères, il leur conserve la mère la plus tendre et la plus affectueuse.

La mère Gertrude, en annonçant à M. Lesourd que le Seigneur avait exaucé ses vœux, ne le trompe point ; car non-seulement il meurt comme nous l'avons dit, mais encore plusieurs personnes dignes de foi assurent qu'il fut la dernière victime du choléra dans la ville de Tours, comme le saint archevêque de Paris fut la dernière sur les barricades du faubourg Saint-Antoine.

Quelle religion présente aux hommes sérieux des martys de la charité, aussi nombreux que l'église catholique, apostolique et romaine ? Pourquoi donc alors est-elle la plus attaquée, la plus persécutée par les théophilanthropes de nos jours ? C'est que maintenant, comme du temps des Juifs, il est encore des scribes et des pharisiens, qui trompent la bonne foi des peuples pour les éloigner d'une religion qu'ils n'ont pas le courage de pratiquer eux-mêmes.

Ces hommes hypocrites, comprenant qu'il est toujours des Pilates, qui connaissent le juste, sans vouloir le défendre, n'ignorant point que le peuple est facile à tromper, n'ayant point oublié que ce bon peuple, qui salue de ses acclamations le fils de David, entrant dans Jérusalem, poussé par les grands de la nation, demande sa mort quelques jours après, les pervers veulent encore que le peuple abusé, vocifère un *crucificatur* à l'adresse du même Jésus qui, sous les voiles eucharistiques, se promène dans nos rues pour les bénir; ces méchants crient toujours à ce peuple, de préférer Barabbas à Jésus, le divin frère du peuple honnête et malheureux.

Oh! si le peuple honnête, malheureux, pouvait enfin juger ces hommes à leurs actions, comme on juge l'arbre à son fruit!...

Je ne connais pas, dans le diocèse de Tours, de paroisse plus favorisée du ciel dans le choix de ses curés, que la paroisse de Notre-Dame La Riche. Tous, en effet, sont des pasteurs selon le cœur de Dieu, par l'amour qu'ils portent à leurs ouailles, tous de vrais modèles à donner au clergé par les vertus solides qu'ils pratiquent avec tant de zèle et de simplicité.

A M. Lesourd, nous voyons succéder le saint abbé Alleron, curé de Saint-Pierre-des-Corps, forcé d'abandonner cette paroisse, parce que l'autorité veut lui donner un champ plus vaste à cultiver, des communautés plus nombreuses à diriger, en un mot plus de bien à faire.

Si M. Alleron, sans manquer de connaissances, n'a point la science profonde de son prédécesseur, il a néanmoins ce qui constitue le vrai pasteur, une grande charité pour les défauts du prochain, un coup d'œil juste dans les questions ardues et difficiles, un jugement sain, en un mot c'est un homme de bon conseil. Pendant les vingt-deux ans qu'il passe dans sa-

paroisse, sans compter les soins nombreux donnés à tous ses paroissiens, il s'occupe encore beaucoup de la direction des communautés qui lui sont confiées. Sœur de l'Incarnation, supérieure du Carmel de Tours, femme des plus remarquables, qu'il appelait la sainte, admirait en lui le directeur le plus parfait qu'elle eût jamais rencontré, et la mère Gertrude, qui n'est pas moins remarquable, la mère Gertrude, qu'il nommait la charité, avait en lui une confiance illimitée. Admirons cette autre pensée judicieuse de M. Alleron, sur cette femme éminente dans son genre.

La Mère Gertrude est tout ce qu'il y a de plus parfait dans ma paroisse en fait de charité.

Aussi quand cet excellent prêtre avait quelques bonnes œuvres à faire, allait-il trouver la mère Gertrude, pour les lui confier. De son côté la bonne mère, dans les circonstances difficiles, ne manquait pas de lui demander des avis, comme au prêtre le plus capable d'en donner. Ces deux natures, avec la prudence du serpent et la douceur de la colombe, se comprenaient bien dans le conseil. Mais dans l'action, la généreuse fille de la Présentation, malgré son humilité, avait bien plus d'initiative. Ainsi, dans une circonstance où l'intérêt de la religion est compromis, quand il faut agir, le bon curé hésite, le danger croît ; M. Alleron comprend, mais la mère Gertrude sent que le temps est arrivé. Des éclairs sillonnent la nue, le tonnerre gronde à l'horizon, l'orage menace d'éclater, et d'une seule parole, le bon prêtre peut éteindre les éclairs, apaiser le tonnerre, et conjurer l'orage. Il faut alors toute l'énergie de la religieuse, pour arracher au prêtre cette parole de salut qui fait le calme sur la terre, une immense déception aux enfers et une grande joie au ciel.

Malgré son peu d'expansion, l'abbé Alleron ne cachait point toujours le vif intérêt qu'il portait à la supérieure de la maison de santé de sa paroisse, sa reconnaissance pour tout le bien qu'elle y faisait, son admiration pour un dévouement qu'il ne trouvait nulle part ailleurs aussi grand, aussi désintéressé, aussi sublime, que dans la sœur de la Présentation ; car il dit un jour : *La mère Gertrude rend plus de services dans ma paroisse, que toutes les autres commnnautés ensemble, par les soins qu'elle donne à ses malades, par la manière ingénieuse dont elle s'y prend pour les ramener à Dieu, par son désintéressement envers les pauvres, par sa charité sans bornes pour tous ceux qui viennent la consulter. La mère Gertrude, c'est le bon génie de ma paroisse.*

Le bon curé de La Riche, depuis longtemps, avait des infirmités qu'il dissimulait à tous, excepté à la bonne mère. Quand elle apprend qu'il est alité, connaissant son courage, elle comprend tout d'abord qu'il doit être sérieusement malade. Dès sa première visite, elle conçoit des craintes sérieuses qui ne tardent pas à se changer en certitude. Alors trop souffrante elle-même pour le soigner, elle lui envoie sœur Martial, dont elle connaît l'adresse et le dévouement. Malgré ses souffrances néanmoins, elle lui fait des visites fréquentes et lui donne les soins les plus affectueux. Ensuite voyant l'heure suprême arriver, elle y va plus souvent encore, non pour le préparer à la mort, le saint homme n'avait besoin de personne pour y penser sérieusement. Depuis quelque temps, chaque semaine il communie avec une piété angélique, et dix jours avant de mourir, il reçoit en pleine connaissance le dernier des sacrements, qui fortifie le chrétien dans ses derniers combats. Cependant elle voudrait l'avertir, lui dire que bientôt il va recevoir sa récompense ; mais elle hésite parce qu'il peut vivre encore longtemps, quand on vient lui dire qu'il est tombé sans connaissance et quelques instants après qu'il est mort.

A cette triste nouvelle, malgré sa peine extrême, malgré les douleurs atroces qu'elle ressent, par reconnaissance et par respect, elle veut lui rendre les derniers devoirs avec les sœurs Augustine et Martial qui l'avaient soigné pendant sa maladie.

Je n'ai jamais rencontré deux personnes ayant plus de confiance l'une en l'autre que le bon père Alleron et l'excellente mère Gertrude. Celui-là fut toujours pour elle un directeur sage un confident sûr, un ami sincère ; celle-ci fut à son égard une fille soumise, dévouée, remplie de vénération et d'une confiance qu'elle n'avait en personne.

La mère Gertrude ressentit d'autant plus de peine à sa mort, qu'elle comptait sur lui pour la préparer à la sienne, qu'elle voyait arriver à grand pas. Mais elle a trop bien mérité du ciel et de la terre, pendant sa vie, pour que Dieu la prive à ses derniers instants d'un ministre selon son cœur. Le bon abbé Roze est nommé curé de La Riche.

Depuis son arrivée dans sa paroisse, jusqu'à la mort de la bonne mère, il eut bien le temps de lui faire connaître toutes ses éminentes qualités ; aussi parlait-elle souvent de lui avec le plus vif intérêt. Malheureusement l'humilité de cet excellent ecclésiastique et surtout ses recommandations, me font un devoir de cacher l'admiration de la bonne défunte pour sa piété tendre, son dévouement sincère, sa charité sans mesure, son zèle excessif et son noble cœur. Mais comme elle lui faisait un reproche, un seul reproche, au moins me permettra-t-il de le répéter ici : *Il se tue, disait-elle souvent, il se tue pour le salut des âmes, et bientôt encore l'église de La Riche sera veuve.*

Puisse, cette voix sortie de la tombe d'une femme qu'il a beaucoup estimée, mettre des bornes à son zèle, pour que sa paroisse conserve longtemps un bon pasteur, les pauvres un père, sa famille si chrétienne, un excellent parent, et tous ses confrères un ami sincère et dévoué.

Nous aurons l'occasion de revoir souvent M. l'abbé Roze durant la maladie de la mère Gertrude qui se louait beaucoup des preuves de respectueux attachement et de profonde vénération qu'il lui donnait pendant ces jours de cruelle souffrance, où les plus courageux eux-mêmes ont besoin d'une voix amie pour les consoler, d'une parole sincère pour les avertir, et d'un prêtre miséricordieux pour les conduire doucement du temps à l'éternité.

CHAPITRE VIII.

Supérieures générales.

Mulierem fortem quis inveniet ?
Qui trouvera une femme courageuse?
(PROVERBES).

Après le témoignage si flatteur de nos seigneurs, les archevêques de Tours, des évêques de Babylone, de Nevers et du
clergé diocésain, si recommandable par son savoir et sa piété,
arrive tout naturellement celui des supérieures générales qui
toutes s'entendent pour louer la sœur qu'elles donnaient pour
modèle aux autres pendant sa vie. Je ne parlerai point ici de
la sœur Potentienne, nous avons vu sa pensée toute entière
pendant le noviciat de la mère Gertrude. Sœur Adelaïde, sous
laquelle la sainte hospitalière fit sa profession, l'aimait d'un
amour maternel. Sœur Suzanne, que j'ai connue pendant
quelques années, en faisait les plus grands éloges... Au reste
comme ces supérieures passent vite, sans rien faire de bien remarquable dans la communauté, encore languissante des douleurs causées par la révolution, nous arrivons promptement

aux trois dernières qui la guérissent, la fortifient, et en font une des premières communautés de France. Il faut bien dire aussi qu'elles furent plus à même que les autres d'apprécier les éminentes qualités de la supérieure de la maison de santé de La Riche qu'elles avaient auprès d'elles.

Un homme accablé par une maladie violente, est longtemps à recouvrer les forces qu'il a perdues, il a besoin d'un bon médecin pour le soigner ; comme ses membres affaiblis ne peuvent plus le porter, il est nécessaire qu'on lui prête un bras solide pour soutenir ses pas chancelant, il faut qu'une main charitable le conduise comme un enfant qui essaie de marcher. Son estomac, débilité par une longue abstinence, ne peut supporter toute espèce d'aliments ; alors une mère prudente le ménage, en lui donnant les mets les plus légers. Avec de tels soins, les forces du malade reviennent à leur état normal. Ainsi la communauté des sœurs de la Présentation, chassée de ses demeures par des hommes qui prostituaient le beau nom de liberté, avait été dispersée comme toutes les autres congrégations. Exilées au milieu de cette France, qui les avait vues naître et croître au service de Dieu et du prochain, ces pieuses filles étaient forcées de se cacher aux yeux des athées qui, prétendant avoir détrôné la Divinité, ne voulaient plus des anges qu'elle a créés pour veiller sur ses enfants pauvres et délaissés. Les plébicides insensés !!....

Tous les membres de cette famille brûlante de charité, avaient été meurtris par des tigres qui les appelaient naguère encore ma sœur ou ma mère. Pour soigner cette communauté renaissante affaiblie dans son enfance par tant de persécutions, il ne fallait rien moins que la tendresse de la mère Assomption unie à la bonté du père Fustier. Aussi le souvenir de ces deux bonnes natures vivra - t - il longtemps, toujours, dans les cœurs de la Présentation. Tous deux, ils prennent à cœur de guérir doucement, sagement, patiemment la communauté convalescente au sortir de la grande maladie dont nous venons de parler; leurs efforts étant bénis de Dieu, leur bonté couronnée de succès, ils vont la livrer bien portante aux mains vigoureuses du père Bruchet et de la mère Saint Pierre. Soyons justes, tous les deux étaient nécessaires pour galvaniser ce corps à peine revenu à la vie, et en proclamant avec franchise que tous les deux ont bien mérité de la Présentation, nous oserons dire sans craindre un démenti, que sœur Saint-Pierre n'a point mangé son pain dans l'oisiveté; appuyée sur un bras de fer, cette femme d'esprit, méconnue, a fait de très-nombreuses conquêtes à la communauté. Pendant que, l'argent et la truelle à la main, elle achète et rebâtit la grande Bretèche, qui conservera son nom à la postérité, son âme ardente fait des prosélytes dans tous les rangs de la société. Elle double, s'il faut en croire la renommée, le nombre de ses sœurs, pendant les quinze années qu'elle est à la tête de la congrégation, c'est-à-dire de 1843 à 1858. A son départ, la Présentation se portait bien.

Après le grand cœur de la mère Assomption, qui tombe si noblement des hauteurs de la Présentation dans l'étroit défilé qui la conduit au ciel.

Après la grande âme de la mère St-Pierre, qui partage avec

tant de magnanimité le supplice du saint apôtre dont elle porte l'auguste nom, le Dieu qui sauva le monde au sommet du Calvaire, voulut au sommet de cette grande communauté, un grand cœur, une grande âme, une femme supérieure, et

SŒUR DU CALVAIRE FUT CHOISIE.

Avant de parler au lecteur des sentimens de ces trois supérieures générales qui sont toutes unanimes à l'égard de la mère Gertrude, je devrais peut-être mettre sous ses yeux, les siens avec ses appréciations judicieuses dans les trois élections, qui donnèrent à la communauté les trois supérieures dont je viens de parler, mais comme, en pareil cas, il est toujours dangereux d'effleurer, même en passant, l'histoire contemporaine, je dirai seulement que dans ces trois circonstances très-importantes, où elle pouvait beaucoup par la confiance que toutes les sœurs avaient en elle, sa conduite fut toujours empreinte d'une discrétion parfaite et d'un discernement bien rare, sans jamais s'éloigner d'une délicatesse exquise et d'une déférence intelligente à l'autorité, en un mot, elle ne cessa jamais un instant d'être la mère Gertrude.

L'amour de la mère Assomption pour la supérieure de la maison de santé est trop connue de la communauté même des lecteurs, pour qu'il soit utile d'en parler longuement. Tous, cependant, ne connaissent pas assez la confiance qu'elle avait en elle. Pendant les quatre années que j'ai passé chez la mère Gertrude, j'ai des raisons pour croire que bien peu de questions furent portées au conseil avant que la supérieure générale n'eût pris son avis. Je me rappelle que sous une petite tonnelle, au fond du jardin qui n'est plus, elle m'a répété souvent que personne, dans sa communauté, n'avait un jugement plus sain que la sœur Gertrude. Elle vantait ses à-propos, qui la tirèrent de peine plus d'une fois, dans les questions difficiles qui n'avaient point été assez méditées. Quand elle me parlait des prodiges de charité qu'elle opérait sous ses yeux, de ces prodiges que vous lirez plus tard avec bonheur, ce n'était plus de l'amour, ni même de l'enthousiasme, c'était du délire maternel, et le refrain de toutes ses conversations était : *Gertrude a encore plus d'humilité que de charité.* Elle blâmait sa timidité, surtout dans les premiers temps de son arrivée à Tours. Heureuse timidité qui venait de la grande défiance que la mère Gertrude avait toujours d'elle-même, défiance que nous devrions tous avoir. Mais, hélas ! combien peu la possèdent, cette défiance, mère naturelle de l'humililité ; maintenant tous les supérieurs veulent être infaillibles, et les inférieurs voudraient commander ; cependant, le souverain Pontife seul est infaillible ; et pourtant il nous faut des maîtres, mais des maîtres doux et humbles de cœur, comme celui qui, après avoir lavé les pieds de ses apôtres, ensevelit l'esclavage avec lui dans sa tombe en nous léguant à tous sa divine fraternité.

Malgré le dévouement bien connu de la supérieure de la maison de santé pour sa bonne mère Assomption, la sœur Saint-Pierre n'hésite pas un instant à lui donner sa confiance, à la consulter dans les affaires importantes de la communauté.

Malheureusement, dans une certaine circonstance, elle n'a pas suivi son avis, ainsi que M. Bruchet, elle a dû s'en repentir.

Elle faisait souvent un reproche amical à la mère Gertrude en lui disant : *Imparfaite, pourquoi n'avez-vous pas voulu vous instruire plus que vous ne l'avez fait, vous auriez rendu de si grands services à la communauté?*

— *J'en sais bien assez pour me damner,* » répondait celle-ci. Réponse naïve et bien vraie, la science est souvent plus dangereuse que utile aux femmes, une seule chose est nécessaire pour tous : Aimer Dieu et le prochain, puisque cet amour suffit pour aller au ciel.

La lettre suivante, au timbre du trois juillet dernier de Villeneuve-d'Agen, dira plus haut que moi l'admiration de la mère Saint-Pierre pour notre chère défunte.

Monsieur,

« Je suis heureuse de m'unir à vous, pour bénir le nom et
« de l'excellente mère Gertrude, que j'ai beaucoup aimée et
« beaucoup estimée. Elle méritait bien l'estime et l'attache-
« ment de ceux qui avaient des rapports avec elle, sa piété
« était angélique, et sa foi si vive, que souvent elle m'a fait
« connaître des faits miraculeux. Des malades étaient aban-
« donnés des médecins, alors elle se dévouait courageusement,
« elle priait, et obtenait la guérison de ces malheureux.... Sa
« charité était si grande, qu'il lui arrivait de se priver du
« nécessaire pour soulager les pauvres.... »

Cette lettre ne fait pas moins d'honneur à l'ancienne supérieure générale de la communauté qu'à la mère Gertrude elle-même, et l'amitié persévérante de ces deux femmes, l'une pour l'autre, malgré leurs appréciations différentes, en certains cas, prouve qu'il n'en est point en religion comme dans le monde, où les partis acharnés se contredisent toujours sans jamais rien se pardonner. C'est qu'en religion, il est un maître qui commande à tous, et ce maître est Dieu, et Dieu c'est la charité, tandis que dans le monde, c'est l'égoïsme, et l'égoïsme c'est l'idolâtrie, et l'idolâtrie n'est autre chose que le vil mépris des autres et l'amour de soi-même.

Le dix juin dernier, jour des funérailles de la bonne mère Gertrude, après avoir parlé dans le *Journal d'Indre-et-Loire*, de l'affection et de l'estime des deux supérieures précédentes, pour la chère défunte que nous avions conduite en pleurant au cimetière, j'ajoutais : « *Et vous, sœur du Calvaire actuellement supérieure générale, ah! merci, vous avez compris encore mieux que tous les autres ma bonne mère Gertrude, vos tendres soins, vos attentions délicates, vos visites quotidiennes à la pauvre malade, les derniers devoirs que vous avez voulu lui rendre, prouvent que vous étiez digne d'être la mère d'une telle fille.*

Je n'étais point dans l'erreur, car sa lettre du 19 juin, rend avec un laconisme admirable, la pensée de tous ceux qui l'ont connue bien mieux que je ne le ferai dans tout ce volume. Paroles sublimes, qui méritent de passer à la postérité.

Monsieur,

« Vous avez pu juger sœur Gertrude dans sa vie intime, *elle* « *remplissait les plus grands devoirs de la charité, avec une*

« *simplicité qui eût pu faire croire que ses actions étaient tout*
« *ordinaires.* »

Heureuse communauté, qui voit à sa tête une femme comprenant et rendant si bien la vraie sœur de charité de la Présentation! Dans un champ cultivé par de telles mains, arrosé
par de si beaux exemples, espérons de voir croître encore de
ces vertus sublimes, héroïques, qui portent si haut le drapeau
de la religion dans le champ de l'humanité.

Après ces augustes prélats, après ces vénérables supérieurs
de communauté, après ces trois femmes distinguées, qui chantent avec tant d'harmonie les vertus de la mère Gertrude,
qu'il me soit permis aussi de mettre sous les yeux du
lecteur, un songe des bords de l'Océan, qui résume tous les
sentiments que la bonne mère m'avait souvent manifestés à
l'égard de sa communauté.

J'avais passé deux heures sur la plage d'Houlgates, à con-
sidérer les vagues amoncelées de la marée montante. Or, ces
vagues étaient couronnées d'une lumière bleuâtre et phospho-
rescente, semblables aux exhalaisons lugubres qui s'élèvent
des tombes dans les nuits brûlantes de la canicule;

Et j'étais plongé dans une admiration triste, langoureuse;

Et l'immensité de la mer me disait : Dieu seul est immense,
éternel, et ces flots livides, qui se brisaient à mes pieds, me
rappelaient deux tendres mères perdues dans l'océan de Dieu;

Et je me disais : une de ces flammes livides s'est exhalée
déjà d'une tombe, et bientôt la flamme de l'autre tombe
s'élèvera dans les airs, et tout sera dit sur la terre pour ces
êtres chéris;

Et je me demandais encore : Leurs âmes, où sont-elles?
et les vagues de l'Océan me répondaient : au sein de Dieu;

Rentré dans ma chambre, après avoir roulé dans mes doigts
le chapelet de ma mère, pour maman et pour ma mère, je
m'endormis en pensant à l'une et à l'autre, après avoir respectueusement attaché mes lèvres aux deux crucifix que ces
deux mères avaient baisés si pieusement avant de mourir et
qu'elles avaient portés sur elles après leur mort.

Pendant mon sommeil, la bonne mère Gertrude m'apparaît
telle qu'elle était il y a trente-cinq ans, quand elle venait à six
heures du matin faire sa ronde accoutumée aux pauvres
malades.

Sa figure néanmoins brille d'un éclat qu'elle n'avait point
alors, et son port est plus majestueux;

Et ses deux mains blanches comme l'ivoire sont ornées de
diamants précieux,

Et un doux sourire effleure ses lèvres;

Et sa tête est couronnée de roses plus blanches que la neige;

Et il s'échappe de sa robe de lys une odeur de violette,
symbole de l'humilité, mêlée à un parfum céleste qui ne se
trouve point en Arabie, et je comprends que c'est l'odeur du
parfum de la charité qui s'exhalait, il y a dix-huit siècles
au sommet du Calvaire avec le dernier soupir de l'Homme-
Dieu;

Et ses lèvres s'ouvrent, et elle me dit :

« J'approuve et je bénis ton travail, continue de dire aux
« enfants des hommes les prodiges que le Seigneur a daigné
« m'inspirer;

« Fais connaître au fils de l'ouvrier la fille de la charité,
« sa sœur, dis lui qu'il peut toujours compter sur elle au jour
« des souffrances et des douleurs. »

Puis prenant un air plus solennel et plus majestueux, elle
ajoute d'une voix angélique :

« Va dire à celle qui fut ma mère dans les derniers jours
« de mon exil. qu'elle continue comme elle a commencé ;

« Qu'elle reste toujours l'épouse de Jésus-Christ, pour un
« jour se présenter à lui pure et sans tache ;

« Qu'elle se sanctifie pour ses brebis ;

« Qu'elle ait toujours les yeux ouverts sur sa famille entière
« et sur chaque sœur en particulier ;

« Qu'elle étende sa vigilance sur les plus petites choses
« comme sur les plus grandes ;

« Qu'elle fasse connaître à ses enfants que la pratique des
« vertus, communes à tous les chrétiens, ne suffit point aux
« sœurs de la Présentation ; qu'elles en ont d'autres plus
« sublimes à pratiquer ;

« Qu'elle se comporte avec beaucoup de prudence ; quand
« elle doit imposer des pénitences salutaires, qu'elle emploie
« la bonté plus volontiers que la rigueur, et que les défauts
« des autres ne lui fassent point oublier son propre néant ;

« Qu'elle se rappelle que Jésus-Christ, son divin maître, ne
« s'est point contenté de dire : *Je suis doux et humble de cœur*,
« mais qu'il a donné l'exemple de ces deux vertus plus d'une
« fois pendant sa vie, à l'égard même des plus grands
« pécheurs,

« Dis lui, que le seul talent digne d'une supérieure générale

« est de sanctifier sa congrégation en y faisant régner Jésus-
« Christ.

« La reine de notre empire, a les yeux fixés sur elle pour
« l'encourager, qu'elle continue donc jusqu'à la fin la noble
« mission qu'elle a si dignement entreprise : la couronne est
« réservée à la persévérance.

« Que celle qui commande à sa droite n'entreprenne rien
« sans ses ordres, surtout qu'elle soit attentive à ne jamais
« désapprouver sa conduite en général ni même en particu-
« lier ;

« Qu'elle lui soit toujours très-intimement unie, et parfaite-
« ment soumise, se rappelant bien ces mots de l'évangile,
« aussi vrais que terribles : *tout royaume divisé doit périr.*

« Que celle qui commande à sa gauche n'oublie pas un
« instant que l'avenir de la communauté est entre ses mains ;
« qu'elle continue à former les novices à la vertu, qu'elle
« souffle dans ces jeunes cœurs l'amour de Dieu et du pro-
« chain ;

« Qu'elle les prémunisse surtout contre les ennemis dange-
« reux qui rôdent sans cesse autour d'une jeune vertu, pour
« l'entraîner dans les sentiers du vice.

« Que toutes les supérieures soient de tendres mères pour
« les sœurs, et les sœurs des filles soumises à leurs supé-
« rieures.

« Que toute la communauté continue de prier pour le
« vicaire du Christ sur la terre, afin qu'il triomphe de ses
« ennemis et qu'il confonde l'hypocrisie de ses perfides
« amis.

« Pour toi, le fils de mon adoption, aime toujours les pauvres,
« et donne le produit de ma vie à saint Martin, qui fut en
« Touraine l'apôtre de la charité,

« Sois fidèle à tes engagements sacrés ;

« Pardonne à tes ennemis ;

« Sois plus indulgent pour les autres et plus sévère pour
« toi ;

« Surtout veille.... »

Dans ce moment, elle mit une main sur ses lèvres et l'autre sur son cœur et je la compris.

Puis elle remonte au ciel, et comme elle y entrait, je vis une autre mère qui venait au devant d'elle ;

Et elles me firent un signe ineffable en me montrant du doigt une place vide entre elles deux,

Et j'entendis distinctement, quoique en même temps, l'une me dire : Courage..., et l'autre : Charité..,

Alors doucement éveillé, je remercie la plus chaste des épouses et la plus pure des vierges, d'avoir déchiré à mes yeux un coin du voile qui cache le ciel aux hommes pour m'encourager à le mériter en me montrant la place éternelle qu'elles m'y préparent. Amen !

CHAPITRE IX.

Les Médecins.

Honora medicos
Honore le médeciu.

Si nous passons de ces prélats vénérés, de ces prêtres distingués, de ces femmes d'élite, à ces hommes si précieux pour
l'humanité, qu'on appelle médecins, nous les entendons exalter
à l'unisson les vertus éminentes de la bonne défunte, qu'ils
admirent tous, comme le vrai type de la sœur hospitalière. Ils
étaient bien àmême de la juger, dans les relations quotidiennes
qu'ils avaient avec elle, dans ses salles, au milieu de ses malades
et de ses sœurs, puisque jamais ils ne faisaient la visite sans
elle. Dans ces circonstances, elle profitait beaucoup des consultations qu'elle entendait, des victoires que les docteurs rem-
portaient sur la maladie, des échecs qu'ils éprouvaient dans
leurs opérations, et des réflexions qui suivaient ces échecs ou ces
victoires. Tous, sans exception, faisaient le plus grand cas des
observations qu'elle leur soumettait avec une délicatesse

exquise. Je sais pertinemment qu'elle les mit souvent sur les traces de la maladie, et qu'elle les empêcha quelquefois de faire des opérations qui n'avaient aucune chance de succès; ce qui plaisait surtout à ces messieurs, c'était son exactitude dans l'administration des médicaments, ses conjectures judicieuses sur les effets qu'ils allaient produire, ou qu'ils avaient produits, sur les progrès de la maladie, sur les chances plus ou moins probables de guérison.

La mère Gertrude, dans sa maison, était donc plus qu'une femme, plus qu'une sœur hospitalière, c'était un chirurgien habile, un médecin expérimenté, en diagnostique comme en thérapeutique ; tout le monde le pensait, tout le monde le disait, les médecins eux-mêmes l'avouaient, la mère Gertrude seule paraissait l'ignorer.

Parmi ces messieurs, nous mettons au premier rang M. Tonnellé père, tant à cause de sa science, très-remarquable pour le temps où il vivait, que pour son rang d'ancienneté dans la maison de santé. Le premier, il voit la jeune supérieure à l'œuvre, et l'apprécie tout d'abord. Après quelques jours seulement, il ne veut plus s'occuper des saignées, des petites opérations des salles, ni des pansements qu'il faisait lui-même avant son arrivée. Quand il prévoit des opérations dangereuses, bientôt il n'amène plus de confrères avec lui, assuré que la bonne sœur tiendra un bras à couper, une jambe à amputer, tout aussi bien que le médecin le plus habile. Sa confiance devient telle, que dans certaines circonstances, quand sa main tremble, il n'hésite point à passer le bistouri dans la main de la bonne sœur qui fait de petites opérations devant lui, mais

avec une grande défiance d'elle-même, défiance, il faut bien
l'avouer avec elle, beaucoup trop rare chez les personnes qui
sont auprès des malades. En chirurgie comme en médecine,
elle n'entreprend jamais rien de grave, sans avoir préalable-
ment consulté le médecin ; je conseille à toutes les hospitalières d'en faire autant, et ce conseil vient de la mère Gertrude,
qui me parlait souvent de la prudence qu'une sœur doit apporter dans l'exercice de la médecine.

A la fin de sa vie, quand M. Tonnellé ne pouvait plus faire
tous les jours ses visites aux malades, ces derniers n'en souffraient point. Peut-être même y gagnaient-ils : car la supérieure, avec sa science pratique, avec son adroite lancette,
surtout avec sa prudence consommée; ne laissait jamais rien
à faire pour la visite du jour suivant, et le savant docteur
approuvait toujours le lendemain ce qu'elle avait fait la veille.

Après certaines opérations, faites à des personnes généreuses
et riches en même temps, chose assez rare de nos jours, on
lui donne, de temps en temps, quelques pièces de monnaie qui
passent bien vite inaperçues dans les mains des pauvres. Mais
Dieu, qui la voit faire, compte ses bonnes œuvres pour les
récompenser plus tard, tandis qu'il ne tient aucun compte des
aumônes de ces pharisiens qui parlent à tout venant du bien
qu'ils font et même de celui qu'ils ne font pas.

Quand M. Tonnellé vante les services nombreux qu'elle
rend dans sa maison à tous les malades qui lui sont confiés,
son adresse dans les opérations, loin d'imiter la grenouille,
en demandant si déjà on ne la croit pas aussi savante que le
docteur, adroitement elle détourne la conversation par une

fine plaisanterie, qui laisse au médecin tous les honneurs de la guerre, pendant que tant d'autres se vantent tous les jours de prétendus services rendus à l'humanité souffrante. Les villes, en effet, ne sont-elles pas changées en marais fangeux, d'où vous entendez, la nuit comme le jour, s'élever les causse-ments de ces hommes vaniteux qui, mettant de côté leur plus beau titre, celui de chrétien, le seul dont on puisse se vanter, crient à tue-tête : Je suis savant... Je suis marquis... Je suis docteur... Je suis artiste... Je suis orateur... Je suis le défenseur de la veuve et de l'orphelin... Et ces élans d'orgueil, qui font rire de pitié les hommes sensés sur la terre, ne montent jamais jusqu'au ciel ; tandis que d'un seul verre d'eau caché, donné par la bonne sœur au pauvre altéré, s'élève un doux parfum qui va réjouir le cœur du divin frère des pauvres.

Je tiens tous ces détails d'une sœur nommée Brigitte, morte depuis plusieurs années en odeur de sainteté dans les bras de sa supérieure ; la mère Gertrude avait trop d'humilité pour jamais parler de tout ce qui pouvait la grandir aux yeux des mortels ; bien différente de ces hommes superficiels qui vantent à tout propos les actions qui peuvent les élever au-dessus de leurs semblables.

Si M. Tonnellé fils vivait encore, M. Tonnellé, dans son temps, prince de la chirurgie à Tours, où sa réputation attirait des infirmes de tous les pays voisins, de la capitale même, il vous dirait que, dans les opérations de la cataracte, il ne voulait point d'autre aide que la mère Gertrude, et qu'il la priait souvent de l'accompagner en ville tant il avait de confiance en son adresse.

Dans les autres hôpitaux, pour couper des seins, des bras, des jambes, pour extirper des cancers, pour fouiller le corps humain comme une taupe fouille la terre, l'opérateur a besoin d'un confrère habile, expérimenté, chez la mère Gertrude ; c'est la mère Gertrude qui fait toujours les fonctions de second médecin.

Son cœur, si sensible aux douleurs d'autrui et si dur pour elle-même, puise, dans la prière, une énergie qui, sans jamais être fébrile, la grandit à la hauteur de la position qu'elle accepte avec autant de défiance de ses forces que de dévouement pour le prochain. Ceux qui la voient à l'œuvre avec M. Tonnellé ne savent lequel des deux admirer le plus, du chirurgien habile ou de l'humble sœur de charité.

Après une opération laborieuse, elle va dîner avec ses sœurs, le sourire aux lèvres, et là, sans vanité, sans affectation, elle raconte toutes ses émotions. Mais la nature avare ne perd jamais ses droits. Quand la bonne mère sent la réaction arriver, réaction qu'éprouvent les praticiens les plus anciens et les plus expérimentés, elle se rend dans sa chambre aux pieds du divin Crucifié, pour lui offrir les mortelles angoisses qu'elle vient d'éprouver.

Lecteur bienveillant, laissez-moi vous dire en passant, un surnom que les gens du faubourg de La Riche donnèrent long-temps à la mère Gertrude. Le peuple, qui rend toujours laconiquement sa pensée, son admiration pour le mérite, appelait «Tonnellé en cornette » celle qu'il appelait aussi : ma mère.

J'ai ouï dire à plusieurs élèves en médecine de l'école de Tours, qui, voulant étudier le maître à l'œuvre, assistaient à ses opérations avec l'habile supérieure, qu'il n'avaient jamais rencontré plus d'adresse ni plus de courage que dans la mère Gertrude. Si ces jeunes gens, remplis de science et de talent, mais aveugles volontaires en religion, eussent attentivement cherché la source où cette fille timide puisait tant de courage et d'énergie, ils ne chercheraient plus, à la pointe du scalpel, l'âme immortelle qui battait si généreusement dans la poitrine de la sœur Gertrude. Ils comprendraient que la charité chrétienne peut seule opérer de tels prodiges dans le cœur d'une femme, et ils en concluraient que l'âme mérite encore plus de soin que le corps, qui doit, en dépit de la science, mourir un jour; puisque cette maîtresse du logis, l'âme, qu'ils ne rencontrent jamais à la pointe de leur instrument, précisément parce qu'elle est simple, immatérielle, doit être immortelle, n'ayant rien à craindre de cette dissolution qui réduit tous les corps en poussière.

Quand une opération de cataracte par extraction se présente, et il s'en présente souvent, l'opérateur distingué préfère toujours les doigts exercés de la bonne mère aux doigts des plus habiles chirurgiens, pour tenir la paupière du patient durant toute l'opération. Après, il abandonne le malade entre les mains de son aide expérimenté, sans jamais plus s'en occuper. Il est sûr d'elle comme de lui-même pour toutes les précautions à prendre et pour tous les soins à donner, précautions et soins d'une importance capitale dans ces opérations toujours si dangereuses.

Je ne terminerai point sans faire à **M.** Tonnellé fils, quoiqu'il
soit mort, un reproche bien mérité, parce que ce reproche peut
être utile aux vivants, et qu'il prouve aussi l'amour de la
sœur de la Présentation pour sa communauté ; avant tout,
elle est sœur de la Présentation.

Cette femme timide, douce comme une brebis dans l'usage
habituel de la vie, quand l'intérêt, et surtout l'honneur de sa
communauté est en jeu, se métamorphose en lionne, comme
Judas Macchabée se changeait en lion, quand les enfants
d'Israël étaient foulés aux pieds par des peuples barbares.
Posons d'abord en principe, que si le docteur habile donne
de la réputation à la maison de santé, la maison de santé,
avec une supérieure telle que la mère Gertrude, c'est la renommée aux cent bouches, proclamant, jusque sur les toits, la
science du médecin. Je suis certain, sans craindre un seul
démenti de la part des trente médecins de la ville de Tours, que
tous voudraient maintenant être à la place de M. Herpin, et je
le comprends. Sans parler des opérations faites en chambre,
auxquelles **M.** Tonnellé n'était point insensible, car elles produisaient beaucoup d'argent, il est certain, que le nom de la
mère Gertrude, accolé au sien, servit beaucoup à étendre sa
clientèle et sa réputation. Il lui devait donc de la reconnaissance, puisqu'elle pouvait, en le changeant, prêter main-forte
à tel concurrent qui n'aurait pas manqué de se présenter.
Eh bien! le docteur ou plutôt les siens l'oublièrent. La
sœur de la Présentation, apprenant qu'à la place de sa communauté, ils en choisissaient une autre pour diriger une maison
de bienfaisance, parle avec tant d'énergie, que ceux qui l'en-

tendent en sont frappés d'étonnement ; mais en tenant à l'honneur de sa communauté, elle a raison. Généreusement, elle supporterait une ingratitude à son adresse, mais en voyant une insulte faite à sa congrégation, elle parle haut et fait bien.

Un fils qui laisse outrager l'honneur ou la mémoire de sa mère est un lâche :

Une fille qui boit un verre de sang humain pour sauver la vie de son père est brave.

Un jeune berger qui porte une fronde et lance une pierre au front d'un géant insulteur de son peuple mérite bien de la patrie.

Ainsi, la sœur de la Présentation, qui dans sa supérieure voit une mère, dans sa communauté une patrie, dans son Dieu un père, donnerait volontiers son sang et boirait celui des autres, pour défendre en même temps, sa mère, sa patrie et son Dieu.

Mais laissons là ces souvenirs pénibles, puisqu'ils s'adressent à des tombes, silence!... Il n'est plus nécessaire d'en appeler aux morts pour chanter les louanges de celle que nous avons tant aimée; interrogeons le docteur Herpin, il a su l'apprécier lui aussi, mais avec un cœur digne de sa science et de son habileté.

C'est encore sous l'impression des paroles du bon docteur, qui sort de chez moi, que j'écris sa pensée tout entière. Il est persuadé, que la maladie de foie qui conduisit, après de longues souffrances, la mère Gertrude à la tombe vient de ses trop grandes préoccupations pour les malades confiés à ses soins. Au moment de l'opération, me dit-il, elle avait, malgré sa vieillesse, assez d'énergie pour y assister impassible; mais après, ses préoccupations étaient plus grandes que celles du médecin lui-même. Elle passait les quatre premiers jours dans une anxiété qui se trahissait à chaque minute; et, malgré cette préoccupation qui la minait à petit feu, elle ne voulait jamais abréger d'une seconde l'heure fixée par le médecin, pour lever l'appareil qui devait la transporter de joie ou lui causer la plus amère douleur.

Cette femme de cœur chérissait avec une noble passion ceux qui souffraient, et comme les quatre jours d'attente lui paraissaient quatre années, le savant docteur pense que sa maladie de foie n'est due qu'à ces anxiétés continuelles.

Noble victime de l'humanité, comme elle doit jouir maintenant en paix au sein du Dieu qui donne à ses immortels des jouissances pures et infinies, qui n'ont plus rien à redouter de l'avenir.

L'opération a-t-elle réussi, du fond de sa poitrine elle s'écrie avec un soupir de joie : Enfin!... Si la pauvre victime, au contraire, doit être privée de la vue pour le reste de ses jours, il s'échappe de son cœur ces deux syllabes qu'un bon fils pousse toujours à la mort de sa mère : Hélas!...

Après ce cri de joie ou de détresse, elle court dans sa chambre aux pieds de son divin maître pour le remercier ou pour se plaindre. J'ai dit pour se plaindre, à dessein, sa charité pour le prochain est si grande, qu'elle devient exigeante auprès de Dieu lui-même.

Un autre sujet d'édification pour le docteur Herpin, c'est de la voir, malgré les souffrances atroces qu'elle endure, depuis plusieurs années, se mettre deux fois par jour à table avec ses sœurs, pour observer la règle de la communauté, et donner à ses filles tous les soins d'une bonne mère ; vrai supplice de Tantale, quand elle ne peut rien prendre elle-même et qu'elle sent l'impérieux besoin de se nourrir ; depuis deux ans elle ne mange pas cinquante grammes de pain en trois repas.

Ce témoignage d'un homme du monde n'est point suspect ; il prouve en même temps la foi et la charité de la mère Gertrude, la reconnaissance et l'admiration du bon docteur, pour une femme dont il fut à même d'apprécier les nobles qualités, depuis si longtemps qu'il la voit dans les salles avec les malades, dans son intérieur avec les sœurs travaillant sous sa direction à soulager la douleur.

Un médecin, par discrétion je ne dois point le nommer, quoiqu'il soit mort, consulté par une personne du monde, dans une position difficile au moral et au physique, lui dit : Il n'y a qu'une personne, une seule à Tours qui puisse et veuille vous tirer de l'état affligeant auquel vous êtes réduite, en sauvant en même temps votre vie et votre honneur ; et cette personne est une femme respectée, vénérée comme une sainte. Je vais bien vous étonner, moi, qui ne suis pas très-dévot, en vous disant que cette femme est une religieuse, et cette religieuse c'est la mère Gertrude, supérieure de la maison de santé de La Riche. Ayez confiance en elle, c'est un esprit intelligent, une grande âme, un noble cœur qui vous sauvera, si vous pouvez être sauvée. Demain il ne serait plus temps, avec elle on a toujours à gagner et jamais rien à perdre.

La personne affligée suit le conseil de l'habile docteur,

qui connaissait parfaitement bien la femme sûre et délicate
à laquelle il adressait sa protégée. La pauvre malheureuse, accueillie dans la maison de santé avec cet air de simplicité qui commande la confiance, le respect et l'abandon, crut
et fut sauvée. Son corps, languissant sous le poids des souffrances les plus cruelles, prend bientôt le dessus; son âme,
morte à la grâce par de mauvaises habitudes, retrouve sa vie
dans la pénitence, et son cœur, fermé désormais aux joies du
monde, ne s'ouvre plus qu'à l'amour du bon Dieu.

Il n'est pas besoin, je pense, de dire quelle fut et quelle est
encore la reconnaissance de cette infortunée victime des
passions humaines pour celle qui lui rendit, en conservant son
honneur, la triple vie qu'elle avait perdue depuis plusieurs
années, loin de son Créateur et des devoirs qu'il commande à
toutes ses créatures.

Cette histoire, je ne la tiens pas de la mère Gertrude : soit
par humilité, soit par discrétion, la personne vivant encore,
jamais elle ne m'en a dit un seul mot, c'est le médecin qui
me l'a racontée quelques jours avant de mourir, en m'assurant
que la personne guérie et consolée donnait l'exemple de toutes
les vertus chrétiennes.

Aujourd'hui, jeudi 22 juin, il y a déjà quinze jours que la
bonne mère Gertrude n'est plus. Les jours, les mois, passent
vite à mon âge, même ceux qui sont abreuvés d'un fiel amer.
Hier soir, j'ai porté une couronne blanche sur la tombe encore
fraîche de celle qui fit tant de bien en passant sur la terre,
j'étais accompagné de M. l'abbé Mars, aumônier des dames
Ursulines de Tours. Ce pieux abbé me raconta, chemin faisant.

avec la sensibilité d'un bon fils, les derniers jours de sa mère, morte bien jeune, et les tendres soins que lui donnait celle que je pleurerai toujours. Et je disais dans la triste joie de mon âme : On ne peut donc faire un pas sans entendre parler de ses bienfaits ?

A mon entrée chez les morts, je frappai durement ma poitrine, en voyant une couronne déposée sur sa tombe avant la mienne... Il était donc un cœur plus reconnaissant que le mien,... et cependant j'avais plus reçu que tous les autres. A ses pieds j'étais plus tenté de la prier pour moi, que de prier pour elle ; et une voix semblait sortir de la tombe et me reprocher d'avoir mis au grand jour une partie de ses nobles actions. Je dis une partie ; en effet combien en a-t-elle caché au sein du Dieu qui la récompense aujourd'hui dans le ciel !

Et mon cœur lui répondait : Vous si remplie d'humilité dans le temps, vous n'avez plus rien à craindre de l'orgueil dans l'éternité ; laissez-moi donc vous glorifier devant les enfants des hommes, et vous donner pour modèle à toutes les sœurs de cette communauté que vous avez tant aimée.

Alors j'ai cru qu'elle me répondait intérieurement : Va, mon fils, dis tout ce que j'ai fait pour les malheureux, pour les délaissés de la fortune et pour les membres souffrants du Christ, et que les hommes en bénissent à jamais le nom trois fois saint du Dieu qui paie largement au ciel un verre d'eau fraîche donné aux pauvres altérés, un conseil aux délaissés et une bonne parole aux affligés.

Que mes sœurs, mes tendres sœurs, continuent à suivre, sur mes pas les sentiers que le Sauveur lui-même a tracés, pendant sa vie mortelle, aux filles de la charité. Il est passé en faisant du bien, qu'elles fassent de même, car une grande récompense les attend au ciel.

En revenant de la terre des morts, avec le bon abbé, nous devisions du ciel, de ses habitants, et des moyens à prendre pour y arriver.

Rentré le soir dans ma chambre, des angoisses mortelles s'emparent de tout mon être et je me plains à Dieu en disant : Que ne me prêtez-vous, Seigneur, au moins un instant, la voix qui chanta les martyrs ! Pourquoi me refuser une étincelle, une seule étincelle du feu divin des prophètes, pour embraser les cœurs, et faire aimer, vénérer, surtout imiter celle qui fit tant de bien aux malheureux et à moi en particulier?

Alors une réflexion bien naturelle, comme souvent elle m'en faisait pendant son exil, vint adoucir mes tourments ; cette bonne mère si simple, si naïve pendant sa vie, préfère encore les paroles simples et naïves de son fils adoptif aux pensées sublimes des hommes de génie, aux expressions brillantes des grands écrivains ; et je continue à écrire et à pleurer en écrivant.

Vous vous rappelez, sans doute, la petite tonnelle du jardin qui n'est plus. Eh bien ! c'est là que la supérieure générale de l'ordre faisait couler dans mon cœur, si jeune alors, son amour et son admiration pour sa fille bien-aimée, en me racontant ce que vous lirez dans le chapitre suivant ; et comme la mémoire de mon cœur est tenace et fidèle, vous serez édifié des nombreux prodiges de charité que je vais dérouler à vos yeux.

CHAPITRE X.

Les malades.

De nocte surrexit deditque prædam do-
mesticis suis et cibaria ancillis suis.

Elle s'est levée pendant la nuit pour
distribuer son bien, à ses serviteurs et
pour donner du pain à ses servantes.

SALOMON.

Après avoir mis sous les yeux du lecteur, l'opinion des
hommes de la science sur la mère Gertrude, nous allons donner
quelques détails sur les soins particuliers qu'elle prodigue à
certains malades, plus malheureux ou plus souffrants que les
autres. C'est ici surtout, que l'on voit briller cet ardent amour
du prochain qui lui mérite un nom dans l'histoire de filles de
la charité.

Pendant que M. Tonnellé père visite la maison de santé, un
vieillard vient y demander sa guérison, ou du moins quelques
soulagements à ses souffrances. Non-seulement son corps est
malade, mais son âme depuis longtemps est morte à la vie de
la grâce. Il a puisé, avec tant d'avidité, et depuis si longtemps,

à la coupe enivrante des plaisirs défendus , que la religion qui
les condamne est, pour cet homme, un objet d'horreur. Son
esprit gâté par les doctrines de quatre-vingt-treize, avait donné
dans tous les excès d'une politique insensée. Imbu de tous les
mauvais livres du temps, il court dans son délire à la réalisation
de ces chimériques utopies, qui tourmentent, jour et nuit, les
cerveaux vides, à la recherche de la vérité, partout où elle n'est
point. Aussi, le front ceint du bonnet phrygien, a-t-il chanté la
carmagnole, avec les séides de la révolution, et maintenant
encore son caractère, difficile, acariâtre, lui fait autant d'ennemis qu'il a de voisins. Sa maladie est la suite des désordres de
sa jeunesse.

En entrant dans la salle commune, ses douleurs arrachent de
sa poitrine des plaintes qu'il veut étouffer aussitôt, car il n'a pas
moins de courage que d'orgueil ; pour lui c'est une lâcheté de
faiblir devant des femmes, et surtout devant des religieuses
qu'il déteste, sans les connaître, puisqu'il n'entre chez elles
qu'en désespoir de cause. Mais précisément cette contrainte
double ses souffrances. Alors sa bouche, comme un cratère de
l'enfer, vomit des jurements et des blasphêmes, qui jettent l'é-
pouvante aux cœurs des malades et des sœurs. Seule, la mère
Gertrude, qui n'a jamais eu peur, lui dit d'un air qui commande
toujours le respect : Vous *n'êtes pas courageux, Monsieur, un
homme de votre âge ne cède point à la douleur.* Ces paroles,
articulées d'un ton ferme qui ne veut point de répliques, imposent
silence au blasphémateur. Alors reprenant aussitôt cette figure
de bonté qui lui gagne tous les cœurs, la bonne mère ajoute :
Calmez-vous, Monsieur, nous vous guérirons.

Pendant quinze jours, M. Tonnellé emploie tous les moyens inventés par la médecine, pour obtenir au moins quelque adoucissement aux souffrances du malade, mais inutilement. Il essaie des potions violentes, qui ne produisent aucun effet. L'ennemi tient bon, la science est vaincue, mais la charité ne l'est pas encore.

Après le départ du médecin, la mère Gertrude réfléchit un instant; puis elle remplit, de tabac et d'eau tiède, un instrument qui va bientôt soulager le malheureux; car la nicotine fait une révolution complète dans le corps du patient. Et la cause de la maladie qui avait résisté à la science du médecin cède au dévouement de la sœur de charité, mais non sans peine. La mère Gertrude voyant que le mal résiste encore et que tous les instruments sont inutiles ou dangereux, se sert des armes que lui donne la nature, pour lui procurer un soulagement qui ne se fait plus attendre.

Fille de la Présentation, vous avez bien mérité du Ciel et de la terre, en faisant pour cet étranger, pour ce blasphémateur, qui, naguère encore, faisait trembler vos sœurs et vos malades, ce que la fille la plus tendre n'eût point fait pour le meilleur des pères !

Le lendemain, M. Tonnellé dit à la supérieure en entrant dans les salles : Il est mort sans doute ?

— Non, Monsieur, une prise de tabac l'a sauvé.

Les jours suivants, le malade débarrassé des ennemis cruels qui causaient tout son mal, commence à manger, reprend ses forces, et un mois de convalescence le conduit à la santé.

La charité de celle qui lui rendait la vie ouvre les yeux du malade ; il comprend qu'une telle charité ne peut venir que du Dieu qu'il a blasphêmé. Son cœur s'ouvre à l'espérance, il abjure la doctrine affreuse qu'il avait puisée dans la boue des révolutions ; sa pénitence est exemplaire, et son cœur garde, jusqu'au dernier soupir, la plus vive reconnaissance pour celle que tout le monde appelle avec un saint respect : *la bonne mère Gertrude.*

La supérieure générale me raconta, dans le même temps, l'histoire d'un pauvre maçon, qui fit beaucoup de bruit dans la ville de Tours. Ce malheureux, par accident, tombe dans la chaux vive. On conseille à sa femme de le conduire chez la mère Gertrude. Comme elle a trois enfants en bas âge, elle y consent. Le maçon est reçu d'abord dans la salle commune. Depuis les pieds jusqu'à la tête il n'a qu'une seule plaie ; sa peau, qui se détache de tous côtés, l'abandonne, celle du front tombe et voile ses yeux déjà fermés par la douleur. Ses lèvres cuites, ses oreilles desséchées, son front rôti, présentent à la vue un je ne sais quoi d'informe, qui n'a plus rien de la figure humaine. Sa poitrine et le reste du corps sont dans un état horrible à voir. Pour trouver une victime semblable à ce pauvre écorché, il faut remonter jusqu'à la poix brûlante, jusqu'au plomb fondu des Césars, qui martyrisent les chrétiens, ou bien jusqu'au gril de saint Laurent. Dans cet état, couché sur un lit, couvert seulement d'un drap qui se colle à tous ses membres, l'infortuné pousse des hurlements affreux. Moins patient que saint Laurent, demandant à ses bourreaux de le tourner d'un autre côté pour offrir à Dieu le sacrifice de son corps tout entier, il rugit de désespoir et de rage. A sa vue, à ses cris, les sœurs effrayées. s'enfuient, laissant la bonne mère seule panser les plaies, et calmer par de douces paroles les souffrances atroces de l'infortuné, qui brûle comme un damné.

M. Tonnellé, demandé, arrive aussitôt. Ce vétéran, dans l'art de saigner, de couper et de brûler la chair humaine, visite en détail, mais non sans émotion, les plaies livides du pauvre ouvrier, puis se détournant, après l'avoir couvert de son drap, il dit à la supérieure de préparer des liniments pour adoucir les brûlures, et en sortant de la salle avec elle, il ajoute : C'est un homme perdu, donnez seulement tous vos soins à calmer ses douleurs.

Que ferez-vous, sœur Gertrude, après la sentence du disciple d'Hippocrate ? Abandonnerez-vous le mari d'une bonne épouse, confié à vos tendres soins ! le père de trois enfants qui vont devenir orphelins ! Non, non, la médecine est une seconde fois impuissante, mais sœur Gertrude pourra toujours, et la science encore sera vaincue par la charité.

Profondément émue de ce qu'elle vient de voir et d'entendre, elle entre dans sa chambre en pleurant; ce qui lui arrivait très-rarement : son cœur, si compatissant à l'endroit des souffrances d'autrui, est doué d'une énergie surhumaine dans les grandes circonstances. Mais elle n'a point encore vu de martyr semblable à celui qui brûle devant elle. Entrée dans sa chambre elle s'écrie : *Mon Dieu! quoi faire? Il est donc perdu, le mari de cette tendre épouse ! le père de ces trois enfants si jeunes encore, et bientôt orphelins ! Mon Dieu, à mon secours ! mon Dieu! Le médecin, qui vient de porter la sentence est habile, et presque tous ceux qu'il a condamnés sont morts ;*

mais vous êtes bon et tout-puissant!... Ensuite elle se jette au pied du crucifix, et là, voyant tout nu celui qu'elle adore, ses bras tendus et cloués, ses pieds croisés et cloués, son côté percé d'une lance, et son chef adorable couronné d'épines, des gouttes de sang à ses mains, à ses pieds, à son côté, sur son auguste front, des gouttes de sang, une pensée subite, inspirée par la foi, se présente à son esprit; elle se lève, et court au malade qui hurle toujours. Sa présence produit un peu de calme. Alors s'adressant à l'une des sœurs qui se trouvaient dans la salle : Brigitte, lui dit-elle, allez faire un lit dans la chambre bleue.

— Pour qui, ma mère ?

— Allez faire un lit dans la chambre bleue...

Puis regardant le malade avec un air inspiré : Mon ami, lui dit-elle, *avec la grâce de Dieu, nous vous sauverons.*

Ces paroles dites avec l'accent de la conviction la plus profonde, commandent l'espérance, et le pauvre homme espère. Elle lui donne ensuite quelques boissons rafraîchissantes en lui parlant de sa femme et de ses enfants et quand la voix de sœur Brigitte s'est fait entendre :

— Ma mère, le lit est fait.

— Bien.

Mais le pauvre maçon, dont les pieds sont brûlés par la chaux, ne peut faire un seul pas sans crier ; il faut absolument le porter....

— Allons du courage, mon ami ! s'écrie la bonne mère, en le roulant dans son drap, puis d'une main le prenant sous les aisselles, de l'autre sous les jarrets, elle l'emporte, elle monte ainsi, elle monte encore, un escalier de vingt marches qui conduit à la chambre, elle arrive, elle entre et dépose sur le lit préparé, sa victime... Victime elle-même de sa charité, elle était infirme pour le reste de ses jours !!!...

Surmontant alors toutes les douleurs qu'elle endure, elle met le pauvre homme dans l'état où elle avait vu le Christ qui l'avait inspirée.

En voyant ainsi le frère de Jésus, elle pense à la Vierge-mère, qui reçoit sur ses genoux, son Fils adorable que l'on venait d'arracher à la Croix, et cette pensée la fortifie.

Et la Vierge de la Présentation fait couler le baume du Samaritain sur la peau desséchée de l'infortuné martyr, qui écoute avec un saint respect les paroles angéliques qu'elle module à ses oreilles.

Après une telle corvée, la fille de la charité va soulager les infirmités qu'elle vient de contracter pour toujours, en montant l'escalier, avec une Croix aussi pesante pour elle, faible créature, que celle qui fut portée au sommet du Calvaire par le fils du Créateur.

Pendant la première semaine, dix fois par jour elle monte à la chambre bleue, pour soigner, oindre et consoler son malade. Dans la position gênante où il se trouve, comme il ne peut se servir de ses mains, elle le fait manger comme un enfant de six mois.

Des soins aussi maternels, furent couronnés d'un plein succès. Après 20 jours seulement, le malade se lève ; à la fin du second mois, il est rendu à sa femme consolée, à ses enfants, bienheureux d'embrasser un bon père.

Pendant plusieurs années, ce brave ouvrier, ce qui en

m'étonne pas le moins du monde chez un enfant du peuple, dans le délire de sa reconnaissance, chaque fois qu'il rencontre la bonne sœur qui l'avait si courageusement guéri, s'écrie à haute voix : « Voilà celle qui m'a sauvé la vie ! *Vive la mère Gertrude, sans elle ma femme serait veuve, et mes enfants orphelins.* »

Philosophe sans sagesse, philanthrope sans cœur, démocrate sans liberté, voici la fille de la charité, telle que la religion l'a faite ! Voici l'ange de la terre, que vous poursuivez de vos sarcasmes avec tant d'acharnement ! C'est la fille de Dieu, la mère des pauvres, la sœur des charpentiers, des couvreurs, des maçons, de tous les ouvriers que vous tournez tous les jours en ridicule, et après une telle conduite, vous prétendez encore à l'honneur d'être les défenseurs, les amis et les frères du peuple !!!....

Quand je parle des belles actions de la mère Gertrude, je ne sais plus m'arrêter. Dans l'embarras du choix, je voudrais avoir les cent bouches de la renommée. une poitrine d'airain, la voix de Stentor, pour faire entendre, en même temps, les prodiges de sa charité à l'univers entier...

Je voudrais que les ennemis de l'Église les entendissent, parce qu'ils ne sont pas à mes yeux la moindre preuve de la vérité de notre sainte religion.

Je voudrais que le peuple les comprit, parce qu'il verrait de quel côté sont ses vrais amis.

Je voudrais que le pauvre les sentît, pour l'engager à suivre les préceptes de Jésus-Christ, qui donna sur la croix naissance à la sœur de charité, dans la personne de son auguste Mère.

Enfin, je voudrais forcer tous nos païens modernes à confesser qu'ils sont inhabiles à remplacer la sœur des pauvres ; car pour faire un tel prodige, il faut mourir au Calvaire. et ils s'en garderont bien!!!...

La réputation de la mère Gertrude, qui s'étend tous les jours, inspire à un bon septuagénaire la pensée de finir ses jours auprès d'elle ; chargé d'infirmités et d'années, il a besoin d'une mère pour le soigner dans sa dernière enfance. La renommée lui dit qu'il en est une dans la maison de santé de La Riche ; il y vient. Ce vieillard, doué d'un bon esprit, instruit, excellent chrétien, avait rempli dans le département des fonctions importantes. Il jouit d'une petite fortune, qui le met à même de demander une chambre. On lui donne celle qui fut jadis habitée par l'infortuné maçon, cette fameuse chambre bleue dans laquelle j'ai demeuré moi-même après sa mort, car j'étais en même temps que lui chez la mère Gertrude. Je vais donc écrire des faits qui se sont passés en partie sous mes yeux. Quelques-uns m'ont été racontés par le vieillard lui-même, d'autres par la supérieure générale ou par les sœurs qui veillaient auprès du malade. Dans nos conversations, ce bon vieillard m'intéressait beaucoup et m'édifiait encore plus par sa reconnaissance envers la bonne mère, et par sa résignation à la volonté de Dieu.

A ma première visite, il m'entretient longuement de ses infirmités, des bontés qu'on lui prodigue, du dévouement de la supérieure, des ennuis qu'il lui cause, des chagrins qu'il se fait à lui-même, en pensant au mal, aux fatigues, aux veilles dont elle est accablée. Je comprends que le pauvre vieillard souffre d'être réduit à supporter des soins qui coûtent toujours beaucoup à ceux qui les reçoivent et à ceux qui les donnent. Figurez-vous un enfant de 77 ans, encore dans les langes, et vous aurez une juste idée de sa position. La nuit comme le jour, dans certaines phases de sa maladie, il faut être auprès de lui, et c'est toujours la supérieure qu'il demande dans ces pénibles circontances, et pendant longtemps il n'en veut point d'autre.

Le chaste vieillard est d'abord profondément humilié des soins que demande son état exceptionnel. Mais au bout de quelque temps, voyant l'admirable simplicité de la bonne supérieure, sa charité qui ne connaît point de limites, sa gaîté dans les actions les plus répugnantes à la nature, surtout cet air si naturel en faisant toutes choses, il pleure de tendresse et d'admiration, et se console en pensant qu'il a trouvé un ange, oubliant tout pour panser ses plaies et calmer ses douleurs.

Un jour il lui dit : Ma fille, que Dieu vous bénisse, vous faites des choses qui doivent bien vous répugner ; assurément vous êtes la femme forte des livres saints.

— Pas tant d'admiration, ni de louanges, bon père, je fais mon devoir et voilà tout. Les filles de la charité n'ont point été créées pour jouir de la vie des sens; nos pieds et nos mains sont au prochain ; la violette et la rose ne fleurissent point pour nous, et l'odeur qui s'en exhale nous est moins agréable que celle de la charité ; l'odorat ne nous a point été donné pour jouir des fleurs du parterre, mais bien pour flairer les parfums de l'hôpital.

Pendant la nuit, quand arrivaient certains accidents, et dans ses dernières années, ces malheurs arrivaient souvent, le bon vieillard pleurait comme un enfant, quand elle entrait le matin dans sa chambre ; mais avec cet air de bonté naturelle qu'elle possédait seule sur terre, elle disait en riant au pauvre malade : « La nuit a été orageuse, et mauvaise pour vous, pour moi la matinée sera bonne, je vais gagner des indulgences, » puis elle se mettait à l'œuvre avec un sourire ineffable qui faisait rire et pleurer le bon vieillard.

Ici, je suis forcé de m'arrêter ; il n'y a qu'une nourrice qui puisse dire les attentions, les précautions, les soins minutieux, que la bonne sœur donnait à ce pauvre homme, avec un naturel qui en doublait le mérite.

Jamais elle ne se plaignit à ses sœurs des services pénibles qu'elle lui rendait ; elle disait toujours, au contraire, qu'il était loin d'être exigeant. Plus les besoins du vieillard se faisaient sentir, plus ardente était la charité de la bonne mère.

La supérieure générale, qui visitait souvent le pauvre infirme, m'a donné plus d'une fois des détails que l'on peut dire, mais qui ne s'écrivent point. Aussi, quand elle sortait de la chambre bleue, la mère Assomption était toujours dans le ravissement de ce qu'elle avait vu. Dans une circonstance surtout, elle me dit avec un enthousiasme maternel : « *Qu'elle est grande, Gertrude ! qu'elle est sublime ! oui, ma fille Gertrude est une sainte, jamais je ne pourrais en faire autant.*

Que j'aime ces élans de cœur ! Pourquoi se trouve-t-il des hommes qui n'en ont jamais ? C'est qu'ils n'aiment qu'eux, les égoïstes !

La supérieure de la maison de santé, voyant l'heure fatale arrivée pour ce bon vieillard, n'hésite pas un instant à l'en avertir. Elle n'avait point à le préparer à la mort, c'était un saint homme. Mais cependant, il ne devait point ignorer que Dieu était sur le point de lui demander compte de sa gestion. A cette nouvelle, il redouble de ferveur et meurt bientôt après, avec un grand courage et une grande résignation.

Tous les hommes devraient avoir des amis fidèles, assez courageux pour les avertir, quand Dieu les appelle. Le maître peut venir comme un voleur au milieu de la nuit; il est donc utile, pour les plus saints eux-mêmes, d'être avertis. Il me semble que ces paroles, sorties d'une bouche amie : Vous allez bientôt paraître au tribunal de Dieu, doivent exciter une crainte salutaire, qui porte vivement à la contrition. Voyez comment la plupart des condamnés à la peine capitale entendent l'arrêt de mort prononcé par les juges de la terre, et cependant, il ne s'agit ici que du temps qui dure peu, tandis qu'au tribunal de l'Eternel, il s'agit de l'éternité. Il avait donc bien raison ce poëte chrétien en disant :

> Celui qui nous dira : Tu vas mourir, mon frère,
> Est le meilleur ami que nous ayons sur terre;
> Car, par lui, nous verrons la double éternité
> Se dévoiler à nous avec la vérité;
> L'œil, qui va se fermer, au-delà de la tombe
> Voit le ciel et l'enfer, aux éclats de la bombe
> De ces deux mots : Tu meurs,... ton compte est-il bien
>   prêt?...
> Le juge est là... crains, crains l'irrévocable arrêt.

Après la mort du bon vieillard; la mère Gertrude est tellement fatiguée des soins qu'elle lui donne depuis longtemps,
que la supérieure générale, craignant pour sa santé, l'envoie à
la campagne, chez la sœur Prudence, alors supérieure dans le
canton de Bourgueil, afin d'y prendre l'air et d'y réparer ses
forces, épuisées auprès de son enfant de 77 ans. A son retour,
elle était encore triste de la perte qu'elle venait de faire.
C'était toujours pour elle une peine bien sensible, avec le désir
qu'elle avait de rendre tous ses malades à la santé, quand elle
les voyait mourir dans ses bras. Elle regrettait si vivement de
n'avoir plus à donner des soins qui lui étaient profitables pour
le ciel, qu'elle en versait des larmes devant moi. Ce fut alors que
je lui rendis quelques services en pleurant avec elle, pour la
consoler de la perte qu'elle venait d'éprouver. Faible compen-
sation pour tous les bienfaits dont elle n'a cessé de me combler
depuis ce moment jusqu'à sa mort!

Ces larmes de la mère Gertrude n'étonneront que les cœurs
froids et glacés, souffrant seulement de leurs propres douleurs,
et ne s'attachant jamais qu'à ceux qui leur procurent des
jouissances, de la fortune ou des honneurs. Les âmes d'élite,
au contraire, s'attachent de préférence à ceux qui souffrent,
et aux malheureux qui sont privés de consolation. Voyez une
bonne mère, plus elle a de peine auprès de son fils, plus elle
l'aime, et c'est presque toujours cet enfant qu'elle préfère aux
autres. Pour la mère Gertrude, l'âge, le sexe, les richesses, la
réputation, la beauté, l'esprit, la science, n'étaient rien : les
souffrances, la pauvreté, les peines du cœur, avaient seules des
droits à son affection. C'était au point qu'elle me semblait faire

une règle de proportion : Dix souffrances étaient à vingt pulsations de son cœur comme soixante à X, et dans ce problême, bien des malades eussent préféré l'inconnue.

Pendant qu'elle donne des soins au bon vieillard, elle ne néglige point un jeune enfant de 15 ans, pauvre orphelin en proie à une maladie violente, confié à sa charité par le proviseur du lycée. Avant l'arrivée du médecin, elle comprend qu'il s'agit d'une fièvre cérébrale. Un enfant jeune, malade, orphelin, il n'en faut pas tant pour toucher le cœur sensible de la bonne supérieure. Elle en prend un soin maternel; quoiqu'il ne puisse payer que le prix des salles, il est mis dans une chambre particulière. La piété de cet enfant la touche, elle espère qu'un jour il fera un bon chrétien, cette pensée anime sa charité. Quoiqu'il ait un caractère difficile, peut-être même à cause de cela, elle veut le soigner de ses propres mains. La tâche est pénible, il est bien malade et très-exigeant. Mais jamais les forces, jamais la persévérance ne manquent à la bonne mère quand il s'agit de faire du bien. N'allez pas croire qu'elle eût moins fait pour un autre, vous seriez dans l'erreur; elle eût donné les mêmes soins, rendu les mêmes services à un protestant, à un mahométan, à un mormon, à ces femmes qui.... Elle avait la passion de soulager l'espèce humaine pour sanctifier les uns, pour conserver les autres à son Jésus, car elle avait puisé cette passion dans les humiliations de la crèche et dans les souffrances de la croix.

Quoi qu'il en soit, elle admire la foi de cet enfant, elle est heureuse de calmer ses souffrances, de guérir sa maladie, et de concourir plus tard à son bonheur. Jour et nuit elle est auprès de son lit, pour lui prodiguer de ces soins que nos mères seules connaissent. Ainsi soigné, l'orphelin n'a plus à regretter celle qui lui donna le jour ; peut-être même y gagna-t-il en tendresse maternelle.

Cet enfant, comme tous les enfants gâtés, devient plus exigeant chez la mère Gertrude, il est chez lui. S'il n'en eût point abusé, passe encore ; car il faut bien avouer qu'il avait cela de commun avec tous les malades. Il croyait, nous croyions tous être chez nous et non dans une maison de santé.

Pendant les accès de la fièvre cérébrale, la raison du pauvre enfant déloge ; il faut donc une grande patience pour le supporter ; une fièvre cérébrale, dans une nature égoïste, suffit bien pour lasser tout le monde, excepté la bonne mère, qui, fidèle à son poste, ne l'abandonne jamais.

Le danger passé, si la mission du docteur est finie, celle de la sœur hospitalière ne l'est point encore ; elle devient même plus difficile ; car pendant la convalescence, il faut guérir son esprit, réformer son caractère jaloux, pour en faire plus tard un homme de bien dans la société. La mère Gertrude ne perd point courage, et, dût-elle ne pas réussir, elle aura pour lui cette patience du génie chrétien, qui voit au ciel la récompense de ses labeurs.

La convalescence fut longue, avec des phases bien variées, et si, pendant cette convalescence, elle guérit radicalement son corps, il n'en est point le même de son esprit ; pour prolonger son séjour dans une maison où il se trouve bien, il prend tous les moyens d'intéresser la bonne mère à son sort. Il se plaint plus qu'il ne souffre, et quand ses plaintes ne produisent pas l'effet qu'il en attend, il se prend à roucouler comme une colombe, à bramer comme un cerf, et plus souvent à aboyer comme un chien, de sorte qu'on eût dit sa chambre une ménagerie. Avec une telle comédie, qui se renouvelle souvent, il eut bien de la peine à lasser la patience de celle qui, ne lui devant rien, lui donnait tout. Il use donc et mésuse des tendres soins qu'on lui donne : Bonne table, bon lit, attentions maternelles, patience admirable, tout est de son goût. A la fin pourtant, il inspire des doutes à la bonne supérieure. Souffre-t-il encore ? ou fait-il semblant de souffrir ? En pareil cas, une bonne mère est toujours embarrassée, pour elle c'est un problème difficile à résoudre. Malgré sa charité, elle a trop de perspicacité pour ne pas voir qu'il veut s'éterniser dans sa maison. D'un autre côté, le renvoyer sans être sûre qu'il joue la comédie, répugne à son noble cœur. Comme j'habitais en même temps que lui la maison de santé, elle me fait part de son embarras ; je lui conseille de fixer le jour de son départ, ce qu'elle fait aussitôt. La veille du jour fixé, feignant d'avoir une fièvre violente, il se remet à roucouler, à bramer et surtout à aboyer. Mais la supérieure, qui ne veut plus être trompée, me prie de faire une visite à son aboyeur. Elle avait besoin d'avoir la conviction pleine et entière qu'il ne souffre plus. J'accepte la mission qu'elle me confie, en lui disant de monter, un quart d'heure après moi, dans la chambre du prétendu malade, en l'assurant qu'elle me trouverait à faire une partie de piquet avec celui qui vingt minutes avant singeait l'agonie. En entrant chez lui, je le plains, il est suffoqué, je l'exhorte à la patience, il commence à parler, je loue son courage, il est ranimé. Je l'engage à faire une partie de piquet, elle est acceptée. Fidèle à la consigne, en entrant dans la chambre, la supérieure qui le voit menaçant avec animation de me faire capot sur table, se met à rire et disparaît aussitôt. Le lendemain, dès le matin, honteux d'avoir été découvert, il sortait de l'hôpital où il ne revint jamais, l'ingrat !!!....

Malgré cette ingratitude, la charitable supérieure lui conserve toujours une sincère affection, et comme elle avait travaillé pour le ciel, elle n'attendit point la mort pour lui pardonner. Souvent elle me parlait de son jeune malade, et toujours avec le plus vif intérêt. Quand elle apprit qu'il avait obtenu un poste honorable, et qu'il le remplissait avec conscience, elle en fut très-heureuse. Plus tard je lui dis qu'il avait fait un ouvrage utile à la religion, elle en témoigna tout son bonheur en disant : Je sais qu'il a de la foi et du zèle. J'aurais voulu qu'elle eût été en droit d'ajouter qu'il ne manquait pas de cœur. S'il n'en a pas, faut-il l'en plaindre ! Le cœur fait tant souffrir !!! Eh bien ! j'aime encore mieux souffrir et pleurer aux funérailles de celle qui fut notre mère à tous les deux, que de vivre dans l'oubli de ses bienfaits.

. Il ressort de cette dernière histoire des enseignements bien utiles. Le premier, c'est qu'à l'imitation de la bonne mère Gertrude on doit faire le bien pour Dieu seul. La reconnaissance pèse à la plupart des hommes qui nous abandonnent quand ils n'ont plus besoin de nous. J'en conclurai donc qu'il faut avoir du courage pour être reconnaissant dans notre siècle, puisque la plupart croient s'abaisser en avouant un bienfait ; c'est la raison sans doute pour laquelle ils se hâtent d'oublier le bienfaiteur. Pour combattre l'ingratitude, les ingrats devraient comprendre que le monde lui-même les méprise ; malgré sa corruption, le monde n'aura jamais d'estime pour un ingrat; et d'ailleurs ce défaut n'est pas seulement anti-social, il est encore anti-chrétien. Rappelez-vous les paroles du maître au dixième lépreux qui seul vient le remercier : *Où sont donc les neuf autres ?*

Un autre enseignement, plus précieux que le premier, découle encore de cette histoire ; c'est que l'ingratitude peut être utile au bienfaiteur ; il est certain qu'un jour, au ciel, la Main divine solde, avec tous les intérêts accumulés, les dettes que les ingrats n'ont point payées sur la terre. Cette pensée faisait dire à la bonne mère Gertrude : *L'ingratitude des uns m'est souvent plus utile pour le ciel que la reconnaissance des autres. La nature souffre quelquefois, mais la grâce y gagne toujours.*

Une des maladies les plus cruelles pour celui qui l'endure, des plus répugnantes pour celui qui la soigne, des plus formidables pour l'avenir (elle est sans espoir), des plus repoussantes pour la main qui la touche (elle est contagieuse), des plus désespérantes pour un médecin (elle est sans remède), c'est bien certainement le chancre qui ronge peu à peu la figure humaine, et que les hommes, en tremblant, appellent un cancer.

Le lecteur ne sera pas fâché, j'en suis sûr, de voir la mère Gertrude aux prises avec cet ennemi mortel.

Un bon vieillard, après avoir passé de longues années dans l'exercice du saint ministère, est atteint de cette affreuse maladie. Longtemps il est soigné par les siens ; avec le courage que donne la foi, longtemps il résiste aux douleurs

atroces qui le rongent. Enfin vaincu par la souffrance, insupportable à lui comme aux siens, il se détermine à quitter le
pays, où il est aimé de tous ses paroissiens, pour se rendre dans
une maison de santé, sous la tutelle d'une bonne sœur, à la
proximité des plus habiles médecins de la contrée. Le nom de
la mère Gertrude a retenti plus d'une fois à ses oreilles,
on lui parle à chaque instant de sa science, de sa charité, et
de son dévouement, avec tant d'éloges, qu'il vient lui demander des soins et la guérison de sa maladie. Pour les premiers
sans doute, ils ne lui feront point défaut; mais la guérison
d'un cancer est plus difficile à trouver, même chez la mère
Gertrude. Dieu l'accorde rarement aux médecins les plus
habiles, même aux prières les plus ferventes, parce qu'elle
n'est point nécessaire au salut des âmes. En bonne santé, tout
le monde le pense, tout le monde le dit; mais les malades sont
tellement ingénieux à se créer de chimériques illusions, la
nature humaine, craint tant la mort, est si attachée à la vie,
que le pauvre homme vient chez la bonne mère avec l'espérance au cœur.

Quelque temps après son entrée dans la maison de santé, le
malheureux nourrissait encore l'espoir d'une guérison prochaine, tandis que le mal s'aggravait à chaque instant. En vain,
l'habile médecin épuisait son savoir à donner des remèdes
pour calmer les souffrances, le mal augmentait toujours avec
les douleurs. Les soins les plus empressés, les plus minutieux
étaient inutilement prodigués à l'infortunée victime, le chancre,
dévorant sans cesse, provoquait un délire qui ressemblait à
la folie. Dans ces crises affreuses, une parente, qui l'avait

suivi, souffrait quelquefois de ses emportements, involontaires. Alors cette femme, d'une grande piété, voyant le ministre du Seigneur hors de lui-même, avait recours à la bonne supérieure, qui venait aussitôt calmer le pauvre vieillard. Souvent les crises revenaient, et la supérieure, demandée, revenait encore et revenait toujours, et le calme se faisait encore et se faisait toujours. Elle avait pris un tel ascendant sur lui, que sa présence suffisait pour l'apaiser. Elle seule épongeait sa plaie hideuse. Les bonnes paroles qu'elle adressait au pauvre martyr, faisant toujours du bien à son âme, endormaient quelquefois les douleurs de son corps. Les crises calmées, le malade faisait des excuses à sa parente et à la bonne sœur; puis le lendemain il recommençait de plus belle, sans jamais lasser le dévouement de la fille de charité.

Un jour que la crise avait été plus violente, que la nièce avait eu plus à souffrir, la mère Gertrude, par sa présence seule, calme un peu la rage du malheureux, puis lui fait comprendre, que sa parente ne doit point être sa victime, en ajoutant qu'il ferait mieux de ne point se gêner avec elle, qui comprend bien ses emportements. Elle est assez forte pour les supporter; sa nièce, au contraire, qui le soigne depuis longtemps, est si fatiguée, que la malheureuse va tomber malade s'il continue de la tourmenter. Le vieillard est tellement sensible à ces paroles vraies et adroites en même temps, qu'il fond en larmes et promet, comme un enfant, d'être plus courageux à l'avenir.

Tous les remèdes et tous les soins étant épuisés, il faut en venir à l'opération, seule planche de salut qui reste au vieillard.

Le jour est fixé ; mais avant, le médecin juge à propos de lui arracher neuf dents. Tous ceux qui s'en font arracher une seule, comprendront facilement quel fut son martyre. A la dernière, il devient furieux, s'échappe des mains qui le tiennent, sort de sa chambre, descend l'escalier, et court au jardin pour y rugir à l'aise. On le suit, mais personne n'ose l'approcher. Sa bouche bave d'écume et de sang. Seule, la mère Gertrude, se présente, le calme et le reconduit dans sa chambre, à l'ébahissement de tous ceux qui l'admirent sans pouvoir l'imiter.

Quelques jours après, on fait l'opération ; la supérieure est là, le patient souffre avec un courage que la foi seule inspire. Quand la fille de la charité le voit sur le point de faiblir ou d'éclater, elle lui montre, sans rien dire, le Christ qu'elle porte à son côté. A cette vue, la rage expire sur les lèvres de la victime, qui s'écrie : Mon Dieu !

Après l'opération, les douleurs, un peu calmées, ne tardent point à se faire sentir de nouveau ; il faut se résigner à mourir. C'est la bonne mère qui lui apprend cet affreuse nouvelle, mais avec une délicatesse exquise, sans oublier cependant de lui parler comme une religieuse doit parler à un prêtre, qui va passer du temps à l'éternité. Le vieillard comprend ce noble langage, et se dispose à paraître devant un juge doux et miséricordieux envers ceux qui l'ont fidèlement servi sur la terre, puis il meurt en demandant pardon à la mère Gertrude, à sa nièce et au bon Dieu.

La chambre de cette malheureuse victime du cancer fut habitée plus tard par un excellent ecclésiastique, ancien professeur du petit séminaire, alors vicaire de Notre-Dame-La-Riche. Atteint d'une maladie mortelle, il vient, comme tant d'autres, réclamer les soins intelligents de la supérieure de la maison de santé. Il est accompagné de sa mère, aussi malade que lui. Il édifie toutes les sœurs par sa patience et sa piété. Timide, scrupuleux même, il est très-heureux de tomber entre les mains d'une femme remplie d'expérience comme la mère Gertrude, qui promptement lui fait comprendre qu'elle est pour lui une seconde mère; et si, par des soins assidus, elle ne le rend point à la santé, au moins prolonge-t-elle ses jours quelques instants.

A la mort du bon prêtre, des personnes pieuses, avec le plus grand empressement, demandent à la supérieure des lambeaux de ses vêtements, pour en faire des reliques. «*Imitez ses vertus, ça vaudra bien mieux,* » leur dit-elle. Voilà pourquoi nous l'entendons, pendant sa dernière maladie, prier la supérieure générale de veiller à ce que rien de ce qu'elle a porté ne soit donné aux gens du monde, en lui rappelant précisément ce qu'elle avait fait à la mort de cet ecclésiastique, et en ajoutant avec une profonde humilité : « Car je ne suis pas une sainte. » Toujours la même sagesse pour les autres, toujours la même humilité dans ses paroles et ses actions. La fille de la charité a trop de jugement, pour approuver la précipitation de certaines personnes à réclamer, pour les conserver et souvent pour les faire voir à tout venant, les reliques des hommes les plus distingués par leur sainteté, mais qui ne sont pas encore canonisés; à plus forte raison, quand il s'agit de certaines reliques qui prêtent au ridicule.

La mère de cet excellent ecclésiastique meurt quelque temps après son fils, laissant une petite somme d'argent à la sœur Gertrude, qui l'emploie aussitôt en bonnes œuvres, sans en laisser un centime à sa communauté. Parmi ces puristes, qui crient tous les jours contre les dons faits aux congrégations, combien en trouverait-on d'assez désintéressés pour suivre un tel exemple ? Qui voudrait, en pareille circonstance, se porter caution pour eux? Les voyez-vous, ces scrupuleux rédacteurs de certains journaux, ces romanciers délicats, ces âmes désintéressées, distribuant aux pauvres une somme d'argent léguée par la reconnaissance à leur mérite plus ou moins contestable?.... Vous riez, lecteur, c'est la seule réponse à faire à ces messieurs.

En général, il est bon de se défier de ces hommes généreux en paroles, qui, dans leurs journaux très-petits, dans leurs brochures très-légères et dans leurs feuilletons impossibles, brûlent de l'encens au nez du peuple, qui paie bien, qui paie toujours.

En 1848, n'avez-vous pas vu, sur une carte de restaurateur trouvée dans le Luxembourg, au compte de l'organisateur du travail, une côtelette à l'ananas 14 francs, payés sans doute par ses auditeurs et par tous ces bons citoyens français, qui bayaient aux corneilles, sans jamais recevoir dans leur bouche béante, même une seule alouette rôtie, bien loin de manger une côtelette de 14 francs pour tuer le verre? Avec cette somme, qui ne payait que le menu du déjeûner, un ouvrier ou une fille de la charité, se nourrit vingt-huit jours; car après tout, il faut bien qu'il en soit ainsi de l'ouvrier, qui gagne, en un jour, deux ou trois francs pour nourrir sa femme avec ses enfants, et de la sœur de charité, qui reçoit chaque année cinquante écus, juste le quart des gages d'une femme de chambre de seconde classe, et la dixième partie du prix que donne à son cuisinier un célèbre démocrate, se réjouissant tous les jours à bonne table du bien qu'il prodigue au peuple, dans ses journaux courant les rues, et demandant un petit sou aux ouvriers, qui se cotisent pour payer les dindes truffées que ce généreux citoyen dévore à belles dents, en buvant du champagne, à la santé du peuple.

Avis au peuple !!!…

Et revenons à la bonne sœur du peuple, qui n'a jamais trompé le peuple, elle !…

Si nous avons déjà dit bien des fois que la sœur Gertrude était charitable et compatissante, il ne faut pas en conclure qu'elle manque d'énergie quand l'occasion se présente. Lorsqu'elle rencontre des caractères difficiles, causant des peines à ses sœurs, oubliant le respect qui leur est dû, elle sait parfaitement bien mettre à leur place les personnes même les plus distinguées par leur naissance, ou par le rang qu'elles occupent dans la société. Trouve-t-elle de l'hypocrisie ou de la duplicité dans ses malades, promptement elle déchire le voile qu'ils portent au visage ; la franchise est l'apanage de son grand cœur. Sa loyauté a le mensonge en horreur, comme on peut s'en convaincre par l'exemple d'un vieux gascon, que **M. X.**, sans le connaître, confie à ses tendres soins.

Ce brave habitant des bords la Garonne, est un de ces petits baronnets, qui fourmillent en Guienne. Comme son nom ne sera pas plus connu que le nom de tous ceux dont je parle dans cette histoire, et que le lecteur ne le rencontrera jamais, puisqu'il est mort depuis longtemps, j'ai carte blanche et je taille en plein drap.

Il est modeste comme un Marseillais sur la Cannebière, confiant comme un sultan de Constantinople, propre comme un Breton de Quimper-Corentin, brave comme l'habitant du jardin de la France, et franc comme ses compatriotes.

Voilà le portrait du baron habitant avec moi chez la mère Gertrude ; j'avoue qu'il n'est pas flatté, mais il est vrai. Sa figure, à l'avenant de son caractère, n'a pas besoin d'être grimée pour déplaire. Il eût joué facilement, avec le plus grand naturel, le role de M. de Crac ou celui d'Harpagon. Passons maintenant à sa conduite dans la maison de santé de Lariche.

Les premiers jours, notre gascon est honnête, poli, gracieux même, autant qu'il peut l'être, avec le museau d'un renard et le front déprimé d'un singe ; mais il ne tarde pas à se montrer atrabilaire, acariâtre, impérieux. Ajoutons qu'il est malade imaginaire ; c'est une déception qui le conduit à l'hôpital et non la maladie. Charles X, avant 1830, avait promis, à celui qui buvait les eaux de la Garonne, une belle position sur les bords de la Loire. Malheureusement pour lui, l'infortuné monarque est chassé de son royaume par un cousin, qui n'est pas d'humeur à remplir les engagements de son prédécesseur. Voilà pourquoi le baronnet gascon, attendant inutilement une place qu'il ne doit point obtenir, vient passer quelque temps chez la bonne mère Gertrude. Cette espérance déçue fait tourner la bile du pétulant méridional, qui s'emporte tous les jours en récriminations, contre l'indélicatesse du roi des Français.

Pendant quelque temps, les bonnes sœurs qui le servent n'osent se plaindre de ses violents procédés, de ses paroles brusques, quand elles apportent son déjeûner ou son dîner, dans la crainte de faire quelque peine à leur mère. Cependant, cet état de choses ne peut durer longtemps sans arriver à ses oreilles, trop fines pour ne pas saisir au passage certains chuchottements, et ses yeux sont trop attentifs à la surveillance de sa maison, pour ne pas découvrir la cause de la tristesse de sœur Brigitte et des larmes de sœur Zacharie. Elle veut savoir ; elle sait.

Dans la première visite qu'elle rend à son malade, elle lui demande s'il n'a point à se plaindre des soins qu'on lui donne, si les mets qu'on lui sert sont frais et de bon goût, si le service de sa table, est bien fait, en un mot, s'il n'a point de réclamations à faire.

« Pas une, Madame la supérieure, répond l'effronté Gascon, pas une seule. Vos sœurs sont des anges, votre vin du nectar, et vos mets de l'ambroisie. »

La bonne mère, qui ne connaît point ce jargon, comprenant bien néanmoins, avec son esprit naturel, qu'il lui fait des compliments, lui dit en sortant : « Je n'en suis point étonnée, Monsieur ; c'est le langage de toutes les personnes que soignent mes enfants; car pour moi, ces sœurs sont de vrais enfants que j'aime comme une mère aime les siens. » Ces dernières paroles, bien articulées en fermant la porte, attirent l'attention du baronnet, qui prend la résolution d'être à l'avenir plus conve-

nable à l'égard des bonnes filles qui le servent ; mais les réso-
lutions gasconnes sont aussi mobiles que la langue des gascons. Au bout de deux ou trois jours seulement, il recommence
à se plaindre de plus belle :

Chassez le naturel, il revient au galop.

A ses paroles mielleuses et sucrées, succèdent des paroles
plus acides que le vinaigre et plus amères que l'absinthe. La
fine supérieure, qui le tient à l'œil, est cette fois plus promptement avertie. Elle s'aperçoit que ses pauvres sœurs tremblent
devant lui, comme un esclave devant son maître. Laissons-la
faire ; nous verrons bientôt qu'elle sait parler et agir à propos.

Un jour que l'orage gronde, éclate, la bonne mère frappe à
la porte, entre, et se trouve en présence d'un furieux, qui
menace de tout briser. Picarde et Gascon sont là, face à face.
Il me semble les voir tous les deux, et je crois encore entendre la supérieure, avec cette majesté qu'elle prenait dans les
grandes occasions, sans lui demander des nouvelles de sa
santé, l'apostropher en ces termes :

« Vous vous plaignez, Monsieur, des soins que vous donnent
mes filles ?

« — C'est vrai, Madame, je ne suis pas servi à la minute,
et le potage est mauvais.

« — Dans notre maison, Monsieur, les plus malades sont
servis les premiers, et les pauvres ont la préférence ; nous
sommes, avant tout, les sœurs des pauvres ouvriers. Ici vous
êtes chez eux, il est en ville des hôtels pour les riches, où
l'on est servi à la minute. Je vous le répète, Monsieur, ici

c'est l'hôtel-Dieu , l'hôtel du pauvre ; c'est donc par complaisance que je vous ai reçu dans ma maison.

« — Madame, je vais sortir.

« — Nous ne retenons personne ; si vous sortez aujourd'hui, demain la chambre sera prise par un malade qui respectera mes sœurs.

« — Vous vous emportez, Madame ?

« — Non, Monsieur, je défends mes sœurs, qui sont mes enfants, je vous l'ai déjà dit.

« — Enfin, vous me chassez de votre maison ?

« — Non, Monsieur, nous avons assez de charité pour ne point agir ainsi. Avant d'entrer ici, vous ne connaissiez point les sœurs hospitalières ; vous les connaissez maintenant. »

La leçon est bonne, le Gascon en profite.

A huit jours de là, cependant, de nombreuses opérations de la cataracte ayant empêché la bonne mère de faire sa visite quotidienne au baronnet ; le lendemain , elle en reçoit des reproches en entrant chez lui.

« — Monsieur, de nombreuses occupations dans les salles m'ont empêchée de vous faire une visite.

« — Oh ! je sais bien que vous préférez ces ouvriers ignorants, ces paysans aux mains calleuses, à.....

« — Oui, Monsieur.

« — Cependant, cadédis, je paie plus cher que ces manants.

« — Je ne suis pas une femme d'argent, mais une sœur de charité. Adieu, Monsieur, si vous avez besoin, la sonnette est auprès du lit. »

A peine est-elle sortie, que le vieux jaloux grince des dents et maudit le peuple que la sœur hospitalière a l'audace de préférer au baron. Pauvre homme ! il ne peut se persuader qu'il est dans le palais des pauvres, il veut encore se croire dans sa gentilhommière, où Jacques répond à tout propos : « Oui, Monsieur le baron ; » Jacques, tout à la fois son cuisinier, son sommellier, son portier, son cocher, son intendant, son homme d'affaires et son valet de chambre, car le baron n'a jamais été bien riche.

Que de barons et de Jacques dans le siècle où nous vivons ! ! !...

Il allait se calmer un peu, quand la pensée du terme, arrivant avec la fin du mois, vint le jeter de Charybde en Scylla. On est au 26, il faut payer le 30, et point d'argent. Après ses exigences et ses vanteries, comment faire attendre le paiement ? Son orgueil est à la cangue ; mais l'humble sœur Brigitte, entrant dans sa chambre, fait diversion à ses chagrins.

Il la reçoit d'abord avec une certaine timidité, qui n'est pas ordinaire au Gascon ; puis, se lançant à perte de vue dans les compliments, il fait le plus pompeux éloge de Madame la supérieure, louant son esprit naturel, son cœur généreux, sa charité divine et son sublime dévouement. Il remercie la Providence de l'avoir conduit dans une sainte maison, où l'on a pour lui tant d'égards. Il ajoute même, que nulle part il n'aurait trouvé une aussi grande exactitude dans le service et des soins aussi délicats. Bref, c'est un petit saint, notre baron sans argent à la veille du terme.

Sœur Brigitte sort tout embaumée des louanges qu'il avait données à sa mère. La bonne fille, qui n'avait jamais voyagé de Toulouse à Bordeaux, prend tous ces compliments à la lettre. Il n'en fut pas de même de la supérieure qui, devinant promptement la cause subite de la conversion de son pensionnaire, n'eût pas manqué de répéter avec le Troyen :

... Timeo Danaos et doña ferentes.

Mais, ignorant le latin, elle se contente de dire :

« Toujours craignons les éloges des Gascons.»

Le jour du terme arrivé, ce jour qui fait trembler les locataires sans argent et quelquefois grincer des dents le propriétaire qui s'en va les mains vides, la mère Gertrude fait au malade sa visite accoutumée; seulement, comme tous les propriétaires, elle n'a point en main le fatal reçu, ne fait pas même une allusion à l'échéance, et paraît plus aimable que les jours précédents. Notre gascon, touché d'un tel procédé, pour le payer en monnaie de son pays, recommence la litanie d'éloges et de compliments, qu'il avait débitée la veille, avec tant d'emphase, à la sœur Brigitte; ces éloges et ces compliments sont reçus, on le comprend bien, sous bénéfice d'inventaire. La conversation finie, on se quitte, pour ne plus se revoir que le lendemain.

Ce jour néfaste, un bon de poste de cent francs seulement, envoyé au baronnet, qui comptait sur mille, vient dire à la supérieure que, décidément, son pensionnaire n'est pas riche. Comment et quand sera-t-elle payée? Un maître d'hôtel, qui apprend de telles nouvelles, court vite à la cuisine, recommander au chef l'économie, au garçon la surveillance, et chez le commissaire de police, réclamer le droit de faire main basse sur les malles et les effets du pensionnaire, soupçonné du crime de pauvreté. Prudence humaine, après tout bien permise dans un temps, où tout marquis veut avoir des pages et tout prince des ambassadeurs, sans avoir d'argent pour les payer !

Mais que va faire la mère Gertrude, en pareille circonstance? Elle commande à ses sœurs des soins plus empressés, des attentions plus délicates, une exactitude encore plus minutieuse, au lieu d'une visite, elle en fait deux et trois les jours suivants, et dans ces visites, elle lui raconte des histoires picardes, pour lui faire oublier le terme échu, qui trouble son sommeil.

Le second mois se passe sans réclamations de la supérieure et sans un mot, un seul mot de paiement de la part du gascon, qui cependant paraît de plus en plus gêné dans la conversation; il pense bien qu'un jour ou l'autre, il faudra payer. Sa qualité de gentilhomme aurait pu le consoler autrefois; car, si l'on en croit la renommée, ces messieurs n'étaient pas bons payeurs. Mais les procédés de la bonne mère sont trop délicats, pour qu'il agisse ainsi; puis, Dieu merci, le temps est passé où, ces gentillâtres payaient leurs créanciers à coups de canne.

Après avoir longtemps tourmenté sa cervelle, pour y trouver le moyen de sortir, avec les honneurs de la guerre, du guêpier où sa misère et sa sotte vanité le retiennent captif, il prie sœur Zacharie de demander sa note à Madame la supérieure, quoiqu'il sache bien qu'à la fin du mois son compte monte à 200 francs (prix convenu en entrant : 100 fr. par mois).

Deux heures après, Madame la supérieure entre dans sa chambre, avec cet air aimable que nous lui connaissons. Tout d'abord, il n'est point question des termes échus. Elle engage le baronnet à soigner sa santé pendant le voyage, ajoutant que, plus tard, si jamais il revient à Tours, il trouvera toujours une chambre ouverte pour le recevoir, et des sœurs prêtes à le servir. Le pauvre baron, malgré sa fierté gasconne, ou plutôt à cause de cette fierté, s'agite sur son fauteuil comme sur une bourrée d'épines, balbutiant quelques remerciements vagues et sans suite. La bonne mère, qui n'ignore point la cause de son embarras, lui dit avec un air d'indifférence, qui voile sa charité : «Sœur Zacharie, Monsieur, a fait votre commission. Vous devez à la maison 60 fr. pour les deux mois !... »

Celui-ci, déliant les cordons de sa bourse, avec une reconnaissance mal déguisée, en tire trois napoléons, qu'il dépose dans les mains de la supérieure, en lui disant : «. Merci, Madame, de tous vos soins et surtout de vos excellents procédés. Vous savez ménager l'amour-propre du prochain ; Dieu vous en récompensera. »

Aux yeux de la foi, sans doute, les hommes sont égaux ; aux yeux de Dieu, les plus vertueux sont les plus nobles. Cependant, il faut tenir compte de l'éducation, de la position et des sentiments de chacun en faisant l'aumône. Si l'indigent, accoutumé à mendier, vous tend la main au passage, ne craignez point de l'humilier en lui donnant ouvertement ; c'est Lazare, le pauvre bien connu de la contrée ; mais vous avez un voisin dans la peine ; son commerce est arrêté faute de crédit ; il va faire perdre, sans manquer à sa conscience. Pour une centaine de francs qu'il vous doit, le conduirez-vous au tribunal, afin d'obtenir un jugement contre lui, en prison pour exiger le paiement de sa dette entière? Vous qui devez tant à Dieu, quand et comment le payerez-vous? car il a des ministres aussi lui, il est juge et ses prisons sont éternelles. Rappelez à votre esprit la parabole du débiteur insolvable, et, si vous voulez éviter son triste sort, cessez de maltraiter ceux qui vous doivent; ménagez ce pauvre ouvrier, qui vous demande quelques délais. Ne voyez-vous pas la rougeur qui monte à son front, quand il vous prie de l'attendre? Faites mieux encore, si vous le pouvez; la mère Gertrude vous donne un bel exemple à suivre, en faisant si délicatement des remises à son pauvre baronnet. Sans doute, en agissant ainsi, elle n'enrichit point sa communauté des biens de la terre; mais aussi comme le Dieu, frère des pauvres, répandait sur elle ses bénédictions à pleines mains !

Pendant les quarante-deux ans qu'elle reste dans sa maison, il est juste de dire, qu'elle ne donne pas un centime du produit de ses malades à la communauté; quelquefois même, la supérieure générale paye son boulanger. Alors, me dira-t-on : Comment s'est élevée cette magnifique demeure, qui reçut son dernier soupir? Par les mêmes moyens que la Grande-Bretèche, dont nous parlerons à la fin de ce volume, dans le plus grand détail, pour imposer silence à ces aboyeurs, toujours prêts à soulever le peuple, qu'ils abusent par d'affreux mensonges, contre ces maisons amies du peuple, toujours ouvertes pour le recevoir, quand il est malade, blessé, voire même interné. En effet, quels sont la plupart des malades qui

se rendent dans la maison de santé de La Riche? des ouvriers.
Pourquoi? pour être bien soignés à peu de frais : un franc cinquante centimes par jour, y compris le médecin et les remèdes.

Afin de répondre, une bonne fois pour toutes, à ces hommes
qui ne cessent d'attaquer vos sœurs, ouvriers, croyez-moi; pla-
çons ensemble une sentinelle intelligente à la porte de la
bonne mère Gertrude, et supposons, pour un instant, vis-à-vis,
le palais d'un de ces aboyeurs qui, dans les journaux ou ailleurs,
crient tous les jours haro sur les prétendues richesses des
communautés religieuses, et n'oublions pas d'y placer une
autre sentinelle, également intelligente; ensuite ouvrons les
yeux, les oreilles, et nous verrons et nous entendrons ce que
le peuple doit penser des religieuses et de leurs éternels calomniateurs.

Première sentinelle : — Qui va là? — un estropié porté par
quatre charpentiers; il vient de tomber du troisième étage.

Seconde sentinelle : — Qui va là? — un romancier, avec
équipage, un cocher sur le siége et deux valets derrière. Il
vient consulter son confrère, s'abonner à des journaux ou faire
une visite de cérémonie.

Fidèles sentinelles, continuons, qui voyez-vous entrer?

Chez la mère Gertrude, des blouses qui ne sont pas d'une
propreté irréprochable;

Chez ces messieurs, des habits brodés de soie et chamarrés
d'or et d'argent;

Chez elle, des figures pâles, blafardes, amaigries par un
jeûne forcé;

Chez eux, des figures rubicondes et champanisées.

Chez elle, des boiteux, qui demandent un bras pour s'appuyer ;

Chez eux, des gandins, des dandys, des lions, qui tuent le temps à ne rien faire ou à mal faire ;

Chez elle, un fournisseur apportant un morceau de bœuf pour faire du bouillon à ses malades ;

Chez eux, le pâtissier portant sur la tête, une corbeille de friandises ;

Chez elle, de pauvres vieilles qui demandent à vivre et à mourir en paix ;

Chez eux, une riche douairière qui réclame un quartier de rente pour le partager avec son épagneul ;

Chez elle, des épouses malheureuses qui viennent la consulter sans argent ;

Chez eux, de jeunes crinolines, qui déposent une carte ambrée pour demander un billet de spectacle ;

Chez elle, de jeunes filles sages qui demandent des conseils ;

Chez eux, des modistes ayant en main des mémoires qui font la terreur des maris ;

Chez elle, des malades ressuscités par ses soins, venant la voir et la remercier, sortant heureux de ses avis, et enchantés de son cœur, qui ne les a point oubliés ;

Chez eux, de malheureux débiteurs, qui s'avancent en tremblant, et qui sortent en mouillant de leurs larmes, les pavés brillants de la cour d'entrée ;

Chez elle, les filles du péché qui veulent se convertir ;

Chez eux, des auteurs qui veulent pervertir ;

Ouvriers, mes frères, où sont vos amis, où sont vos ennemis ?

Quels sont les calomniateurs et les calomniées ?

On vous trompe, on abuse de votre crédulité. Pauvre peuple, tu seras donc toujours tondu !

Combien d'écrivains éhontés vivent à vos dépens! ils ne donnent à vos esprits qu'un poison mortel pour nourriture ; tandis qu'avec votre argent, ils font des festins de Baltazar, en vous adressant les mêmes railleries qu'ils prodiguent à votre sœur, la fille de charité.

Ils vous vendent bien cher des lignes immondes, qui tuent l'honneur de vos filles, et qu'ils se gardent bien de mettre sous les yeux de leurs enfants. C'est votre argent qui paye les magnifiques tentures de leur salon, les émeraudes et les topazes qui brillent aux doigts de leurs femmes, et tous ces rapides équipages qui vous éclaboussent en passant : car il n'y a rien de plus orgueilleux que ces feuilletonnistes, ces romanciers et ces gazetiers, qui, plaignant ou chantant le peuple, le matin, dans leurs écrits, l'insultent le soir, en passant dans la rue avec de splendides voitures.

Pauvre ouvrier, tombé d'une maison, ou atteint d'une maladie subite, ne va pas à la porte de cet écrivain, pour lui demander des soins ou des secours ; elle est fermée pour toi à double serrure, et des boules-dogues en défendent l'entrée à ta blouse. Au trottoir, garde-toi de lui tendre la main en passant, comme il te la tend dans les colonnes de son journal ; ce n'est plus le même homme, je t'en préviens ; comme Janus, il a deux fronts ; crains qu'il ne te jette à la face cette apostrophe amère : « Retire-toi, homme en blouse, à la peau rugueuse, tu m'écorcherais les mains. »

Va plutôt, va, crois-moi, chez la bonne mère Gertrude ; sa porte est toujours ouverte et des chiens n'en défendent point l'entrée. Sa maison est destinée à soulager les douleurs de ton cœur, les peines de ton esprit et les angoisses de ton âme. Elle est à toi cette maison. C'est pour toi qu'elle a été bâtie. Il n'y a point de tentures magnifiques mouillées de tes sueurs, point de moelleux tapis arrosés de tes larmes, point d'équipages, point de valets, point de chevaux, comme chez les écrivains que tu nourris en achetant leurs lignes insensées, mais un lit en fer, une paillasse bien garnie, un bon matelas pour ton corps broyé par la fatigue, de la plume pour ta tête endolorie, une main de sœur pour te soigner, un cœur de mère pour te reposer.

Mormons de la presse, feuilletonnistes débraillés, écrivains mercenaires payés à la ligne, ouvrez donc aussi des hôpitaux pour vos lecteurs ! Pourquoi les abandonnez-vous, lorsqu'ils sont malades ?

Pourquoi détournez-vous la tête, quand vous les rencontrez ?

Pourquoi la hotte du chiffonnier vous fait-elle mal au cœur ?

Quoi ! vous fuyez à l'aspect de ces hommes qui trônent en héros dans toutes vos colonnes !

Vous, si braves avant l'émeute que vous lancez dans la rue, où fuyez-vous au moment du combat ? dans les carrières de Montmartre.

Après la victoire, où volez-vous si rapides ? Aux Tuileries pour y trôner, sans plus vous occuper des victimes dont les corps sanglants, vous ont servi de marchepied pour arriver au pouvoir.

La France les a vus trop souvent, hélas! ces hommes trompeurs, couverts des oripeaux du parti vaincu, dans leur triomphe éphémère, repus de viande et gorgés de vin, boire à la santé des héros qu'ils envoyaient à l'hôpital, à ces mêmes filles de la charité, que leurs feuilles, tous les jours, couronnent d'épines et couvrent d'un manteau d'écarlate.

Peuple, voici donc les saltimbanques qui, dans leurs parades, t'appellent à la bataille et à la mort. Après la victoire, pendant qu'ils montent au Capitole, tu descends à l'hôpital, heureux encore d'y trouver une main charitable pour soigner tes blessures, et t'indiquer le chemin qui conduit au ciel; c'est là seulement que tu règneras avec Dieu. Ici-bas, peuple trop crédule, tu seras toujours le jouet de ces hommes ambitieux, qui triomphent aussi joyeux sur ton cadavre, que sur les corps de ceux que ta main courageuse a vaincus. Ces hommes qui te crient si haut : Liberté, Egalité, Fraternité, ne sont que des liberticides, des fratricides et des despotes enragés. Par eux, pauvre peuple, je te le répète, tu seras toujours tondu. Mais quand tu n'auras plus de laine sur le dos pour te réchauffer en hiver, pense aux sœurs de la mère Gertrude, qui t'attendent dans leurs salles bien chauffées.

Quand tu n'auras plus de pain à mettre sous ta dent affamée, pense aux sœurs de la mère Gertrude; leurs mains sont toujours prêtes à t'en donner.

Quand tu n'auras plus d'espérance sur la terre, pense aux sœurs de la mère Gertrude; leur maison est la porte du ciel.

D'une main, elles portent le flambeau de la foi, de l'autre, celui de la charité. Avec ces deux flambeaux, elles te conduiront plein d'espérance au bonheur éternel, qui te consolera de toutes les peines, de toutes les souffrances, de toutes les privations, de tous les jeûnes forcés qui sont, hélas! ici-bas trop souvent ton partage; à moins cependant que tu n'essaies encore de frapper à la porte de cet athée qui t'a ravi la foi et le bonheur qui la suit. Frappe donc, pauvre peuple; mais il est sourd. Frappe encore; mais la porte ne s'ouvre point. Crie donc plus haut, demande-lui des soins et des remèdes pour ta maladie à 1 fr. 50 c. par jour. Mais il te rit au nez. Eh quoi! pauvre peuple, et vous, sœurs de la charité, vous serez donc toujours les plastrons de leurs indécentes railleries! Non, non; ouvrier, mon frère, je te confie la sœur qui t'a soigné au jour de tristesse et de maladie, pendant que ces saltimbanques couraient à leurs plaisirs sans penser à tes souffrances. Tu ne seras plus assez lâche pour l'abandonner à la fureur de ces hommes, qui t'abandonnent au moment du danger.

Tu peux compter sur elle à la vie, à la mort, à l'éternité.

Revenons maintenant à la bonne mère.

En disant, qu'il est des hommes qui prennent un masque d'hypocrisie pour se faire bien venir dans les hôpitaux, je n'étonnerai personne. Le lecteur ne sera donc point fâché de voir la mère Gertrude, aux prises avec un de ces comédiens, hélas! trop nombreux dans la société. Ce sera une bonne leçon pour bien des gens, même pour les charitables sœurs de la Présentation, qui, n'étant pas sur leurs gardes, pourraient bien être trompées ; car ces faits ne sont pas aussi rares qu'on le pense ; celui dont je parle s'est passé sous mes yeux.

La bonne mère Gertrude aimait, avant tout, une piété franche, sans aucun apprêt, sans aucun détour, une piété vraie qui part du cœur, une piété spontanée qui n'examine point autour d'elle, pour voir si l'on écoute les soupirs qu'elle pousse au Ciel, et les prières qu'elle adresse à Dieu. En un mot, elle aimait une piété sincère. Elle, qui soignait un mahométan avec la même charité qu'un chrétien, ne pouvait supporter ces mines confites qui font des signes de croix pour avoir des confitures.

M. X. passe chez elle un mois seulement. Dès le premier jour, il affecte tous les dehors d'une conscience timorée ; mais, dès le premier jour aussi, l'intelligente supérieure, ayant des soupçons qui ne tardent pas à se changer en certitude, dit à ses sœurs de se défier de lui, en ajoutant : « Moi seule je le soignerai, cet homme sent le besoin de cacher une âme bien noire, sous le manteau de la religion. » Elle tient parole, ses soins sont les mêmes que pour les autres malades, mais ses précautions sont infinies. Du matin au soir, elle le tient à l'œil ; l'hypocrite, qui s'en aperçoit, n'en cherche pas moins à la tromper. Mais, voyant enfin qu'il perd sa peine et son temps, il se hâte de déguerpir au bout d'un mois, pour aller scandaliser toute une contrée.

Quand j'eus, quelque temps après, l'occasion de revoir la bonne mère, elle me dit : « Vous rappelez-vous ce pharisien si facile à scandaliser, qui se trouvait en même temps que vous à la maison ? Eh bien ! je ne m'étais pas trompée ; c'est un malheureux, défiez-vous de l'extérieur, mon enfant, il est souvent trompeur. Oui, cet homme est un misérable de la pire espèce ; je n'ai jamais vu pareille horreur. » Seule elle avait deviné le monstre, qui passe encore pour un homme vertueux dans sa maison, car elle ne voulut point le faire connaître à ses sœurs. Mais, le misérable, à peine est-il arrivé dans son pays, que sa réputation s'écroule ; alors il scandalise tous ceux qu'il avait trompés, en justifiant la sagacité de la bonne mère.

Sans doute, il est des hommes qui peuvent avoir autant de discernement qu'elle ; mais ils sont rares. Eh bien ! malgré ce qu'elle connaît de ce malheureux, elle le plaint encore plus qu'elle ne le condamne, en disant : « Si nous avions comme lui une mauvaise nature, sans la grâce de Dieu, nous ne serions pas meilleurs que lui. »

A propos de discernement et de connaissance de l'espèce humaine, elle me dit un jour une parole bien simple, qui prouve jusqu'à la dernière évidence, la connaissance approfondie qu'elle avait de cette pauvre humanité. Je faisais l'éloge d'un excellent homme, qui, selon moi, n'a qu'un défaut, un seul, celui de dire tout le bien qu'il fait, et j'en paraissais étonné. « Que cela ne vous étonne point, me répondit-elle ; *les plus parfaits ont rarement le courage de cacher le bien qu'ils font.* » Cette appréciation était juste ; depuis j'ai eu bien des fois l'occasion de m'en convaincre.

Je n'abandonnerai point encore le chapitre de sa perspicacité avant de raconter au lecteur un petit fait que je tiens d'un professeur distingué, homme d'un grand sens et d'une prudence bien rare.

Un jour, une jeune fille se présente chez la mère Gertrude pour la consulter sur une double infirmité ; elle veut se faire passer pour sourde-muette. Par des signes, quoiqu'elle joue parfaitement son rôle, elle ne se fait que trop bien comprendre de la supérieure, qui devine une troisième maladie, bien plus grave, dont elle ne se plaint point. La bonne mère appelle ses sœurs, se met· à genoux avec elles, et la prétendue sourde-muette en fait autant. Après un instant de prière, la supérieure se lève, et d'une voix accentuée, s'écrie : Vous n'êtes pas sourde ?

« — C'est vrai, ma mère.

« — Vous êtes une misérable ; vous êtes dans le besoin, et voilà pourquoi vous feignez d'être sourde-muette.

« — Oui, ma mère.

« — Tenez, voilà des secours ; comportez-vous bien maintenant et ne recommencez plus cette comédie, autrement Dieu vous punirait. »

Jésus-Christ, avant elle, ne s'est-il pas contenté de dire à la femme coupable : Allez et ne péchez plus ? Comment se rencontre-t-il, même chez des chrétiens qui passent pour avoir de la conscience, des personnes assez peu chrétiennes, qui, bien loin de suivre un pareil exemple, accablent de reproches, d'invectives et d'injures, les malheureuses victimes des passions humaines ? Croient-elles les corriger en agissant ainsi ? Non ; humiliées par les reproches, surexcitées par les invectives, exaspérées par les injures, elles s'enflamment de colère ou s'abandonnent au désespoir, tandis qu'une parole de bonté comme celle du maître : « Allez et ne péchez plus, » ou bien ces autres paroles de la bonne supérieure, qui cherche toujours à imiter ce divin maître : « Ne recommencez plus, le bon Dieu vous punirait; » ces paroles, dis-je, produisent toujours un effet plus sûr et plus efficace sur les âmes appelées à se convertir.

Avant de terminer ce chapitre, j'ai beaucoup à dire encore et je ne sais comment m'y prendre, pour raconter une épisode qui n'est pas la moins belle des actions de celle dont nous écrivons la vie; mais comme il s'agit d'une histoire contemporaine, le lecteur ne doit point connaître le personnage en question.

Une pauvre fille, d'environ trente-six ans, avait passé sa vie dans l'oubli du monde qu'elle n'aimait pas et dans une famille qu'elle n'aimait guère. Longtemps elle fut scrupuleuse, et les scrupules, comme toujours, faussèrent son jugement. Dans sa jeunesse, elle avait commis une faute, et cette faute lui revenait souvent à la pensée. Malgré toutes les pénitences qu'elle s'imposait pour l'expier, elle croyait toujours que Dieu ne pardonnait point à son repentir. Ses pénitences étaient ridicules, souvent exagérées et toujours suivies d'un relâchement, qui pouvait avoir, et qui eut les plus funestes conséquences. Ce fut dans cet état, bien triste il est vrai, que ses parents, à bout de patience, ne pouvant plus supporter son caractère, la confièrent à la mère Gertrude, dont l'angélique patience fut assez grande pour la garder au moins deux ans dans sa maison.

Aujourd'hui, c'est un accès de folie qu'il faut apaiser; demain, de prétendues visions à combattre; un jour, des tentations horribles à calmer; le jour suivant, un découragement, une atonie qui la conduisent au désespoir; tantôt, des excentricités

qu'on ne peut écrire, tantôt, des raisonnements à perte de vue.
Sa nourriture, sa boisson, sa propreté, il ne m'est point permis
d'en parler. Chassée d'une maison où elle s'était rendue dans
un moment d'irritation, bientôt elle revient auprès de la
bonne mère, qui la reçoit encore ; elle se disait en elle-même :
Personne ne peut la supporter ; si je la refuse, où ira-t-elle,
pauvre enfant ? et cette pensée lui donnait assez de courage
pour la garder. Un jour, cette tête faible veut se rendre à la
Trappe, et la mère Gertrude paye son voyage. Elle revient
quinze jours après, et la mère Gertrude la reçoit toujours. Em-
portée par une imagination dévergondée, elle tombe dans les
erreurs de Pierre-Michel Vintras, et, cependant, la mère Gertrude la conserve jusqu'au moment où elle se rend chez une
parente, qui n'a pas de pain à lui donner ; et la mère Gertrude
paie sa nourriture. Bientôt la malheureuse abandonne sa tante ;
entraînée par la plus fougueuse des passions, elle se roule
dans la boue des plus sales voluptés ; mais elle pense encore
à la mère Gertrude, et cette pensée salutaire la tourmente.
Elle demande à la voir, et la voit ; elle pleure, sanglotte,
écoute ses conseils avec la soumission d'un petit enfant, fait
des promesses et retourne à son vomissement. Saint Jean
n'a-t-il pas donné un bel exemple à suivre, en courant après un
jeune égaré, qui pèche, se convertit, pèche encore, tombe, se
relève, retombe et finit par mourir en chrétien. L'excellente
supérieure, animée de la même charité, poursuit toujours,
poursuit sans cesse, la pauvre créature jusqu'au moment où
par ses soins, elle entre dans une maison qui, maintenant, peut
être pour elle la porte du ciel.

Que d'hommes seront condamnés au dernier jour, quand leur charité sera mise dans la balance de la justice divine, pour être comparée avec la charité de la sœur de la Présentation ! Que d'âmes perdues, parce qu'elles ne trouvent point de mains tendues pour les relever de leur chute ! Grand nombre de chrétiens eux-mêmes ne semblent-ils pas avoir oublié les oracles de celui qui recommandait aux siens, d'abandonner les quatre-vingt-dix-neuf brebis rassemblées au bercail, pour courir après la centième égarée au désert. Puissances de la terre, vous qui condamnez si vite et quelquefois même sans vouloir les entendre, des hommes qui valent mieux que vous, revenez donc à l'école de Jésus-Christ, à l'alphabet de l'Evangile, pour apprendre à pardonner, vous qui avez si grand besoin de pardon. Jadis, la vierge de Nanterre donnait des conseils aux grands de son siècle, et les grands de son siècle suivaient ses conseils, et ils étaient saints ; faites de même, suivez l'exemple de la charitable sœur de la Présentation, et vous deviendrez saints comme eux. Sinon, tremblez, car il est écrit des enfants de Satan, qui n'ont point de charité pour leurs frères, qu'ils seront, un jour, marqués au front, du sceau de la bête.

CHAPITRE XI.

Le zèle.

Quam pulchri super montes pedes annun-
tiantis bonum , prœdicantis salutem !

Sur les montagnes qu'ils sont beaux
les pieds de celui qui annonce le bien et
qui prêche le salut !

(*Écriture sainte*).

La mère Gertrude ne se bornait pas à soigner les plaies, à consoler les cœurs et à sanctifier les âmes dans la petite enceinte de sa maison de santé; sa charité eût été trop à l'étroit. Au dehors, elle réconciliait les ennemis, faisait rentrer dans le devoir ceux qui s'en écartaient. Les affligés, comme elle savait les consoler ! Les deshérités de la fortune, comme elle venait délicatement à leur secours! Quelle indulgence pour les défauts d'autrui! Comme son cœur s'ouvrait chrétiennement à tous les malheureux indignement abandonnés, délaissés, conspués ! C'est surtout pour de telles infortunes qu'elle avait un cœur de mère. Bel exemple, sans doute, légué à la communauté!.... mais quelle leçon pour ces natures hésitantes, qui tremblent toujours de se compromettre, en venant au secours des opprimés, pour ces égoïstes dont les lèvres ne s'ouvrent jamais que pour savourer à satiété les louanges qu'ils s'adressent à eux-mêmes, avec une impudence qui n'a d'égale que leur stupidité.

Prouvons par des exemples ce que nous avons avancé.

Un jour, M. l'abbé X..., supérieur d'un petit séminaire, fut forcé de quitter cet établissement ; sans feu et sans lieu, chassé, comme autrefois David par son fils Absalon, qui voulait régner à sa place, semblable à son divin Maître, qui n'avait point où reposer sa tête, éloigné de ses élèves qu'il aime, délaissé de ses professeurs, abandonné de ses amis qui craignent pour eux les éclats de la bombe qui vient de le frapper, que deviendra-t-il, sur le pavé,... à son âge,... sans fortune,... après avoir occupé un des postes les plus élevés du diocèse ?...

Consolez-vous, pauvre victime ! Si toutes les portes vous sont fermées, celle de la Présentation vous est ouverte. La mère Assomption et la mère Gertrude ne redoutent point, elles, le vide immense, injuste, qui s'est fait autour de vous, ni l'éclat du tonnerre qui vous a foudroyé !...

Je le vois encore, ce malheureux abandonné, je le vois s'acheminer seul vers le faubourg Lariche. Que se passe-t-il dans son âme de prêtre et dans son cœur brisé ? Dieu seul le sait ; il avait trop de vertu pour le dire à un autre.

Il arrive et frappe à la porte ; la porte s'ouvre ; il est reçu comme un martyr, et, précisément parce qu'il est abandonné de tous,... seule, la mère Gertrude ne l'abandonnera pas. Son poste, à elle, est auprès du malheur; jamais elle ne l'a déserté. Elle cherche, par ses attentions, à lui faire oublier les injustices des hommes; elle voudrait en faire un vicaire général, un évêque, un archevêque, un cardinal même, parce qu'il est un martyr.

Je n'ai point oublié les premières paroles qu'elle m'adressa, lorsque j'allai la voir après l'arrivée de son martyr, car c'est le nom qu'on lui donnait dans cette pieuse maison :

« M. X. est ici. Vous irez le voir, n'est-ce pas ?

« — Oui, ma mère.

« —Il souffre beaucoup, sans dire un seul mot. Il est si parfait, cet homme !

« — C'est vrai!

« — Eh bien ! avant d'entrer dans ma chambre, allez dans la sienne.

« — J'y vais! »

Ma visite faite au martyr, je passe chez la bonne mère. Ses yeux pleurent, mais sa bouche est muette; elle ne veut pas, elle, juger les puissances de la terre qui l'ont jugé ; mais ses soupirs, mais ses sanglots trahissent sa pensée.

Depuis ce temps, M. l'abbé X..., nommé vicaire général, puis curé de cathédrale, n'a jamais oublié jusqu'à sa mort la mère Assomption, ni la mère Gertrude, ni toutes les sœurs de charité de la Présentation, qui l'avaient reçu et vénéré comme un martyr, pendant que d'autres triomphaient un instant de sa défaite.

Cette histoire et la suivante prouvent suffisamment que son cœur s'ouvrait chrétiennement à tous ceux qui avaient été indignement délaissés, abandonnés, conspués.

Un jour, apprenant qu'un professeur catholique, qu'elle connaissait pour lui avoir donné des soins dans sa maison, forcé de quitter l'enseignement, sur le point de faire banqueroute, condamné par un conseil académique où siégait un ministre protestant, est réduit, pour vivre et pour payer ses dettes à donner des leçons à 30 centimes le cachet et à tenir les livres d'un menuisier à 5 francs par mois, son cœur est profondément ému. Comme la politique est la principale cause du malheur de ce pauvre interné, personne n'ose le visiter. Sans avoir de crécelle à la main, l'infortuné lépreux met en fuite tous ceux qu'il rencontre dans la rue. Les indifférents le méprisent, ses amis d'autrefois détournent la tête pour ne pas le saluer au passage. Ses anciens maîtres le traitent avec une pitié insultante. Seul, de tous ses anciens amis de la ville, un vieux docteur, vrai samaritain, lui donne un morceau de pain à sa table et une place au coin de son feu.

Toutes les polices ont l'œil sur cet homme dangereux, qui avait eu le tort impardonnable de compter trop d'amis dans la classe où Jésus-Christ a choisi ses apôtres.

A ces nouvelles, la mère Gertrude, sans peur comme sans reproche, appelle chez elle le professeur, l'interroge sur sa position, lui donne des avis, le console et l'engage à venir souvent la voir. Elle fait plus encore, en le recommandant à la supérieure de la société alimentaire, qui lui vend des déjeuners et des diners à dix centimes.

Mais, quand elle apprend que la mère de l'interné, femme des plus honorables, âgée de soixante-seize ans, atteinte d'une maladie mortelle, après avoir soigné et nourri les pauvres d'une petite ville, pendant vingt-trois ans, chassée de sa propre maison par un ami triplement faux, avait été forcée de se réfugier auprès de son malheureux fils ; quand on vient lui dire que c'est lui qui fait le lit de sa mère, qui lui prépare sa nourriture, qui lui donne enfin, jour et nuit, avec l'aide d'une bonne vieille voisine, tous les soins qu'une fille donne à sa mère, elle prend sœur Augustine avec elle, et vole au secours des deux exilés !....

Elle entre dans la chambre de ces deux pauvres êtres, avec la simplicité d'une mère qui visite ses enfants dans la peine. A sa vue, la mère et le fils pleurent de reconnaissance, et la mère prend les mains de la généreuse fille de charité, pour les baiser ; et le fils pleure, et la mère qui va bientôt mourir, lui recommande son fils, et la bonne sœur promet de ne jamais l'abandonner, et le fils pleure, et il pleure encore en entendant la demande et la réponse de ses deux mères : « Hélas ! il est maintenant orphelin !.... »

Après une visite d'une demi-heure, durant laquelle l'excellente supérieure avait fait couler le vin généreux de la consolation dans ces deux cœurs désséchés par la douleur, cet ange de bonté sortit, en promettant de revenir voir la pauvre septuagénaire, exilée, avec son fils, d'un pays qu'ils avaient tant aimé, en ajoutant : « Je ne vous oublierai jamais !!!. »

Chaque fois que le fils parle de cette visite, et il en parle souvent, de grosses larmes coulent de ses yeux. Pour lui, sœur Gertrude est une seconde mère, qu'il n'oubliera pas plus que la première. Le jour de ses funérailles, accompagné d'un de ses parents et de trois amis, il pleure sur sa tombe comme il avait pleuré sur la tombe de sa mère.

Ces deux faits, je pense, n'ont pas besoin de commentaires.

J'ai dit que la mère Gertrude compatissait à toutes les misères humaines; le lecteur verra si je me suis trompé. Un homme, dans l'enseignement primaire depuis quelques années, se laisse aller, dans un moment d'oubli, à des actes qui le conduisent aux galères pour dix ans. Si l'on ne vient promptement à son secours, sa femme et ses enfants sont déshonorés et sans pain. Un billet de six cents francs avait été signé; point d'argent, il faut cependant le payer. Cette affaire, prenant des proportions effrayantes, allait être portée au procureur impérial. La mère Gertrude en est avertie; mais elle n'a point d'argent. Comment faire? s'adresser à des amis!... la somme est bien élevée. Cependant elle essaie, mais en vain. Alors elle parle au curé de la paroisse de cette malheureuse famille, et plaide si bien sa cause auprès de lui, que le bon prêtre consent enfin à prêter la somme demandée. Le pauvre pêcheur est sauvé, sa famille a de l'honneur et du pain, et lui-même est dans une bonne position qu'il remplit honorablement, ignorant encore la main discrète qui l'a sauvé.

La bonne mère, qui ne se vantait pas à tout le monde de ses coups faits à la sourdine, avait heureusement assez de confiance en moi pour me dire la joie qu'elle ressentait au cœur, quand elle avait rendu des services au prochain, prétendant, disait-elle, obtenir par ce moyen quelque remise des dettes qui la retiendraient trop longtemps dans les prisons du purgatoire. Ces faits et ces paroles, je les conservais précieusement dans ma mémoire; aujourd'hui, je suis heureux de les dire à la

France entière, pour édifier les uns et pour faire connaître aux autres la fille de charité de la Présentation, qu'ils n'avaient point été à même, jusqu'ici, de connaître et d'apprécier.

Ce dernier fait ne prouve pas seulement que la bonne supérieure savait compatir aux faiblesses humaines, il met aussi en relief son génie à sauver du naufrage une famille malheureuse sur le point de sombrer dans un océan de douleurs.

Ce n'est pas la seule fois, comme nous allons le prouver par un autre exemple, qu'elle ait sauvé des réputations compromises.

Une charité mal interprétée allait scandaliser ; mais la bonne mère, qui a tout vu, tout entendu, tout compris, avertit, et une vive lumière brille encore, quand elle allait s'éteindre au souffle de la calomnie. Un jeune homme, qui voulait s'instruire, allait sans trop de prudence, recevoir des leçons et demander des conseils dans une maison où l'on avait deux fois son âge. Personne n'y fait attention tout d'abord ; puis on s'en occupe. Le voisin le dit à la voisine et la voisine à dix autres. Certainement il ne se passe aucun mal ; mais comme dans une certaine caste, on ne se gêne pas de critiquer, d'attaquer, de calomnier les personnages les plus haut placés, des bruits souterrains, avant-coureurs de l'éruption du volcan, se font entendre. Ces bruits parviennent aux oreilles de la prudente sœur, qui les méprise d'abord ; mais voyant le cratère béant sur le point de lancer ses laves impures, elle essaye d'une démarche qui lui coûte, mais qu'elle seule peut faire avec son âge, sa réputation et l'estime dont elle jouit dans la contrée ; ses avertissements, bien accueillis d'abord, sont trop vite oubliés. Heureusement, lorsqu'une bonne action germe dans son cœur, jamais elle ne lâche prise. Elle revient donc à la charge, parle plus haut, et fait comprendre le mal qui peut résulter d'une telle imprudence. On l'écoute, son conseil est suivi, le jeune homme ne revient plus, et le scandale avorté laisse aux personnes intéressées le temps de raisonner à froid, et de comprendre le service immense que la sœur de charité rend à leurs familles. Je suis certain qu'ils suivront l'exemple donné par la prudente supérieure en avertissant ceux qui courraient les mêmes dangers; de sorte que la mère Gertrude fera du bien même après sa mort, par les sages conseils qu'elle a donnés pendant sa vie.

N'avons-nous pas dit aussi que cette fille de la charité réconciliait les ennemis et faisait rentrer dans le devoir ceux qui s'en écartaient? Un seul exemple va prouver notre thèse.

Une femme du peuple avait beaucoup à souffrir de la conduite de son mari; ce qui n'étonnnera personne dans le temps où nous vivons, puisque, maintenant, on passe le dimanche au cabaret au lieu de le passer à l'église; puisque le chef de la famille habite, ces jours-là, les cafés ou les cercles qui ne valent pas mieux, au lieu de rester avec sa femme et ses enfants; puisque la lecture de l'évangile, qui commande le sainteté du mariage, est remplacée par les romans de ces femmes échevelées, qui prêchent le libertinage au sein de la famille.

Natures infâmes, qui ne se contentent pas d'agir comme les bacchantes du paganisme, mais qui veulent entraîner, avec elles, les natures honnêtes dans les fêtes nocturnes de cet impur démon, qu'on appelait la bonne déesse, parce qu'elle prêtait les ténèbres de son temple à toutes les orgies des plus dégoûtantes voluptés.

La femme dont nous venons de parler, bonne, honnête, chrétienne, supporte avec une longue patience les mauvais traitements de son mari formé à l'école du jour, sans articuler une seule plainte à personne. Sa santé s'altère de jour en jour par les exigences de cette brute, qui devrait, en la ménageant, se ménager elle-même. Quand la religion ne préside plus aux droits ni aux devoirs de l'homme, il abuse de tout, même à ses dépens ; aussi ce malheureux tombe-t-il lui-même dans un marasme, qui va le conduire à la tombe. De guerre lasse enfin, l'infortunée victime sent l'impérieux besoin d'un appui, d'un conseil, d'une confidente sûre ; à Tours, elle est facile à trouver : la mère Gertrude est là. Sa porte est toujours ouverte aux souffrances de l'âme et du corps, et la pauvre créature a besoin de remèdes pour les deux. Voilà donc en présence de la chaste épouse de Jésus-Christ, la femme d'un débauché. D'un côté, une charité sans bornes ; de l'autre, une confiance illimitée. Que va-t-il se passer ? L'une dit avec simplicité les mauvais traitements de son mari, ses exigences et ses infidélités aussi dangereuses pour elle que pour lui ; l'autre console, donne des avis, des remèdes, et promet des prières, en engageant à prier. Pendant que la pauvre femme se rend chez elle, emportant des consolations, des promesses, de l'espérance même avec les remèdes ordonnés, la sœur appelle à son secours ses pieuses compagnes et leur dit : « Prions. »

Quelques jours après cette visite, qu'il ne connaissait pas, le mari vient aussi consulter la mère Gertrude pour un mal aux pieds. Une autre l'eût peut-être mis à la porte ; la fille de charité de la Présentation le reçoit avec une douce gravité, panse ses plaies et l'engage à revenir plus tard lui montrer sa blessure. En la quittant, ce misérable lui dit, comme tout le monde : « Merci, bonne mère Gertrude, merci. Que vous donnerai-je pour tant de soins et de bontés ?

— Rien, rien, sinon la promesse d'être meilleur pour votre femme, de la respecter, de la ménager, en un mot cessez d'être un..... »

J'ai su par un ouvrier, auquel cet homme avait parlé de sa visite à la supérieure de la maison de santé, que la leçon avait porté son fruit, que la paix régnait dans son ménage, et que sa femme n'avait plus à se plaindre autant de ses mauvais procédés.

La charité est vraiment un piége divin ; tendu par une main adroite, il allèche le pécheur qui s'y laisse prendre ; mais pour le bien tendre, il faut avoir la foi, la charité et l'esprit naturel de la mère Gertrude.

Je disais, en faisant l'éloge de cette généreuse hospitalière, dans le *Journal d'Indre-et-Loire* du 10 juin 1865 : « Les déshérités de la fortune, comme elle venait délicatement à leur secours ! » Ensuite je parlais d'un vêtement tout neuf qu'on lui avait donné, et dont elle revêtit un de ces déshérités de la fortune. Or ce vêtement est une capote toute neuve, qu'elle métamorphose en soutane ; voici à quelle occasion.

En 1830, le séminaire de Tours, comme tous les séminaires

de France, avait été promptement évacué. Deux cents élèves avaient porté dans leurs familles, la désolation, la crainte et, l'épouvante. On ne savait trop quelle serait l'issue de cette révolution, si grosse de tempêtes contre l'Église. Quelques personnes mêmes, ayant la bonhomie de croire que l'autel est soudé au trône, voyant le trône brûlé, croient déjà l'autel en cendres : erreur qui, Dieu merci, n'existe plus. Nous savons, maintenant, que la religion n'a pas besoin de tel ou tel chef politique pour régner dans les cœurs. Au gouverneur qui la protége, merci ; à celui qui la persécute, encore merci. Le sang des martyrs fait pousser des chrétiens ! L'Église rend à César ce qu'elle doit à César ; et pour elle César est celui qui commande, et quand César a passé, l'Église est encore là. Elle obéit volontiers à toutes les puissances de la terre, pourvu qu'elles respectent ses dogmes et sa morale ; autrement non. Voici pourquoi vous l'admirez aujourd'hui, impérialiste à Paris, royaliste à Vienne, républicaine à Washington, mais toujours et partout romaine.

Après cette digression, revenons à la capote métamorphosée en soutane.

Dans une campagne, à sept lieues de Tours, existait en 1830 un excellent curé. Il eût donné volontiers sa vie pour attester sa foi ; mais il avait au séminaire un parent qu'il aimait plus que lui-même. Ce parent n'étant pas encore dans les ordres, il craignait de l'exposer aux dangers qui semblaient menacer le clergé. La mère Gertrude, qui les connaît tous les deux, vient les visiter pendant les vacances. Après le dîner, la conversation s'engage sur les événements du jour. Le bon curé est triste, la mère Gertrude calme, le jeune homme comme on est à vingt ans. « Mon ami, dit le bon prêtre à son parent, tu sais combien je t'aime, combien je serais heureux de te voir monter à l'autel! cependant je t'ai cherché et trouvé une place dans une bonne maison. Crois-moi, ne retourne pas cette année au séminaire. Si la révolution s'apaise, plus tard nous verrons. Les temps sont mauvais, mon enfant; le tonnerre gronde à l'horizon.

« — Précisément parce que les temps sont mauvais et que le tonnerre gronde, je veux être prêtre le plus tôt possible.

« — Ce n'est pas prudent; dans quelques jours peut-être, je demanderai mon pain à la terre de l'exil.

« — Eh bien! j'irai avec vous.

« — Et l'échafaud de 93! y penses-tu?

« — J'y monterai avec vous. La vie n'est pas déjà si belle! J'irai plus vite et plus sûrement au ciel.

« — C'est bien; mais le séminaire a perdu ses revenus, et tu n'es plus boursier.

(La mère Gertrude.) « — Je paierai pour lui!...

« — Pour te donner des vêtements, tu sais combien ta mère est gênée avec ton beau-père.

(La mère Gertrude.) « — Je lui en donnerai!... »

Le lendemain de cette conversation, la bonne mère emmène avec elle le jeune séminariste pour soigner sa convalescence. Le jour suivant, dès le matin, elle entre dans sa chambre avec un tailleur de la ville. En les voyant tous les deux, le séminariste ne s'expliquait pas la présence d'un étranger à cette heure, quand la bonne mère vint le tirer de peine en disant au tailleur : « Voyez si cette petite capote peut faire une soutane à ce grand abbé. » Après quelques minutes d'inspection, faite sur la capote et sur la taille du grand abbé tout ébahi, l'homme expert portait, avec la gravité d'un sénateur romain, cette sentence : « Oui, en ajoutant la cependant quelques morceaux.

« — Bien, Monsieur ; vous les acheterez et je les paierai.

« — Très-bien, Madame la supérieure. »

Plus tard, quand le séminariste reconnaissant voulait lui parler de sa capote neuve qu'il avait usée en soutane, elle lui disait avec un sans-façon maternel admirable : « Tais-toi, grand sot, tu m'ennuies. »

Ce séminariste devenu prêtre, entraîné par des circonstances difficiles, cause quelque peine à sa bienfaitrice; ce qui n'empêche pas la fille de charité, restée sa mère bien-aimée jusqu'à son dernier soupir, de lui donner sa bénédiction la surveille de sa mort; bénédiction, qui mérite d'être citée comme un monument de la foi la plus vive; car ce n'est plus seulement un fils adoptif qui la demande, c'est un prêtre qui tous les jours monte à l'autel, en ce moment à genoux au pied de son lit.

« — Ma mère, votre bénédiction ?

« — *Que le Seigneur Dieu tout-puissant bénisse son prêtre pour le présent et pour l'avenir.* »

Sublime improvisation de la charité dominée par la foi !

Transporté de reconnaissance, le ministre du Seigneur ose demander la main qui l'a béni pour lui dire : « Pardon ! adieu ! merci ! adieu !

La sœur Augustine seule était présente à cette dernière entrevue. Quelle ne fut pas son émotion en entendant ces adieux suprêmes d'une vierge au cœur maternel et d'un prêtre son fils adoptif ! ! ! !

CHAPITRE XII.

Les communautés cloîtrées.

La mère Gertrude était la providence des communautés cloîtrées ; son expérience en médecine lui avait ouvert la porte de
ces pieuses maisons, qui, privées maintenant de ses soins
éclairés, attendront bien longtemps peut-être une autre mère
Gertrude.

Marie-Angélique-Élisabeth, sœur de l'Incarnation, supérieure des Carmélites de Tours pendant trente-cinq ans, était,
depuis trois années, atteinte d'une cécité presque complète. On
avait d'abord essayé d'un traitement énergique pour combattre
les progrès du mal, qui toujours augmentait, malgré les
sangsues, les sinapismes et les vésicatoires. Tous ces moyens
n'ayant servi qu'à mettre en relief la patience de la pieuse
carmélite, sans produire aucun effet, puis une double cataracte
s'étant formée, une opération seule pouvait rendre la vue à la

sainte fille du Carmel. L'extraction fut décidée et le jour de l'opération fixé.

L'opérateur est tout naturellement M. Herpin, chirurgien distingué et depuis longtemps exercé dans l'art dangereux d'extraire la cataracte. Mais il lui faut un second pour tenir la paupière. Qui choisira-t-on ? la mère Gertrude.

M. l'abbé Alleron, cet excellent curé de La Riche, dont nous avons déjà parlé, disait que tout ce qu'il connaissait de plus élevé en foi et en charité, se trouvait réuni chez la mère Gertrude et la mère de l'Incarnation. Sous la direction d'un tel homme, ces deux grandes âmes, qui contractèrent une espèce d'affinité spirituelle, se rendaient l'une à l'autre un témoignage bien mérité, que l'opinion publique ne manquait jamais de ratifier.

Le jour de l'opération arrivé, s'oubliant toujours pour les autres, malgré les infirmités et les douleurs aiguës qu'elle ressent depuis longtemps, la fille de la charité se rend auprès de la fille du Carmel. C'était la vierge de Nazareth allant visiter sa parente au sommet des montagnes.

A son arrivée, trouvant le docteur Herpin qui se met à l'œuvre, en présence des sœurs de la pauvre aveugle, la mère Gertrude est priée de tenir la paupière, quoiqu'il y ait un autre médecin présent à l'opération, et l'acier du docteur, sous les doigts de la charité, rend la vue à la fille de la prière, comme autrefois le fiel du poisson, dans la main du fils de Tobie, fit tomber les pellicules qui voilaient les yeux paternels.

La gratitude chez les chrétiens, chez les religieuses en particulier, n'éclate point comme dans le monde, en bruyantes fanfares qui tourbillonnent et s'évanouissent dans les airs.

C'est un sentiment profond, qui se traduit toujours en prières et quelquefois en dons mille fois plus précieux que l'or et l'argent. Aussi, depuis ce moment jusqu'à la mort de la mère Gertrude, on fit des prières au Carmel de Tours, pour obtenir de Dieu quelques soulagements à ses souffrances, et le jour de ses funérailles, on demandait avec instance au Dieu de l'Eucharistie, pour la sœur de la Présentation, la grâce d'aller trouver au ciel celle qui fut sur la terre son amie ; la sœur de l'Incarnation était morte depuis quelque temps.

Un reliquaire, donné par la bonne carmélite à la mère Gertrude, grâce à Madame la supérieure de la Présentation, est entre mes mains comme souvenir précieux de ma bonne mère. En le considérant ce matin avec beaucoup d'attention, j'y trouve des reliques de saint Martin, de sainte Thérèse et de sainte Marguerite, au milieu la sainte Vierge caressant l'Enfant Jésus. Au-dessus de la mère de Dieu : *Immaculée conception* ; au-dessous, cet épigraphe :

> L'original de cette image
> Est un chef-d'œuvre si parfait,
> Que le Tout-Puissant, qui l'a fait,
> S'est enfermé dans son ouvrage.

Ingénieuse pensée qui renferme dans un même cadre :

L'Immaculée conception, dont le dogme, proclamé par l'immortel Pie IX, causa tant de joie aux deux amies ;

Des reliques de sainte Thérèse, données par une carmélite à une vierge que le monde appelait Marguerite et que l'exemple de saint Martin a fait en Touraine le modèle des sœurs hospitalières :

THÉRESE, MARTIN, MARGUERITE ! ! !

Ce n'est pas assez pour la mère Gertrude de prêter ses mains à l'opération qui rend la vue à la supérieure des Carmélites, elle veut encore dessiller les yeux de ces hommes si nombreux dans le monde, détestant, méprisant, calomniant sans les connaître ces pieuses filles de sainte Thérèse, qui passent les jours et les nuits à travailler et à prier pour les femmes et les enfants de ceux qui les détestent et les méprisent. Après sa communauté, c'est bien le Carmel que la mère Gertrude préfère à toutes les autres maisons religieuses. Or, vous n'ignorez point comment elle défend ceux qu'elle aime. Vous savez déjà qu'elle ne ressemble point à la brebis, qui se contente de bêler inutilement quand on enlève ses agneaux, mais qu'elle protége ses amis, comme une poule défend les poussins qu'on veut lui ravir. Pour vous en convaincre de plus en plus, lisez le dialogue que je vais mettre sous vos yeux.

Il y a longtemps, un maire de Tours, que je ne nommerai point, faisait de fréquentes visites à la maison de santé de La Riche, soit pour y placer des ouvriers malheureux, soit pour remercier la supérieure, dont il ne tarde pas à connaître le sublime dévouement. Mais comme, en naissant, il a sucé la haine de la religion et qu'il n'aime point tous ceux ni celles qui sont couverts de ses livrées, ses premières visites sont d'une réserve qui fait sourire la bonne petite mère ; c'est le nom qu'il lui donne toujours dans la suite. Il faut bien avouer que cette réserve glacée se fondit promptement au feu de l'ardente charité de la bonne petite mère !

Un jour, après lui avoir adressé des remerciements pour les malades qu'elle avait rendus à la santé, le maire ajoute, dans l'effusion de sa reconnaissance, cette phrase banale, stéréotypée sur les lèvres des ignorants et des ennemis de la religion.

« Bonne petite mère, je vous estime, vous et vos sœurs, parce que vous rendez service aux pauvres, aux ouvriers, à l'humanité toute entière. Mais il n'en est pas ainsi des carmélites complétement inutiles à la société, ni de toutes ces communautés cloîtrées, que l'on ne voit jamais, et qu'on entend à peine, par un guichet bien voilé, bien grillé. Je vous l'avouerai franchement, si j'étais le maître, elles ne resteraient pas longtemps derrière leur grille. A quoi bon toutes ces bouches inutiles ? Non, je ne les aime pas, vos carmélites, et je ne les aimerai jamais.

« — Merci pour nous, Monsieur le maire ; mais vous paraissez bien injuste à l'égard des communautés cloîtrées, permettez-moi de vous le dire.

« — A quoi servent-elles, je vous le demande ?

« — D'abord à prier pour ceux qui ne prient point.

« — A quoi bon prier ? Dieu n'est-il pas trop au-dessus de nous pour écouter de si chétives créatures !

« — Mais n'est-ce pas Dieu qui les a faites, ces créatures si chétives ? N'est-ce pas lui qui leur a donné la raison pour s'en servir ? Et sa bonté les délaisserait et les repousserait loin de lui ! Ah ! vous blasphémez Dieu, Monsieur le maire, en disant qu'il méprise le chef-d'œuvre de ses mains !

« — Allons ! passe, je le veux bien ; mais à quoi bon le prier, puisqu'il est si bon, et qu'il connaît si bien tous nos besoins ?

« — Vous connaissez aussi, Monsieur le maire, tous les besoins de vos administrés ; s'ensuit-il qu'il n'est jamais une demande à vous faire, des actions de grâce à vous rendre ?

« Les animaux qui crient dans la forêt prient Dieu dans leur langage ;

« Le lion blessé au désert l'appelle à son secours, et Dieu l'écoute ;

« Et la voix de la créature la plus parfaite de la création ne monterait jamais à l'oreille du créateur !...

« — Vous priez aussi, vous, bonne petite mère ; mais vous travaillez en même temps à soulager le prochain ; tandis que vos carmélites ne font rien pour la société. Ce sont des égoïstes qui prient pour elles, mangent bien, boivent de même et dorment toute la nuit sans inquiétude.

« — Allons donc ! Monsieur le maire: elles dorment six heures et vous dix ; elles prient de neuf heures à onze heures du soir, pendant que vous dansez ; elles mangent des pommes de terre, et vous des truffes ; elles boivent de l'eau claire, tandis que vous faites couler le Bordeaux et le Champagne à pleins verres ; elles se donnent la discipline, quand vous dormez.

« — Vous avez de la malice, petite mère, je ne l'aurais pas cru.

« — Vous aimez tant la vérité, que vous me passerez cette malice, si tant est qu'il y ait malice.

« — Au moins, vous avouerez qu'elles ne font point d'aumônes?

« — D'abord, elles font l'aumône de la prière à ceux qui ne prient point, Monsieur le maire; et ils sont nombreux. Ensuite détrompez-vous pour les aumônes corporelles. Si les voisins pauvres des maisons riches ne manquaient pas plus de secours pendant leurs maladies que les voisins des Carmélites, nous serions moins occupées.

« — Vraiment, elles font des aumônes!

« — J'en suis sûre, puisqu'elles m'envoient de l'argent pour en faire.

« — Vous m'étonnez, petite mère; je vous crois sur parole.

« — Vous rappelez-vous ces Espagnols exilés en 1832?

« — Sans doute ; eh bien ?

» — Eh bien! quels secours avez-vous donnés à ces malheureux? cette question est un peu indiscrète.

« — Ma foi! rien; j'avouerai même que je n'y ai pas pensé.

« — Elles y ont pensé, elles; la supérieure en nourrissait trois ou quatre par un pieux stratagème inconnu aux gens du monde, en payant à la sourdine la pension de ces malheureux exilés, qui découvriront, dans l'éternité seulement, la charitable main qui les a secourus dans l'exil.

« — Vous me conduisez de surprise en surprise. Jamais on ne parle de ces aumônes dans nos journaux.

15

« — Ils s'en gardent bien, vos journaux. Priez donc vos journalistes. si dévoués à la vérite, d'écrire dans leurs colonnes, que la carmélite, en temps de disette, se prive d'une partie de son pain et de ses légumes, pour les donner aux affamés, et surtout n'oubliez pas de demander aux rédacteurs s'ils en font autant quand la famine arrive.

« — Enfin ce sont des paresseuses qui ne font œuvre de leurs dix doigts.

« — Pendant que vos dames sont à la promenade, elles font des vêtements pour les vieilles femmes qui gèlent dans les mansardes.

« Pendant que vos dames s'occupent à parler toilettes, elles font des layettes pour les pauvres nouveau-nés.

« Pendant que vos dames descendent de voiture pour tourmenter les modistes, elles se font des vêtements de grosse laine.

« Pendant que vos dames tuent le temps et votre argent à manger des gâteaux dans la rue Royale, elles travaillent à faire des ornements d'église pour gagner leur pain.

« Enfin, pendant que vos filles égrènent vos écus en vaines futilités, la fille du Carmel égrène son chapelet pour demander à la sainte Vierge que vos filles n'égrènent pas leurs vertus.

« — Décidément, petite mère, vous êtes aujourd'hui d'une taquinerie qui n'a d'égal..,

« — Que la vérité. Mais peut-être Monsieur le maire n'aime-t-il pas la liberté.......

« — Si, j'en jure; car j'ai vu sans peine briller le soleil de juillet.

« — Qu'a-t-il donc fait de si merveilleux, votre soleil de juillet?

« — Il nous a donné la liberté à tous, et je la veux pour tous, cette liberté chérie qui nous a tendu les bras dans les trois immortelles journées. Bonne petite mère, je suis l'amant de la liberté.

« — Excepté pour les carmélites, puisque vous les chasseriez si vous étiez le maître.

« — Je suis un peu moins irrité contre, elles d'après tout ce que vous dites; mais je ne voudrais pas cependant voir une de mes parentes entrer au Carmel.

« Pourquoi pas, si elle en avait la vocation? votre liberté doit briller pour tous et pour toutes, je pense. Nous ne sommes pas en Turquie!

« — C'est vrai, mais cependant...

« — Mais cependant veuillez me dire, Monsieur le maire, pourquoi refuser, au nom de la liberté, la permission à une jeune fille d'entrer au couvent quand elle s'y croit appelée de Dieu.

« — Ces maisons toujours fermées nous intriguent.

« — Et voilà pourquoi vous les attaquez! tandis que vous gardez le silence le plus profond sur des maisons qui pervertissent vos enfants.

« — Je vous comprends, petite mère; mais il faut un peu de tolérance.

« — De la tolérance pour les filles du péché, et des rigueurs pour les filles de la prière!... Ah! Monsieur le maire, prenez-y garde; vous me feriez croire qu'on préfère le vice à la vertu.

«— Hélas! je suis donc forcé d'avouer que vous avez raison. Mais enfin que font-elles toute la journée, vos carmélites? Vous n'avez pas répondu parfaitement à cette question. Là je vous trouve en défaut.

« — Écoutez bien : elles se lèvent à quatre heures, prient, entendent la messe, prennent une tasse de lait et travaillent jusqu'à midi; voici la matinée. A midi, elles mangent des légumes et jamais de viande. Puis, alternativement le travail et la prière jusqu'à dix heures et demie du soir. Alors elles vont prendre un repos de six heures sur un lit sans duvet, qui ne vaut pas celui de vos domestiques, pour recommencer le lendemain à travailler et à prier.

« — Ah! là, je vous tiens, petite mère! Puisqu'elles travaillent tant, ne font-elles pas du tort aux ouvrières de la ville ?

« — Allons, décidément, Monsieur le maire ne veut pas que le plus faible rayon de son soleil de juillet pénètre dans la maison du Carmel. Cependant vous étiez, il y a deux minutes un amant de la liberté, et vous la vouliez pour tous et pour toutes.

« — C'est vrai, je suis pris, et vous me tenez dans mes propres lacets.

« — Permettez-moi seulement une réflexion bien simple. Laissons de côté la liberté et parlons justice. Supposons que le Carmel de Tours soit aujourd'hui fermé, que les sœurs en soient chassées. Où iront-elles? Ne leur faudra-t-il pas travailler pour se vêtir et manger ? Ce n'est donc point parce qu'elles sont au cloître qu'elles font du tort aux ouvrières, mais parce qu'elles ont, comme les ouvrières, un estomac à nourrir et un corps à vêtir; avec une différence, pourtant, qui ne sera pas sans valeur à vos yeux, elles donnent leur superflu aux pauvres ; tandis que les ouvrières, qu'en font-elles souvent? Vous le savez mieux que moi.

« Maintenant, laquelle des deux préférez-vous, d'une couturière et d'une lingère en ville, ou d'une couturière et d'une lingère au Carmel?

« — La vérité sort de votre bouche, petite mère, et je commence à croire, que nos grands braillards de la presse pourraient bien travailler moins que les carmélites et gagner beaucoup plus, dépenser beaucoup plus et donner beaucoup moins aux pauvres. Tenez, petite mère, passez-moi cette expression un peu triviale, qui rendra bien votre pensée et la mienne : Ces journalistes et ces romanciers sont de grands farceurs, qui enjôlent le peuple, afin de lui vendre des lignes et des mots, pour vivre somptueusement aux dépens de ceux qui les lisent.

« — A vrai dire, je ne connais pas beaucoup ces messieurs; ils ne m'ont jamais rien donné pour les pauvres, et ceux que j'ai soignés faisaient maintes difficultés à payer le prix des autres malades, quoiqu'ils fussent plus exigeants.

« — Alors, vous les connaissiez avant moi; car ils m'en ont imposé jusqu'à présent.

« — Je suis heureuse du changement qui s'opère en vous, Monsieur le maire, et je ne désespère pas de vous voir un jour Carme-déchaussé.

« — Non, jamais, petite mère, non ; mais je ne veux plus chasser de leur couvent ces carmélites qui valent mieux que nous et moins que vous.

« — Toujours flatteur, Monsieur le maire ! Une autre fois nous reviendrons sur ce chapitre ; il est temps d'aller dans les salles visiter mes pauvres infirmes.

« — A bientôt, petite mère !

« — Monsieur le maire, à bientôt. »

Depuis ce moment M. le maire changea tellement de pensées et de conduite, que sa famille dut mettre des bornes à ses largesses. Il aurait donné tout son bien aux pauvres. Cette conversion, due en grande partie à l'influence de la bonne mère et d'une autre sœur de la même congrégation, métamorphose un égoïste en cœur généreux, et un homme sans foi en bon chrétien, qui, par d'abondantes aumônes, et par une mort précieuse aux yeux de Dieu et des gens de bien, rachète une vie mondaine, égarée dans les sentiers des préjugés qui conduisent à leur perte un si grand nombre de chrétiens.

En prenant ainsi la défense des Carmélites, la mère Gertrude fait une bonne action, utile aux hommes de bonne volonté, et nous donne à tous une leçon qu'il ne faut pas oublier. Méditons-la.

L'Église est une grande communauté, où se traitent les affaires importantes de l'éternité. C'est le royaume de Dieu sur la terre ; or, dans un royaume, il est bien des manières de servir l'État. Ceux qui sont à la tête des affaires, doivent interroger les goûts, les aptitudes, les capacités de chacun, pour ne choisir que des administrateurs à la hauteur des postes qui leur sont confiés. C'est là, surtout, la science nécessaire au premier ministre, qui doit envoyer dans toutes les provinces, des hommes animés du même esprit, capables de conduire les différentes administrations qui concourent au bonheur de l'Etat. En agissant ainsi, la flotte et l'armée, la magistrature et l'administration, auront des hommes spéciaux qui marcheront tous avec intelligence au même but. Je comprends néanmoins que, dans les habitudes de la vie, le soldat recherche son frère d'armes, le matelot, son compagnon de voyage, l'administrateur, son collègue, le magistrat, son confrère ; mais qu'un enfant d'Albion vienne attaquer l'un de nos matelots, dans son honneur surtout, vous verrez aussitôt le soldat français le défendre de son épée, l'administrateur de sa plume, le juge de son autorité. Il en serait de même si le soldat, l'administrateur ou le magistrat étaient provoqués, tous les autres lui prêteraient main-forte.

Ce que je viens de dire convient parfaitement au royaume de Jésus-Christ sur la terre, c'est-à-dire à l'église romaine. Après le souverain pontife, nous voyons des cardinaux, des archevêques et des évêques, qui doivent tous avoir pour unique but de servir Dieu et de le faire servir aux autres. Sous ces prélats, il est des prêtres, des communautés d'hommes et de femmes, tenus à concourir à la même œuvre, tout en prenant des moyens différents. Je veux bien que le prêtre, de préférence, recherche le prêtre pour sa société, le religieux, son frère et la religieuse, sa sœur. Je comprends même que les membres d'une communauté soient plus étroitement liés ensemble qu'avec les membres d'une autre congrégation. Mais ce que Dieu veut, c'est que tous les cardinaux, les archevêques et les évêques, les prêtres séculiers et les réguliers, ainsi que les religieuses, soient solidaires les uns des autres, et qu'ils défendent leurs frères ou leurs sœurs, quand l'ennemi de l'Église ose les attaquer. Ce précepte : *Mandavit unicuique de proximo suo*, est encore plus impératif pour les personnes consacrées à Dieu, que pour le commun des fidèles. Et quand même Dieu n'en ferait pas un commandement exprès, la raison ne comprend-elle pas, le cœur ne sent-il pas, qu'il est de l'intérêt de tous de défendre des amis et des frères, contre des ennemis et des étrangers ? Quelquefois cependant, il arrive que certaines communautés, plus anciennes que les autres, se vantent de leur ancienneté. C'est de l'orgueil ! Il en est qui ne défendent point les autres congrégations attaquées : c'est de la lâcheté ! Filles de l'Église, suivez l'exemple de la fille de la Présentation, en pratiquant les conseils que je vais vous donner.

Il vous importe maintenant, plus que jamais, d'être toutes unies ensemble, afin de vaincre, par la charité du Christ, le monde qui ne veut plus de vous, parce que vous êtes un des boulevards de l'église catholique qu'il veut écraser. Si vous n'êtes pas fortes contre le monde, c'est que vous n'êtes pas unies comme les filles d'un même père, Dieu ; comme les sœurs d'un même frère, Jésus-Christ. Sachez bien, cependant, que vous êtes toutes membres d'un même corps, et que l'on ne peut opprimer l'une d'entre vous, sans menacer les autres d'une ruine fatale.

Quand un loup, dit un auteur, entre dans une bergerie, il ne dévore pas toutes les brebis le premier jour. Il en saisit d'abord une et la mange ; puis le lendemain il en dévore une autre, et ainsi jusqu'à la dernière. Ne soyez donc point comme les brebis, mais défendez-vous toutes ensemble contre le loup ravissant.

Ne soyez point comme la plante solitaire ; elle est trop exposée à la fureur des vents ; mais mariez vos rameaux aux rameaux des autres pour vous abriter mutuellement.

Voyez le passereau seul, comme il est faible ! l'hirondelle seule, comme elle est désarmée ! Mais que le vautour arrive, et vous verrez bientôt les hirondelles unies aux passereaux, chasser le vautour.

Prenez donc exemple sur le passereau et sur l'hirondelle, ou plutôt suivez l'exemple de la mère Gertrude.

Si le monde vous demande combien vous êtes de communautés, répondez : Nous sommes une, et le monde n'osera plus vous attaquer. En effet, toutes les communautés ne sont-elles pas une, puisqu'elles sont toutes les filles de l'épouse de Jésus-Christ. Celle qui dit le contraire, je la tiens pour une fille de Satan.

Ce qui unit les familles aux familles, c'est Dieu. Par lui, filles de la charité, vous serez fortes, et la victoire sera dans vos mains ; car l'union fait la force. Rétablissez donc le royaume de Dieu sur la terre, par la charité ; dans le royaume de Dieu, chacun aime son frère comme soi-même. Ce qui produit les dissensions et scandalise les gens de bien, c'est l'orgueil. Soyez humbles comme la servante du Seigneur ou comme la sœur de la Présentation, et vous édifierez au lieu de scandaliser ; et, dans votre humilité, vous trouverez l'amour de Dieu et du prochain. Si vous craignez que votre voix seule ne soit trop faible pour être entendue du ciel et de la terre, prêtez une oreille attentive à ce qui se passe dans la prairie au mois de mai. Ne sort-il pas d'une ruche un bruit qui s'élève et s'étend au loin ?

Ce bruit, formé de tant de bruits, c'est la voix d'un grand nombre de petites créatures. Seule, aucune d'elles ne serait entendue ; toutes ensemble, elles forment une harmonie qui vient frapper l'oreille du voyageur et l'arrête au passage. Vous êtes aussi, filles de Marie, les abeilles d'une sainte ruche qui vous cache au monde, et votre voix, quand elle est seule, est étouffée par le bruit de ses plaisirs. Criez donc, criez toutes ensemble : Union et charité, et vous serez entendues.

Épouses de Jésus-Christ, si vous restez unies par les liens étroits de la charité, nous verrons encore sortir de vos rangs une Judith pour délivrer le peuple de Dieu des Holophérnes qui l'assiégent. Sans ruse et sans poignard, vous sauverez l'Église, qui a le sang en horreur ; car avec la charité seule, cette vertu divine, vous tuerez l'égoïsme plongé dans l'ivresse de l'impiété.

Le peuple d'Israël est maintenant en exil dans son pays. Mardochée est à la porte de tous les Assuérus. On menace de le dépouiller lui et les siens. Si les superbes Amans sont nombreux, nous trouverons au moins parmi vous une Esther qui, par ses prières et par ses aumônes, fera descendre du ciel, dans l'âme de tous les Assuerus, un avertissement salutaire pour eux et pour nous, avertissement qui sauvera Mardochée et sa famille, quand les potentats verront, en lisant les annales de leur empire, les bienfaits du fidèle Mardochée.

C'est dans les grandes détresses que l'on voit apparaître des femmes prédestinées, qui sauvent l'Église ou l'État. Quand le fléau de Dieu, Attila, roi des Huns, vient saccager nos provinces, une fille divine, Geneviève, rassure les Parisiens, en leur disant qu'ils n'ont rien à craindre du redoutable fléau, et sa prédiction s'accomplit à la lettre. La prière d'une femme a désarmé la colère du Seigneur. Filles de la charité, filles de la prière, unissez-vous et priez la Vierge qui brisa jadis la tête du vieux serpent ; par elle vous vaincrez.

Quand plus tard, l'Anglais possède les trois quarts de la France et veut envahir le reste, quand Charles et les siens oublient, au milieu des voluptés, l'honneur et l'intérêt de la France , une pauvre fille, la pucelle de Domremy, va prendre à Ste-Catherine de Fierbois, l'épée mystérieuse qui met en fuite les Anglais. Filles de la Présentation, je vous appelle sur les pas de cette héroïne ; armez-vous de l'épée de la foi ; par elle vous vaincrez encore.

C'est une femme qui sauva le monde dans l'étable de Bethléem, en donnant le jour au roi des nations ; c'est une femme qui sauva la France en faisant sacrer son roi dans la basilique de Saint-Remi. Une femme peut donc encore sauver le monde. Filles de la Présentation et du Carmel, priez ; nous espérerons, et comme nos bons aïeux, chantaient autrefois :

Jamais en France, l'Anglais ne régnera,

tous les catholiques en chœur, à haute voix chanteront avec confiance :

Jamais à Rome, l'impie ne régnera.

Dieu merci, et je le dis haut, tous les enfants de l'Église romaine sentent le besoin de s'unir pour se fortifier. Le clergé français surtout, avec son état-major, le plus savant, le plus illustre de tout l'univers, marche sans cesse, marche toujours, à la délivrance du Roi-Pontife, enchaîné par un nouvel Attila, sorti de l'enfer, qui rôde autour de lui pour le dévorer. Mais l'histoire à la main, malheur, trois fois malheur à tous ceux qui viennent se heurter contre la pierre angulaire ! Un jour ou l'autre, ils auront la tête cassée.

Quand les hommes veulent passer des fleuves rapides, dit le même auteur, ils se forment en longue file sur deux rangs, et, rapprochés de la sorte, ceux qui n'auraient pu, isolés des autres, résister à la force du courant, le surmontent sans peine. Faites ainsi, filles de Marie, ou plutôt ne faites qu'une seule chaîne ; par l'union de tous les cœurs dans la foi de Jésus-Christ, vous romprez facilement le cours de l'iniquité, qui entraîne tous les hommes à la dérive, et je le répète, parce que je veux le répéter, vous sauverez le monde, parce que toujours il peut être sauvé par le sang du Calvaire, qui coule tous les jours sur nos autels et dans vos cœurs.

L'Église est encore l'Océan de l'amour de Dieu. Il faut que les communautés, ses affluents, roulent, dans des flots de charité, la génération présente à ce vaste Océan qui ne sera jamais desséché par le soufle brûlant de l'iniquité. C'est la foi dans le Christ qui sauva le vieux monde ; c'est la charité du Christ qui sauvera cette génération dépravée, en la rendant à la foi qu'elle a perdue avec la vie ; car elle est morte, cette génération, puisqu'elle ne croit plus. La foi n'est-elle pas, en effet, la nourriture de l'âme, comme le pain celle du corps ? Mais ce n'est pas la charité d'un seul qu'il faut pour opérer un tel miracle, c'est la charité de tous, et surtout la charité des sœurs de charité, qui peut galvaniser ce cadavre, en lui rendant ces trois mots divins qui nourrissent, éclairent, échauffent toutes les nations : FOI, ESPÈRANCE, CHARITÉ.

Cette digression, qui paraîtra peut-être insolite à quelques lecteurs, profitera, j'aime à le croire, à beaucoup d'autres. Puisse-t-elle semer dans toutes les communautés un froment précieux qui donne à la moisson prochaine autant de mères Gertrude que de sœurs hospitalières ! et le monde est sauvé !....

Maintenant, en sortant du Carmel, je pourrais entrer au Refuge avec ma bonne mère qui s'y rendait souvent, il y a trente-cinq ans, pour y soigner les sœurs et les madeleines. Mais comme il me faudrait répéter en grande partie, ce que la fille de la charité a dit des Carmélites, je me contenterai d'ajouter que cette maison, et c'était l'avis de la mère Gertrude, rend les plus grands services à la société, en retirant de ses égouts la malheureuse créature qui mourrait dans la misère et dans l'impénitence finale, tandis que, sous la direction des saintes filles de cette maison, en pleurant ses fautes, elle se prépare par la pénitence au grand jour de l'éternité. Enfin, les hommes les plus opposés à la religion doivent mieux comprendre encore la nécessité de donner, un jour ou l'autre, un asile à la victime de leurs dépravations ; et cet asile, la fille de l'église romaine, seule, la donne et peut la donner.

CHAPITRE XIII.

Étables d'Anglas.

<table>
<tr><td>Dei parens piissima ,</td><td>Pieuse mère du Sauveur,</td></tr>
<tr><td>Evæ nepotes flebiles</td><td>Conduis à l'éternelle plage</td></tr>
<tr><td>De mille vitæ fluctibus</td><td>L'enfant d'Ève, pauvre pécheur,</td></tr>
<tr><td>Salutis in portum vehas.</td><td>Sauvé mille fois du naufrage.</td></tr>
</table>

(Hymnus sanctæ Mariæ Magdalenæ).

Puisque nous venons de parler du Refuge, j'oserai maintenant dire qu'il n'était pas jusqu'à ces créatures déchues, la honte de leur sexe, qui ne trouvassent, auprès de la mère Gertrude, de la charité et des conseils qui les arrachaient souvent à la corruption pour les conduire au Bon Pasteur.

Dans les premières années de sa résidence à Tours, elle allait, comme je l'ai dit précédemment, quelquefois au refuge pour y soigner les madeleines. Plus avancée en âge, elle fit mieux encore, en recevant chez elle ces misérables qui venaient la consulter. Audacieuses créatures ! elles osaient aborder la vierge si pure de la Présentation , qui les recevait presque toutes avec une grande bonté. Je dis presque toutes, car dans le commencement de leur vie fangeuse, quelques-unes d'entre elles vinrent lui demander l'affreux moyen de cacher leur faute par un crime. Sans pitié pour ces marâtres, après leur avoir mis sous les yeux l'horreur du forfait contre nature qu'elles préméditaient, la mère Gertrude, transportée d'une sainte colère, les chassait honteusement de sa présence.

Une de ces misérables est tellement impressionnée de ses reproches, qu'elle prend subitement la résolution sincère d'expier son péché à la face de la ville toute entière, en élevant courageusement le fruit de son deshonneur. L'excellente supérieure vient à son secours, la fait entrer comme nourrice dans une maison chrétienne qui, touchée de son repentir en la voyant complètement convertie, consent à la garder comme cuisinière. Avec ses gages et les secours de la bonne mère, l'enfant est placé chez des personnes qui lui donnent en même temps des principes religieux et de bons exemples. Malheureusement, l'année de la première communion de cet enfant, la mère succombe à une maladie violente. Dans son agonie, on l'entend souvent répéter ces mots : Jésus, Marie, Gertrude, mon fils... Encore un fils adoptif pour la bonne mère Gertrude, qui paye son entretien et son apprentissage, jusqu'au moment où il peut gagner sa vie et ses vêtements.

Quelques-unes de ces femmes qui venaient la consulter en tremblant, étaient reçues avec une grande indulgence. En les voyant entrer, la vierge, fidèle à suivre les exemples de son maître, pensait à la Samaritaine auprès du puits de Jacob, à la Madeleine aux pieds de Jésus-Christ, et à ces mots écrits sur le sable qui mirent en fuite les hypocrites Pharisiens. Sa foi si vive faisant taire ses répugnances, la fille de la charité prenait la voix d'une mère pour les entretenir de leur première communion, dont la pensée les impressionnait vivement ; de la justice de Dieu, qu'elle accompagnait toujours de sa miséricorde ; de la mort qui viendra les surprendre au moment du crime ; de l'enfer ouvert sous leurs pieds ; du ciel même, où elle ne manquait jamais de leur montrer saint Augustin et sainte Marie-Madeleine. Presque toujours ces pauvres créatures pleuraient, quelques-unes mêmes, touchées de la bonté de celle qu'elles appelaient comme tout le monde : Ma Mère, consentaient à entrer au Refuge, ou même à rentrer dans leurs familles. J'entendais dire il y a trente-cinq ans qu'elle en conduisit elle-même plusieurs au Bon-Pasteur, où elle était vénérée comme une sainte par celles qu'elle avait ramenées au bercail.

Puisque la conversion d'un seul pécheur cause tant de bonheur au ciel, sans crainte de nous tromper, nous pouvons bien dire que la mère Gertrude a répandu bien des fois la joie dans l'éternelle assemblée des saints.

Un soir, elle me raconta qu'une de ces femmes, encore plus coupable que les autres puisqu'elle était à la tête d'une maison, spéculant sur le deshonneur d'un grand nombre, vint lui demander une consultation. A son maintien, à ses paroles, à son air embarrassé, comprenant de suite ce qu'elle est, la bonne mère laisse l'infâme, sans l'interrompre, lui expliquer jusqu'au bout son horrible maladie. Après l'avoir entendue quelque temps, les yeux fixés sur elle, la digne supérieure lui dit à brule-pourpoint : « Où habitez-vous ? » La misérable qui ne s'attendait pas à cette vigoureuse interpellation, la figure écarlate, les yeux baissés, n'ose répondre un seul mot.

« — Eh bien ! parlez donc !

« — Ma mère !...

« — Eh bien ! ma mère ! ma mère ! répondez. Vous êtes une malheureuse ; je suis sûre que vous vous damnez en damnant les autres. Quel compte à rendre aux parents de ces jeunes gens que vous corrompez ; à ces femmes sages dont vous entraînez les maris ; à ces mères éplorées dont vous pervertissez les filles, et surtout à Dieu, qui vous voit, vous et les vôtres au milieu de vos infâmes orgies !.... car Dieu vous voit, infâme !... Entendez-vous bien, Dieu vous voit ; il vous punit déjà pour vous avertir. Gare à vous plus tard. »

Cette femme hideuse, ne pouvant répondre un seul mot, se retire, mais emportant avec elle sa consultation ; car la mère Gertrude ne sut jamais refuser ceux qui souffrent, quel que soit leur rang, leur conduite même.

Pour une seule fois de sa vie où elle tonne fortement, avec sévérité, elle s'en repent ; nous la voyons toujours agir suavement, parce qu'elle a sans cesse les yeux fixés sur les armes de son maître, qui portent seulement pour emblême un agneau, et pourdevise : *Je suis doux et humble de cœur.*

Jésus-Christ, ce parfait modèle de la charité, rencontrant un jour Zachée le pécheur, monté sur un sycomore pour le voir passer, lui dit : « Descendez, je veux aujourd'hui visiter votre demeure. » Zachée descend et conduit Jésus dans sa maison, et Jésus s'assied à la table du pécheur et le convertit. Toujours sur les traces de son divin maître, on a vu la mère

Gertrude s'acheminer plus d'une fois vers ces maisons, qui ne devraient pas être tolérées.

Un jour, une de ces infortunées victimes de la brutalité humaine, tombée dangereusement malade, à cor et à cris demande la bonne mère qui s'y rend aussitôt. En entrant dans cet étable infecte, son cœur bat à rompre sa poitrine; mais sa foi soutenant sa charité, elle s'avance avec la noble majesté d'une reine bienfaisante qui vient délivrer de ses chaînes un sujet rebelle au monarque. A son passage, toutes ces filles éhontées, instinctivement se jettent à genoux en faisant des signes de croix. On la conduit à la chambre de la malade, qui s'évanouit de honte et de bonheur en la voyant. La bonne mère elle-même, en reconnaissant une fille qu'elle avait autrefois soignée, s'écrie : « Julie, c'est vous !... Ici. »

A ces mots, prononcés avec l'accent d'un amour mêlé d'horreur; à cette voix si douce et si terrible, si foudroyante et si maternelle, Julie recouvre ses sens, ses yeux laissent tomber de grosses larmes, et la mère Gertrude ajoute :

« — Vous m'avez demandée, ma fille?

« — Ma mère !

« — Allons, courage! parlez!

« — Je suis pourrie!!!...

« — Nous vous guérirons.

« — Je suis damnée !...

« — Nous vous sauverons.

« — Oh! ma mère.

« — Demain soir vous viendrez à la maison.

« — Moi, ma mère?...

« — Oui, vous.

« — J'en suis indigne.

« — Vous y viendrez.

« — Oui, ma mère.

« — Demain soir.

« — Oh ! oui, ma mère.

La vierge si pure et si chaste de la Présentation sort de cet ignoble cloaque, le cœur saisi, mais l'âme heureuse. Chez elle toujours la foi domine, toujours la foi la guide, la charité l'accompagne et l'espérance la précède. Il me semble voir, dans ces excursions difficiles, marcher à ses côtés deux saintes qui lui crient sans cesse : « Courage, fille de la charité, courage ! par la vertu de la croix tu les vaincras. Nous aussi nous avons péché, et cependant nous sommes au ciel. » C'est Marie-Madeleine la Juive et Marie l'Egyptienne.

Rentrée chez elle, sans rien dire à ses sœurs de la visite qu'elle vient de faire, en pénétrant dans sa chambre, elle s'é-crie comme toujours : « Nous la sauverons. » Le lendemain matin, à la messe de six heures dans l'église de Notre-Dame-la-Riche, au moment de la sainte communion, le Dieu de l'Eucharistie enflamme tellement son cœur de l'amour qu'il avait eu pour Marie-Madeleine, qu'elle se trouve à l'étroit dans ses larges vêtements, comme elle l'avoue plus tard à ses sœurs. Après la messe, elle revient chez elle avec cet amour au cœur, donne l'ordre de faire un lit dans une chambre. Le soir, la malheureuse arrive. La bonne mère lui prodigue ses soins. Le ministre du Dieu de miséricorde cicatrise les plaies profondes de cette âme blessée à mort. Le jour suivant, le

Dieu de Marie-Madeleine entre dans ce cœur livré depuis si longtemps à l'impur démon. L'huile sainte, qui coule sur ses membres flétris, la fortifie contre les attaques de la bête qui rode furieuse autour d'elle ; puis, dans les bras de là bonne mère Gertrude, elle pousse un dernier soupir d'espérance, avec le nom de Marie-Madeleine.

A genoux ! à genoux ! avec ces femmes que vous damnez, ô vous libertins qui blasphémez tous les jours le saint nom du Dieu inspirant de tels sentiments à la sœur de la Présentation. A genoux devant là sainte mère Gertrude ! elle a sauvé celle que vous avez corrompue, en la faisant sortir de l'enfer de la terre, où vos hideuses passions la retenaient captive, pour la conduire au ciel. A genoux ! à genoux !

Quelque temps avant sa dernière maladie, étant déjà très-fatiguée, la mère Gertrude reçoit une visite que je ne passerai point sous le silence. Deux femmes vivaient ensemble dans le voisinage de la maison de santé. L'une d'elle est subitement prise d'uno fièvre violente qui fait craindre pour ses jours. On va chercher aussitôt les médecins du quartier, mais ils sont absents. L'accès qui redouble fait craindre une mort subite. Alors celle des deux qui se porte bien court promptement chez la mère Gertrude, pour lui dire les souffrances de sa compagne et lui demander les secours les plus efficaces afin de la sauver, car elles s'aiment beaucoup toutes les deux. Après l'avoir écoutée avec attention, la supérieure de la maison de santé, aussi prudente qu'habile, ne voulant rien prescrire sans avoir vu la malade, dans la crainte de se tromper, dit à cette femme :

« — Demeurez-vous loin d'ici ?

« — Non, ma mère.

« — Il faut que je voie votre compagne.

« — (En rougissant). Je ne voudrais pas vous donner cette peine.

« — J'y vais.

« — Nous ne sommes pas dignes que vous entriez chez nous.

« — Pourquoi ?

« — Non, ma mère, nous n'en sommes pas dignes.

« — Pourquoi ? dites-moi pourquoi. Est-ce parce que vous êtes pauvres ? Raison de plus.

« — Non, ma mère, non. Vous êtes une sainte, et nous vivons aux dépens de notre honneur.

« — J'irai.

« — Mais, ma mère ?...

« — J'y vais.

« — Oh ! ma mère !...

« — Je vous accompagne. »

Elle a pris son chapelet et les voilà toutes deux dans la rue. Voyez-vous cette mère Gertrude, marchant côte à côte avec cette messaline !... Qu'ils sont beaux les pieds de ceux qui évangélisent ! Comme ils vivront dans les perpétuelles éternités, ceux qui conduisent au ciel les pauvres égarés de la terre !

Arrivées toutes les deux à la maison de la malade, la fille de la honte précède la fille de l'honneur. La porte s'ouvre et la chaste vierge se rencontre seule, dans cette affreuse sentine, avec deux femmes, et quelles femmes ! dont l'une va peut-être bientôt mourir et paraître devant Dieu. Quelle entrevue !...

« — Vous êtes malade, mon enfant? dit la mère Gertrude.

« — Oui, ma mère, bien malade.

« — Vous avez une fièvre violente?

« — Oui, ma mère, très-violente, avec des douleurs d'entrailles qui me font mourir. »

Après plusieurs demandes et plusieurs réponses, l'habile supérieure, comprenant qu'il n'y a aucun danger, que c'est seulement une crise nerveuse, ordonne une potion calmante et sort en disant : « Demain vous serez guerie. »

Quelques jours après, la pieuse fille de la Présentation, se rendant à la messe, entendit prononcer son nom par deux femmes qui se promenaient ensemble dans la rue ; et l'une disait à l'autre : « Reconnais-tu la mère Gertrude ? C'est elle qui t'a sauvé la vie. » Elles n'osèrent point s'approcher, sans doute dans la crainte de recevoir une leçon bien méritée ; mais plus tard nous trouverons ces deux malheureuses aux pieds de la fille de la Présentation.

D'après tout ce que je viens de dire, il est facile de se convaincre que la mère Gertrude ne fit jamais acception de personnes. Son dévouement appartenait à la vieillesse, à l'enfance, à la pauvreté, à la richesse, aux peines d'esprit, aux angoisses du cœur, aux maladies de l'âme, comme aux souffrances du corps. A ses yeux, les catholiques étaient des frères dans la bonne voie, qu'il fallait encourager ; les protestants, des frères égarés, qu'il fallait faire rentrer dans les sentiers de la vérité ; les juifs, des pères aveugles, qu'il fallait éclairer de l'étoile des Mages ; les musulmans, des créatures de Dieu, qu'il fallait plaindre, les pécheurs, des enfants prodigues, qu'il fallait sauver. A ses yeux enfin, le seul talent digne d'une fille de charité de la Présentation, c'était de gagner à Jésus-Christ tous les cœurs, pour y faire régner la vertu.

Avec de tels sentiments, qui sont les nôtres, gens de peu de foi, plaindrez-vous encore ce que vous appelez notre ignorance et nos erreurs; mépriserez-vous toujours cette foi divine qui enfante à vos yeux de tels prodiges de charité ; cette foi que vous poursuivez de vos sarcasmes et de vos railleries ; cette foi que vos aïeux ont mise à l'épreuve sous le couteau de 93 ; cette foi qui se cache en vous, malgré vous, tandis qu'elle brille chez le chrétien fervent, comme un phare éclatant de lumière, pour signaler à ses yeux les écueils dangereux de la vie, qu'on appelle une mer houleuse? Vous aurez beau faire, esprits vides de sens, vos ridicules utopies passeront avec vous, sans laisser sur la terre plus de traces que le sillage du vaisseau dans les ondes. Oui, vous passerez avec toutes vos folies ; mais les folies de la mère Gertrude, qui sont les folies de la Croix, ne passeront.... jamais !

CHAPITRE XIV.

La Foi.

La mère Gertrude aimait le prochain parce qu'elle aimait Dieu. La foi reposait dans son âme pure et chrétienne comme une goutte de rosée dans le calice d'une fleur, et chaque jour de sa vie, cette goutte de rosée s'est faite un torrent de charité qui s'épanchait dans les âmes desséchées par la douleur. Aussi disait-elle souvent, avec Jésus-Christ, son divin maître : *Venez à moi, ô vous tous qui haletez sous le poids des souffrances, et je vous soulagerai;* et pas un seul de tous ces malheureux qui répondaient à son appel, ne sortait de sa maison sans quelque soulagement. Pendant que sa main adroite et charitable cicatrisait les blessures du corps, ses paroles de foi, dans une langue à elle seule, fermaient les plaies invétérées des âmes souffrantes et des cœurs blessés. Oui, c'est bien en Dieu que la mère Gertrude avait puisé ce torrent de charité qui débordait toujours. Quelques exemples suffiront pour la montrer, cette foi, foi vive et brûlante comme sa charité qui en était la conséquence.

Un jour elle dit à un vieux caporal qui se plaignait beaucoup d'une opération bien douloureuse, il est vrai :

« Les soldats français sont bien braves, mais moins courageux que les martyrs cependant ; car les martyrs souffrent et ne se plaignent pas. »

A ces paroles, le vieux troupier répondit avec cette franchise qui n'appartient qu'au soldat francais :

« — C'est vrai, Madame.

« — Vous vous trompez, mon ami ; je suis votre sœur, car j'ai promis de l'être au pied des autels, et la promesse d'une sœur hospitalière vaut bien la parole d'un soldat français. »

A ces mots, qui partent du cœur, deux grosses larmes s'échappent des yeux du vieux caporal et viennent perler sur ses longues moustaches grises. Pendant que la bonne mère les essuie, un grand merci s'arrache violemment du fond de la poitrine du brave militaire, et il ajoute :

« — Ma mère était une bonne chrétienne.

« — Et vous êtes un bon chrétien ?

« — Autrefois, oui ; maintenant pas de ces plus.

« — Vous le redeviendrez, n'est-ce pas ? Vous me le promettez ?

« — Oui, ma sœur.

« — Bien, mon enfant.

« — Tiens, mille bombes ! vous êtes donc aussi ma mère.

« — Oui.

« — Désormais, je serai chrétien.

« — Toujours ?

« — Toujours.

Après quelques jours de repos et de soins maternels prodigués au défenseur de la patrie, sa blessure, cicatrisée d'abord, fut promptement guérie.

En partant pour rejoindre son régiment, il promit de nouveau à la mère Gertrude de tenir à la parole qu'il lui avait donnée, et plus tard il accomplit sa promesse en vrai soldat de son pays ; son régiment passant par Tours, il vint voir et sa sœur et sa mère, pour la remercier de ses soins et pour lui dire qu'il avait rempli tous ses devoirs de bon chrétien.

Louis Racine a dit :

« La raison dans mes vers conduit l'homme à la foi ; »

Je suis fâché qu'il n'ait pas ajouté de suite : Et la foi le conduit à la charité ; car, je le répète, c'est bien en Dieu seul que la mère Gertrude avait puisé cet amour pour le prochain qui, débordant sans cesse, entraînait dans ses flots rapides à l'océan de l'amour divin, tout ceux qu'elle rencontrait sur son passage.

Un jour, le feu prend dans le hangar de sa maison. L'incendie menace de dévorer tout le bois qu'on y a entassé et d'envahir le corps du logis lui-même. Toutes les sœurs, saisies de crainte, s'agitent, se troublent, et tombent dans une atonie complète. Animée de cette foi qui transporte les montagnes, la mère Gertrude, arrachant le scapulaire qu'elle porte au cou, le jette au milieu des flammes en s'écriant : « Ma Mère, vous nous sauverez ! »

L'habit de la vierge, s'arrêtant au poteau, met en fuite l'incendie qui ne tarde pas à s'éteindre.

Libres penseurs, ricanez; voltairiens surannés, haussez les épaules ; frelons de la société, communistes et socialistes qui ne savez que piquer, méprisez, dédaignez, si vous en avez le droit, tous ces chrétiens qui ont la bonhomie de croire qu'avec de la foi gros comme un grain de sénevé on peut transporter des montagnes. Cependant, avant de vous abandonner à vos libres ébats, avant de ricaner, de hausser les épaules et de mépriser avec un dédain forcé ce que vous ne comprenez pas, venez à l'école de la mère Gertrude, étudiez ses paroles et ses actions, et voyez si vous êtes de force à lutter avec elle sur le terrain de la charité. Moi, je vous le dis en vérité, avec mon maître, qui est aussi le vôtre, quand vous aurez soigné des cancéreux, quand vous aurez trempé vos mains dans le sang pourri de vos frères, quand vous aurez pris soin des femmes que vous avez débauchées, quand vous aurez chassé la vermine des vieillards sales et dégoûtants, il faut bien le dire enfin, quand vous aurez, de vos doigts si délicats, arraché des excréments qui causent la maladie et la mort, vous partagerez la foi et la puissance de celle qui met en fuite les maladies de l'âme et du corps et qui éteint les incendies.

Celui que vous blasphémez et que nous adorons, Jésus-Christ Notre-Seigneur, n'a-t-il pas dit dans son saint Evangile, et fermement nous le croyons : *« Ceux qui croiront, chasseront les démons en mon nom ; ils parleront de nouvelles langues ; ils manieront les serpents, et quand même ils prendraient quelque boisson mortelle, ils n'éprouveront aucun mal. Sur les malades ils imposeront les mains, et les malades seront guéris.* »

A coup sûr, libres penseurs, votre Dieu, si vous en avez un, n'est pas le Dieu de la mère Gertrude, puisque vous délaissez et méprisez les pauvres qui sont vos frères, ces paysans qui vous nourrissent à la sueur de leur front, ces ouvriers qui font pour vous des vêtements soyeux, ces maçons et ces charpentiers qui vous construisent des demeures somptueuses. A peine si vous permettez de ramasser les miettes de vos tables, à ces vieillards affamés, à ces veuves désolées, à ces orphelins délaissés, que la mère Gertrude tient à honneur de servir de ses propres mains, parce qu'elle voit en eux les membres souffrants de Jésus-Christ, les frères et les cohéritiers de son royaume. Courage, niez franchement l'existence de ce Dieu que vous avez fait à votre image, et vous serez plus conséquents. Ou plutôt, non, lisez, instruisez-vous, grands penseurs, en méditant ces paroles, tirées d'un auteur célèbre, qui aimait aussi lui, les ouvriers et les pauvres.

« Il passe souvent dans la campagne un vent brûlant qui dessèche la plante, étiole la fleur ou fane le fruit presque mûr. Mais, humectée par la rosée du ciel, la plante reverdit, la fleur prend une couleur plus vive et le fruit recouvre sa première fraîcheur. »

Il y a dans toutes les vies humaines de ces vents brûlants, qui passent sur les esprits et les dessèchent, sur les âmes et les étiolent, sur les cœurs et les flétrissent, et la foi divine est la seule rosée qui rafraîchisse les esprits, fortifie les âmes et dilate les cœurs ; et cette foi gît dans tous les hommes, et celui qui dit, avec une apparence de vérité : « Je ne crois pas, » se trompe lui-même, car il est, dans la profondeur de son être, un germe de Dieu qui ne meurt point ; et la parole qui nie Dieu brûle ses lèvres, et la bouche qui vomit un tel blasphème est un cratère de l'enfer. Sans Dieu, point de charité ; sans charité, point d'égalité ; sans égalité, point de liberté ; et sans liberté, l'esclavage d'un côté et le despotisme de l'autre ; le despotisme qui formule sa doctrine, en neuf mots seulement.

« La raison du plus fort est toujours la meilleure. »

La foi de la bonne mère Gertrude, au contraire, c'est-à-dire la foi en Jésus-Christ, qui commande au peuple d'obéir au prince, au pauvre de respecter les biens du riche dit au roi comme à la mer : « Tu n'iras pas plus loin , « et au riche : « Voici le pauvre, ton frère, tu dois le secourir. » D'où je conclus que la foi seule dans le Fils de Marie, harmoniant tout dans l'univers, peut faire le bonheur des pauvres et des riches, des sujets et des rois.

Cette foi si vive, si brûlante, que nous avons admirée dans toutes les actions de la sœur de charité, va briller encore d'un plus vif éclat dans l'ensemble de sa vie, que je me propose de mettre sous les yeux du lecteur, et surtout dans sa dernière maladie, où elle éclate dans ses pensées, dans ses gestes, dans ses paroles, dans toutes ses actions.

Pendant son noviciat, la sœur Gertrude avait pour supérieures des femmes remplies de foi, et de charité par conséquent ; la première de ces vertus n'existe point sans la seconde. En effet, comment pouvons-nous dire que nous connaissons, que nous aimons Dieu, invisible à nos regards, si nous n'aimons pas le prochain que nous voyons tous les jours ? A cette école aussi, nous la voyons dépouiller le *moi* humain avec les vêtements du monde, pour prendre le *nous* chrétien avec les vêtements de la sœur de tous les hommes. Elle fait plus encore ; son sacrifice est un holocauste, où la victime est entièrement consumée par le feu de la charité : elle n'existe plus que pour les autres. Avec un tel anéantissement d'elle-même, l'obéissance lui devient facile, elle en donne l'exemple à toutes les novices d'abord, et plus tard à toutes les sœurs. La règle de sa communauté est pour elle un commandement de Dieu, qu'elle observe aisément, parce qu'elle aime Dieu et ses supérieures.

Elle est humble par nature, et son humilité puise une force nouvelle dans la défiance d'elle-même, défiance qu'elle pousse jusqu'à l'excès. Se croyant toujours moins parfaite que ses compagnes, elle vise sérieusement à la perfection qu'elle approche de plus près que bien d'autres. Cette humilité ne l'empêche pas d'être assez courageuse pour dire à tous, et en face, la vérité toute entière, tandis qu'il est des hommes de peur qui tremblent de la dire en présence de l'autorité. C'est que, n'ayant pas, comme la sœur Gertrude, brûlé le MOI, ils craignent de le compromettre, ce MOI païen.

Ne pensant point à elle, la bonne mère défend sans crainte les opprimés contre les oppresseurs ; elle sacrifierait sa vie même pour arracher au bourreau une victime innocente ; tandis qu'il en est d'autres qui mettraient volontiers le feu au bûcher d'un ancien ami, pour que, ses cris caressant les oreilles du tyran, le tyran leur dise : « Montez plus haut, fidèles serviteurs. »

Dans l'Eglise, chacun doit se sacrifier pour tous ; c'était le contraire chez les païens. Persuadée que tous les chrétiens sont solidaires envers Dieu, puisqu'il a recommandé à chacun son prochain, convaincue que Jésus-Christ a versé tout son sang pour chaque homme, la mère Gertrude voudrait les innocenter et les sauver tous, surtout les plus imparfaits. Avec de tels sentiments, comment n'eût-elle pas fait une novice exemplaire à Janville, une sœur dévouée à Meung, une excellente supérieure à Tours ? ordinairement une bonne fille fait plus tard une bonne mère, et, en communauté, une supérieure ne doit être qu'une mère ; elle commande à des enfants éloignés de leur patrie, à des exilés de leur famille. Or, il n'y a qu'une mère qui puisse remplacer la patrie, puisque un exilé qui aurait avec lui sa mère, à mon avis, ne serait plus un exilé.

Examinons maintenant qu'elles sont les qualités pour bien commander aux autres, et nous verrons bientôt que pas une de ces qualités n'a manqué à la bonne mère Gertrude.

Pour faire une bonne supérieure en communauté, il faut avoir de la foi, du cœur, du tact et la connaissance du cœur humain.

D'abord, sans une foi vive, la supérieure qui ne veut pas être mère, en restant seulement supérieure, devient un despote qui n'a d'autre loi que sa volonté. Sans cette foi vive, elle met promptement le règlement de côté pour commander à sa place, et quand elle parle du règlement, c'est pour le commenter à sa manière, toujours au détriment des sœurs qui, sous sa main, deviennent des esclaves.

La mère Gertrude, au contraire, avec le flambeau de la foi, voit promptement ses droits et ses devoirs. Pour les premiers, elle ne s'en sert qu'à la dernière extrémité, et les seconds lui disent bien haut qu'elle doit être la servante de celles qu'elle commande. Aussi est-elle plus humble que toutes celles qui l'environnent, toujours prête à leur laver les pieds, comme Jésus-Christ le fit à ses apôtres. La même foi lui dit encore qu'elle est tenue à donner le bon exemple à ses sœurs ; or voyez comme elle accomplit ce devoir : elle est si scrupuleuse sur ce point qu'un homme du monde, le docteur Herpin, ne craint pas de dire qu'elle avança ses jours pour donner le bon exemple à ses sœurs.

En disant que la mère Gertrude avait du cœur, je n'apprends rien à personne ; sa vie toute entière le proclame plus haut que mes paroles ; mais ce que l'on ne sait pas assez, c'est l'amour de prédilection qu'elle montrait à toutes les sœurs qui vivaient avec elle, les attentions délicates qu'elle prenait pour les former à la charité et les tendres soins qu'elle leur prodiguait lorsqu'elles étaient malades ou seulement indisposées. Ne soyons donc pas étonnés de voir la sœur Marcelle rester avec elle pendant quarante-deux ans. Demandez à cette bonne sœur tous les soins tendres et maternels qu'elle en a reçus, surtout dans une grave maladie qu'elle a faite en 1864. J'ai vu de mes yeux la bonne mère pleurer, dans la crainte de perdre une vieille compagne de quarante-deux ans.

La sœur Brigitte, qui meurt après avoir passé vingt-cinq ans avec elle, n'emporte dans la tombe qu'une seule peine, celle de quitter sa bonne mère...

Et la sœur Augustine !... Comment s'est-elle comportée pendant la dernière maladie de sa supérieure pour la récompenser de tous les bienfaits qu'elle en avait reçus ? Ah ! celle-ci a bien compris et comprend mieux encore maintenant la valeur des conseils que sa supérieure n'a cessé de lui donner.

17

Et cette petite sœur Martial, que la mère Gertrude donnait souvent pour modèle aux autres ! Est-elle consolée de la perte qu'elle vient de faire ? non. Le sera-t-elle un jour ? j'en doute.

Et cette sublime sœur Pétronille, qui mourut quelques jours avant sa supérieure, combien n'a-t-elle pas eu à se louer de sa chère mère, qui, dans son admiration pour elle, m'a dit bien des fois :

« Qu'elle est sainte, Pétronille ! » Et elle ne se trompait pas ;

Sœur Pétronille, c'est le dévouement porté à son plus haut degré ;

Sœur Pétronille, pour l'amour de Dieu et de sa supérieure, restant pendant dix ans au moins, le jour et la nuit, l'hiver comme l'été, auprès d'une brute, qui n'a de l'homme qu'une âme imperceptible, et du chrétien que le baptême, avec tous les instincts et tous les appétits de la bête, qui demande à manger en ouvrant la bouche et à boire par un grognement sans articulation ;

Sœur Pétronille, qui disait à son directeur : « Plus je travaille, plus je suis heureuse, » et qui se cachait de sa supérieure pour faire la besogne des autres ;

Sœur Pétronille, qui, dans sa maladie, se plaignait à Dieu de ne pas assez souffrir.

Pétronille, cette sœur, cette noble sœur converse, la dernière des sœurs de la maison, qui vit la mort approcher sans crainte, pourquoi ne serait-elle pas l'une des premières dans la maison du Dieu de la crèche ? c'est justice !... Elle fut si humble et si charitable sur la terre !

La nécessité d'abattre l'ancienne maison force la supérieure générale d'emmener la sœur converse à la Grande-Bretêche, où elle meurt victime de son dévouement. A son départ d'abord, à la nouvelle de sa mort ensuite, la mère Gertrude est profondément affligée; mais à son départ, l'obéissance est là, à sa mort, l'espérance de bientôt la revoir la console et, par son obéissance et sa résignation, elle ajoute un nouveau mérite à tant d'autres.

Que les faux amis du peuple osent mesurer leur vaine philanthropie avec la charité chrétienne de la pauvre sœur converse, et nous verrons qui l'emportera! Nous en appelons au peuple lui-même; pour nous la victoire n'est pas douteuse.

Que nos petits maîtres passent seulement une journée avec notre idiot, lui rendant tous les services que la bonne sœur lui prodiguait, et nous verrons s'ils auront encore un sourire de pitié pour elle en la voyant passer dans les rues! Que serait-ce donc s'ils restaient dix ans auprès d'un être qui n'a pas une étincelle de raison? Hélas! en ont-ils beaucoup plus, en insultant à l'habit de cette victime de la charité chrétienne?

Sœur Perpétue, qui ouvre la porte pendant trente ans, pourrait vous dire ce qu'elle pense de sa bonne mère; et Marie, qui depuis dix ans fait la cuisine, n'eût jamais eu la force de quitter la maison de santé avant la mort de celle qui la chérissait comme si elle eût fait partie de la communauté.

Ce concert unanime d'amour et de louanges de la part des sulbaternes pour une maîtresse de maison, est si rare que je l'ai seulement rencontré dans la maison de santé de la Riche, sans en excepter même les autres maisons religieuses.

Vous ne connaîtriez pas cependant la mère Gertrude si vous pensiez que son amour pour ses sœurs fût porté jusqu'à la faiblesse. S'il en eût été ainsi, elle n'eût pas été tant regrettée ; les inférieurs n'aiment pas les supérieurs qui manquent par faiblesse à leur devoir.

La mère Gertrude, surtout quand il s'agissait des soins à donner à ses malades, était d'une exigence dont on ne l'eût pas crue capable à moins de l'avoir vue à l'œuvre ; c'étaient les frères de J.-C., rien ne devait leur manquer. La moindre négligence était réprimandée, et la sœur, par devoir et par amour pour sa supérieure, faisait mieux, et tout était oublié ; car la bonne mère foulait aux pieds ces sottes vanités des petites âmes qui, sous prétexte de dignité, en pardonnant, se drapent encore dans un silence ridicule, ou cachent leur visage d'un voile trop diaphane pour ne pas laisser voir l'orgueil qui perce à travers. A leurs yeux, sans doute, Jésus-Christ ne conserve pas sa dignité quand il jette seulement un regard de tendre compassion à saint Pierre qui le renie et quand il se contente de dire à Judas qui le trahit : « Mon ami, qu'êtes-vous venu faire ici. »

En religion, les deux premières vertus d'un supérieur, c'est la douceur et l'humilité ; qui oserait le nier quand Jésus-Christ a dit :

Je suis doux et humble de cœur.

Peu de personnes ont possédé, au même degré que la mère Gertrude, le sens du toucher, pour reconnaître les maladies du

corps ; et ce sens devenait du tact quand il s'agissait des maladies de l'âme, des caractères plus ou moins bizarres, de la manière à prendre pour les convaincre de leurs défauts et pour
les conduire au devoir. Elle reprenait quand elle espérait de
l'amendement, et le faisait toujours avec tant d'adresse et de
bonté que la personne réprimandée était persuadée que c'était
à contre-cœur et forcée par le devoir que la bonne mère lui adressait des reproches, aussi le plus grand chagrin pour elle était
d'avoir fait de la peine à celle qu'elle aimait tant. Ici je ne pourrais
faire d'application, ni donner d'exemples sans. être indis-
cret. Le lecteur le comprendra ; les portraits que je tracerais
seraient aussitôt reconnus, puisque les personnes vivent encore.
Tout ce que je puis dire sans froisser personne : elle fut supérieure quarante-deux ans ; pendant ce temps elle a toujours eu
avec elle au moins six sœurs, qui toutes, sans exception, l'ont
aimée et vénérée comme la meilleure des mères. Plusieurs
sont mortes dans la maison de santé ; trois seulement en sont
sorties ; deux, pour leur bien, ont été envoyées à la maison-
mère ; la troisième, qui était une sœur converse sans vocation,
a quitté la communauté par les conseils de sa supérieure,
qui, loin de l'oublier, la nourrit jusqu'à la mort ; la pauvre
fille était sans ressources.

En agissant ainsi, la mère Gertrude donne encore un
exemple à suivre. Quand une sœur sort d'une communauté,
c'est fâcheux, surtout quand elle a perdu sa vocation par sa
faute ; mais on doit toujours se rappeler que, si la pauvre fille
n'appartient plus à la communauté, elle appartient encore à l'E-
glise, et que bien souvent elle est plus à plaindre qu'à blâmer.

D'où venait ce tact exquis dont la mère Gertrude donne tant de preuves pendant sa vie et principalement durant le temps qu'elle est à la tête de la maison de santé de La Riche, sinon de la connaissance approfondie qu'elle a du cœur humain ? Au moyen de cette science, que Dieu lui donne, elle ne connaît pas moins les maladies de l'âme et les soins qu'elles réclament, que les infirmités du corps et les topiques qui doivent les guérir. Cependant, en morale comme en chirurgie, en religion comme en médecine, elle se défie tellement d'elle-même qu'elle préfère consulter les prêtres et les médecins pour donner aux personnes qui la consultent des avis profitables et des conseils salutaires. Avec autant de circonspection, elle n'assume jamais, dans les cas difficiles, la responsabilité des prescriptions ou des avis, qui ne seraient pas moins dangereux pour les âmes que ne le serait pour les corps une opération intempestive pratiquée par un médecin qui n'en aurait pas prévu toutes les conséquences. Aussi son jugement ne se trouvait-il jamais en défaut; aussi était-elle moralement sûre d'obtenir tous les succès possibles.

Elle jugeait les âmes avec sa foi, les cœurs avec une grande indulgence, les esprits avec une sagacité bien rare. Avec toutes ces qualités, dont elle ne se doutait pas, elle était d'une admirable simplicité. Quand elle voulait engager à la persévérance, elle parlait de l'enfer à éviter, du purgatoire à expier ici-bas, et du ciel à conquérir. Prêchait-elle le repentir ? selon les dispositions du moment, d'après la nature, le tempérament et le caractère de chacun, elle mettait, sous les yeux de la personne qu'elle voulait ramener au devoir, la religion avec ses menaces et ses récompenses. Aux oreilles des gens de cœur, elle faisait vibrer bien haut les noms magiques de délicatesse et d'honneur. Elle usait ici d'une vigueur mitigée par les promesses du pardon ; là, de reproches doux et amers, commandés par le sentiment du devoir. Il y avait en elle du Fénelon et du Bossuet, du François de Sales et du François Xavier, ou mieux encore du Jésus, si simple dans ses paroles, si clément dans ses reproches et, si débonnaire envers tous les pécheurs auxquels il pardonne toujours. C'était son modèle ; elle ne le perdait jamais de vue. Aussi j'oserai dire que la bonne mère était la morale de Jésus-Christ en action. Son exemple était un langage mille fois plus puissant sur les âmes, que les phrases arrondies des rhéteurs, que les discours des orateurs les plus célèbres. Voilà pourquoi cet exemple opérait des prodiges de sanctification dans la personne de ses sœurs, et de conversion dans ses malades. Voilà pourquoi j'ai vu de mes yeux, pendant 35 ans, les religieuses de sa maison rivaliser de zèle pour le service de Dieu et des infirmes, manger un potage maigre pour donner du bouillon gras aux malades, se contenter d'un bouilli bien sec, afin de porter aux victimes de la douleur, du rôti ou des côtelettes, enlever de leur table des mets qu'elles trouvaient trop délicats, pour les offrir avec bonheur à ceux qui réclamaient de plus grands soins. Elle ne se trompait donc pas, Madame Saint-Pierre, quand elle m'écrivait, comme nous l'avons vu plus haut, que souvent la mère Gertrude s'imposait des privations pour donner ce qu'elle avait de meilleur aux malades. Avec un tel exemple, nous ne serons point étonnés de rencontrer dans toutes les sœurs qui mangeaient à sa table, un grand mépris pour les mets recherchés : *Partout, l'exemple du roi fait loi.* N'est-ce pas encore à l'aide de cet exemple que nous avons vu toutes les conversions qu'elle a faites dans ses salles et parmi les visiteurs nombreux qui, venant lui demander des remèdes pour le corps, emportaient avec ces remèdes le souvenir de ses vertus et la résolution de mieux faire.

Jusqu'au moment où des douleurs aiguës viennent enchaîner son zèle, elle ne se contente pas de donner à ses sœurs l'exemple de la frugalité, son activité leur inspire encore l'amour du travail.

Le matin, après la prière et la méditation, pendant que ses sœurs vont à la messe de six heures, elle fait sa première visite aux malades. Sa présence apaise les douleurs de la nuit et donne l'espérance d'un jour meilleur. Cette fée bienfaisante avait pour chacun d'eux un mot d'encouragement, de confiance, qui faisait toujours du bien au cœur ; quelquefois même elle promettait une guérison prochaine, qui transportait de joie ceux qui l'entendaient ; et comme ses visites ne se faisaient jamais sans un mot d'édification, chaque malade était disposé à supporter plus patiemment les souffrances, à mieux espérer de l'avenir ou à remercier Dieu d'une guérison certaine.

Lorsque les sœurs arrivaient de la messe de six heures, elle partait pour l'église, après avoir bien recommandé de donner aux malades les soins et les remèdes qu'elle avait jugés nécessaires dans sa visite. A son retour, en déjeûnant elle demandait si ses ordres avaient été bien exécutés, si tous les malades avaient exactement pris leurs potions. Quand on lui signalait quelque récalcitrant, elle allait promptement le raisonner et réussissait presque toujours, par sa bonté ou par son enjouement, à leur faire avaler les pilules les plus amères ; quelquefois même, elle usait d'une certaine sévérité qui faisait céder les plus entêtés. Ensuite elle donnait quelques encouragements à ses sœurs, qui se rendaient aussitôt dans les salles, pour y exercer les œuvres de charité que la bonne mère leur avait confiées. Vers neuf heures, arrivait le médecin, qu'elle accompagnait toujours dans ses visites pour écouter ses observations et faire exécuter ses ordres.

C'est dans ces visites quotidiennes qu'elle puise cette science pratique de la médecine, qui la met à même de rendre les plus grands services à la société. Instruite à l'école des deux Tonnellé, qui ne manquaient pas de mérite, le fils surtout, et du docteur Herpin, qui valait bien ses prédécesseurs, elle fait très-judicieusement la comparaison des trois, en s'appropriant ce qu'elle trouve de meilleur dans chacun d'eux. Semblable à l'abeille, qui va butiner sur toutes les fleurs le suc dont elle doit plus tard pétrir son miel, la mère Gertrude prenait de ces trois célébrités médicales les remèdes les plus efficaces, n'oubliant jamais d'examiner non-seulement les effets produits par ces remèdes sur les divers tempéraments, mais encore interrogeant les docteurs sur la manière de les administrer, sur la quantité, sur l'opportunité et sur les soins à donner pour le reste de la journée. Il faut bien le dire enfin, elle profitait même des fautes des médecins pour leur donner, sous la forme d'une interrogation adroite, faite à la visite suivante, des leçons dont les plus savants eux-mêmes ont quelquefois besoin.

Cette médecine, comme je l'ai déjà dit, fondée sur la pratique, éclairée par la réussite et par les fautes mêmes, a plus d'une fois opéré des guérisons qui étonnaient les médecins, à tel point qu'ils lui renvoyaient quelquefois, quand ils n'avaient pas le temps de les recevoir, les personnes qui venaient les consulter.

Après sa visite, le médecin faisait souvent des opérations auxquelles la bonne mère assistait toujours avant sa maladie; ensuite venait son modeste dîner, puis sa chambre était ouverte à ceux qui venaient la consulter, de tous les quartiers de la ville et de tous les points du département. Comme le plus souvent elle les guérissait, sa clientèle s'augmentait d'autant plus rapidement chaque année, que les consultations étaient gratuites, quelquefois même elle donnait aux plus malheureux les remèdes qu'elle avait ordonnés. A la suite de ces consultations, qui duraient jusqu'à cinq heures, elle disait son office, son chapelet et ses autres prières, jusqu'au moment de souper, après quoi elle ne manquait jamais de faire une visite à tous ses malades; enfin tous les soirs à neuf heures, elle allait demander à son lit les forces nécessaires pour recommencer le lendemain ce qu'elle avait fait la veille.

A son école se sont formées des sœurs qui continueront, sous la nouvelle supérieure de la maison de santé de Lariche et dans bien d'autres établissements, à travailler courageusement à la guérison des corps et au salut des âmes.

Dans les derniers temps de sa vie, comme elle ne pouvait plus rien faire, ses pauvres sœurs étaient accablées de travail sans jamais se plaindre, passant la moitie des nuits auprès des mourants et des morts. Malgré tout le soin qu'elles prenaient

pour cacher leurs fatigues à l'excellente supérieure, la mère
Gertrude, qui les devinait, était profondément touchée de leur
délicatesse, et bien affligée de les voir se sacrifier pour elle et
pour ses malades. La petite sœur Martial surtout était sur le
point de succomber.

Avant de terminer ce chapitre, qu'il me soit permis de dire
combien la sœur Marcelle, sous les ordres de sa bonne mère,
a bien mérité de sa communauté par toutes ses élèves en pharmacie ; car maintenant, dans les hôpitaux des petites villes,
les unes rendent les plus grands services, tandis que les autres,
qui visitent les malades à domicile dans la campagne, sont
très-utiles, en fournissant quelques remèdes aux personnes
trop éloignées des pharmaciens.

Toutes ces sœurs, formées à l'école de la charité par la
mère Gertrude, sont autant de titres pour elles à l'estime du
monde et à la récompense du Dieu qui le premier, du haut de
la croix, créa la première sœur de charité dans la personne
de sa divine mère, en lui recommandant son disciple bien-
aimé.

N'est-ce pas aussi la sainte Vierge et les saintes femmes qui
apprirent aux filles de la Présentation à ensevelir les morts en
couvrant d'un linceuil le corps du Rédempteur des hommes?
Avec une telle origine, chargée d'une telle mission, la fille de
la charité est grande; et je ne suis point étonné d'entendre
l'Impératrice des Français dire, dans une visite qu'elle fit aux
cholériques des hôpitaux de Paris, que le plus beau nom qui
existe sur terre est le nom de *Sœur de la Charité*. Je crois
faire plaisir à mes lecteurs en mettant sous leurs yeux les pa-

roles de **M.** de Sacy qui rend compte en ces termes de la circonstance dans laquelle l'impératrice a prononcé ces mots qui vivront toujours :

« L'émotion, dit-il, était grande, comme on le pense bien, parmi tous ces pauvres gens, la reconnaissance profonde. Tous les yeux étaient mouillés de larmes. Un des malades, dont la vue était déjà peut-être obscurcie par la gravité de son état, ayant répondu à une question que lui adressait l'Impératrice : « *Oui, ma sœur*. — Mon ami, lui dit la sœur, ce n'est pas moi qui vous parle, c'est l'Impératrice. — *Ne le reprenez pas*, a dit vivement l'Impératrice : *c'est le plus beau nom qu'il puisse me donner !* » Noble et généreuse parole ! Expression toute spontanée et généreuse du sentiment à la fois le plus humain, le plus populaire et le plus chrétien ! Délicat et glorieux éloge adressé à ces dignes filles qui se vouent au soin des malades ! Ce nom de *sœur,* en effet, l'Impératrice le méritait bien en ce moment, puisqu'elle remplissait les plus pénibles des fonctions qui la font bénir, et elle s'honorait justement de le mériter ! Impératrice et sœur de charité, quels plus beaux titres à réunir ! quel éclat ils se prêtent l'un à l'autre ! Elle retentira dans tous les cœurs, cette touchante parole ! Elle ira consoler jusque sur le simple grabat ceux qui souffrent et qui meurent obscurément ! Elle encouragera tout le monde à faire son devoir et à se souvenir que, malgré la légitime différence des rangs et des fortunes, il n'y a devant la souffrance et devant la mort que des frères qui se doivent un appui mutuel et ces offices du cœur, plus faits encore pour soulager que des secours matériels ! »

Ces paroles font honneur à **M.** de Sacy lui-même. Je ne suis étonné que d'une chose, c'est que **M.** de Sacy n'ait pas ajouté qu'il n'y a de frères que chez les chrétiens, et de sœurs de charité que dans l'église romaine. Un tel aveu eût été digne d'un homme aussi éminent.

La bonne mère Gertrude avait pris à tâche de copier dans toutes ses actions la mère de tous les chrétiens, en se faisant elle-même la mère de tous ceux qui souffraient autour d'elle : maternité presque divine, tous ses malades étant les frères de Jésus-Christ. Quand on voulait la plaindre de ses fatigues, elle montrait la Vierge déjà mère, gravissant en plein été les montagnes de la Judée pour aller visiter sa cousine Elisabeth.

Dans une conversation intime, elle me dit un jour, avec l'enthousiasme de la foi : « J'ai eu le bonheur, ce matin, de faire la sainte communion. Comme la mère de Jésus, j'ai porté dans mon cœur son fils, mon Dieu; ma provision de force est faite pour la journée. Je vais maintenant soigner ses frères, les pauvres, qui souffrent dans leur lit comme il a souffert sur la croix. Je le sens, je puis tout en Celui qui me fortifie. »

Qu'ils sont coupables, ces hommes voulant arracher au cœur de la femme chrétienne cette foi divine qui lui inspire de si nobles sentiments ! Le plus avare des mortels voudrait-il, à prix d'argent, faire un seul jour ce que la sœur de charité fait toute sa vie? consentirait-il à servir dans les hôpitaux, ces ouvriers qui le nourrissent, qui le vêtissent, et qui tous les jours grossissent son trésor, quand la maladie les conduit entre les mains d'une sœur hospitalière? Non, l'indigence et les cris de ces malheureux le mettent en fuite, parce qu'ils ne peuvent plus rien pour ses propres jouissances. Au moins, puisqu'il n'a pas le courage de les soigner dans leurs maladies, pourquoi veut-il les priver des tendres soins que leur prodiguent les sœurs de la mère Gertrude? N'est-ce point pour les replonger dans l'esclavage d'où les a tirés le grand Pauvre, en versant sur la croix son sang généreux, pour noyer dans ses flots divins la servitude du peuple, qui veut au moins la liberté de mourir entre les mains des filles de la charité? Ouvrier, est-ce la vérité? Vois, pèse et considère lequel des deux t'aime le plus, de celui qui veut te corrompre pour t'asservir, ou de celle qui fait le sacrifice de sa liberté pour te servir.

Il est des hommes orgueilleux, ennemis du peuple qui voudraient à tout prix tarir la source où la sœur de charité puise ses forces; mais le souverain qui veille sur nos destinées, l'époux de cette IMPÉRATRICE - SŒUR DE CHARITÉ, le père de cet enfant qui a pour parrain l'immortel Pie IX, depuis longtemps le refuge et le père nourricier de tous les exilés de leur patrie, l'Empereur des Français veillera toujours sur cette source divine et romaine, sans jamais permettre à une main sacrilége d'en tarir les eaux salutaires qui ravivent le courage des filles de la religion. La rage de l'impie, au contraire, tarira dans son cœur égoïste, tandis que les flots de la charité chrétienne couleront toujours de Rome dans les cœurs de ces femmes généreuses qui les déverseront dans le cœur du peuple, altéré d'un bonheur que les richesses elles-mêmes ne peuvent jamais donner: la liberté des enfants de Dieu ici-bas, liberté qui doit précéder l'éternelle et sainte fraternité des habitants du ciel.

La mère Gertrude a laissé un bel exemple qui ne périra jamais. Avec sa foi et sa charité, les sœurs opéreront encore des prodiges et se disposeront comme elle à paraître devant Dieu les mains pleines de bonnes œuvres. Pour les encourager dans cette noble carrière, nous allons contempler la bonne mère sur son lit de souffrance, où elle sera pour elles et pour nous un exemple de foi vive, de patience admirable et de parfaite résignation à la volonté divine.

CHAPITRE XV.

La maladie.

*Cum dilexisset suos qui erant in mundo,
in finem dilexit eos.*

(ÉVANGILE),

Il est écrit du Fils de Dieu : « *Comme il avait aimé les siens
qui étaient dans le monde, il les aima jusqu'à la fin.* » La mère
Gertrude aussi a aimé jusqu'à la mort et sa digne supérieure et
ses sœurs qui étaient depuis si longtemps avec elle, ses pauvres,
ses amis, tout le monde.

Depuis vingt ans, elle était souffrante d'une maladie de foie ;
mais pendant les six derniers mois de sa vie, ses souffrances se
changèrent en martyre. Tous ceux qui ont eu la triste consolation de la voir pendant ces longs jours de douleur, conserveront précieusement dans leur mémoire sa présence d'esprit, son
humilité profonde, sa foi ardente, sa charité croissant avec son
martyre et sa résignation chrétienne qui grandissait toujours à
l'approche de la mort. La connaissance qu'elle avait de sa maladie ne lui laissait aucun doute sur l'avenir. Elle avait vu tant

de malheureux succomber aux souffrances qu'elle endurait !...
Cependant elle regardait en face cette mort imminente et certaine, mais les jugements de Dieu l'effrayaient. Elle avait tant d'humilité qu'elle se croyait indigne de paraître devant lui, quoique ses mains fussent chargées de présents à lui faire. Dès le commencement de ses grandes souffrances, à tous elle parlait de sa mort, excepté à une seule personne qui n'était pas assez courageuse pour supporter l'idée d'une séparation, momentanée, il est vrai, pour des chrétiens, mais qui n'en déchire pas moins les cœurs sensibles. Un jour que cette personne, qui l'aimait tendrement, se réjouissait d'un peu de mieux, la pauvre malade lui dit : « C'est vrai, bientôt cependant il faudra nous quitter, pauvre enfant ! là-haut nous nous retrouverons, n'est-ce pas ? Vous me le promettez. — Oui, ma mère ! »

Dès les premiers jours de janvier 1865, elle est forcée de rester plus tard au lit. Comme les nuits étaient longues et presque sans sommeil, elle souffrait beaucoup sans se plaindre et sans demander une seule potion pour calmer ses douleurs, dans la crainte d'éveiller la sœur qui couchait dans sa chambre. « *Ce serait bien mal à moi*, disait-elle, *de troubler son sommeil ; je me le reprocherais devant Dieu.* »

Les jours n'étaient pas meilleurs que les nuits. Elle tenait à s'occuper de tous les détails de l'administration, et chaque sœur venait lui demander ce qu'elle devait faire, quels étaient les remèdes à préparer et les soins à donner aux malades. Malgré ses douleurs atroces, elle poussait la charité jusqu'à donner encore quelques consultations aux personnes du dehors.

Quand ses crises, qui furent très-fréquentes, étaient passées, elle reprenait aussitôt cet air de gaieté naturelle qui trompa plus d'une fois sur sa santé ceux qui n'étaient point les témoins de ses horribles souffrances. Lorsque des étrangers surtout la visitaient, elle avait assez de courage et de puissance sur elle-même pour ne rien laisser apercevoir du mal qu'elle endurait. A ceux qui lui parlaient de sa santé, elle répondait comme si on lui eût parlé d'une autre personne. A ses familiers, elle disait qu'elle avait, il est vrai, souffert un peu, mais qu'elle n'y pensait plus. Alors, sa plus grande préoccupation était pour ses pauvres sœurs, surchargées d'ouvrage. Aussi la voyons-nous prendre les précautions les plus délicates pour ne point augmenter leur travail, en se privant quelquefois de les déranger lorsqu'elle souffrait beaucoup. Ce fut à peu près dans ce temps qu'elle imposa silence à une personne, amie trop empressée, qui voulait appeler les sœurs pour lui donner quelques soulagements. « *Laissez-les*, lui dit-elle avec une grande animation; *elles souffrent autant de leurs fatigues, que je souffre de mes douleurs.* »

Le peu d'aliments qu'elle avait pris jusque-là ne pouvant plus passer, elle était réduite à boire un peu de lait tiède et à sucer quelques petits gâteaux sucrés que lui avait apportés le bon abbé Mars. Malgré sa faiblesse extrême, elle voulait encore aller à la sainte messe pour y communier. Quelquefois aussi elle se rendait le soir à la bénédiction du Refuge. Sa plus grande consolation, quand elle ne pouvait faire sa visite au saint Sacrement, c'était son chapelet.

Les remèdes devenant de plus en plus inefficaces, elle avait recours à la patience, qui ne lui fit pas défaut un seul instant.

Après des plaintes extorquées par la nature à sa volonté, elle disait avec l'accent d'un doux repentir : « *Pauvre vieille Gertrude, tu n'es pas brave ! car tu souffres moins que ton maître, qui ne se plaignait point.* » Auprès d'elle le médecin était toujours embarrassé : il savait qu'elle n'ignorait point sa position, qu'elle ne se faisait aucune illusion sur l'issue prochaine de sa maladie. Aussi disait-il souvent à la sœur qui le reconduisait après sa visite : « Il est très-difficile de traiter une personne qui connaît si bien sa position. » Un jour, le bon docteur, qui lui était sincèrement attaché, lui dit : « Vous souffrez beaucoup ? Elle répondit : « *Oui, au point que je serais tentée de me plaindre, si je ne pensais aux souffrances de la Croix.* » Pendant ses vomissements, des douleurs horribles lui arrachaient quelques gémissements qu'elle étouffait avec une force surhumaine.

Au commencement de février, un mieux factice donne l'espérance sinon de la guérir, au moins de prolonger ses jours. Les uns puisaient leur confiance dans sa riche constitution; les autres comptaient sur la science du médecin, qui pourtant ne donnait aucune espérance ; et cependant tous espéraient, parce que tous l'aimaient. Elle seule restait sans espoir ; elle comptait déjà les mois qui la séparaient de l'éternité, comme plus tard elle compta les semaines et enfin les jours.

A la fin de février, une crise plus forte que toutes les précédentes vint détruire les illusions que l'amour avait fait naître dans les cœurs amis. Après avoir passé une nuit orageuse, elle reste toute la journée sans se lever. Le docteur est effrayé, sans pourtant craindre une fin prochaine. Je me le rappelle bien, il me dit ce jour-là même : « Elle peut vivre encore quelques mois, avec des douleurs atroces. » Elle-même sentait bien qu'elle avait encore quelque temps à souffrir ; mais craignant cependant pour elle les illusions qu'elle avait vues dans un si grand nombre de malades, elle dit à M. l'abbé Roze, curé de La Riche, son confesseur : « *Peut-être vais-je mourir plus tôt que je ne le pense ! si j'allais être surprise !...* » Il fallut alors que M. le curé lui promît de l'avertir quand le moment fatal serait venu ; et nous verrons plus tard que cet excellent prêtre n'oublia point sa promesse.

La vie active, avec son dévouement extérieur, a, c'est ma pensée tout entière, autant de mérite aux yeux de Dieu, que la vie contemplative. Mais lorsque cette vie active est alimentée par une foi vive et une charité ardente, c'est le dernier degré de la perfection sur terre. C'est la vie des trois dernières années du Sauveur. Il se rencontre maintenant des hommes qui ne savent point découvrir la vie intérieure, la vie de la foi, sous l'écorce profonde d'une humilité qui cache, aux yeux de certains mystiques de nos jours, les richesses les plus agréables à Dieu. Nous les entendons à chaque instant exalter la vie contemplative, que souvent ils ne connaissent point ou qu'ils comprennent mal, au détriment de la vie active, et pour s'étayer d'un exemple divin, ils ne manquent jamais de jeter à la face avec une ridicule emphase les paroles de Jésus-Christ, à Marthe et à Marie. Ne feraient-ils pas mieux d'expliquer ce passage avec saint Augustin, qui tranche ainsi la question : « *Martha et Maria duæ sorores erant ambæ non solum carne, sed etiam religione germanæ ; ambæ Domino cohæserunt, ambæ Domino in carne presenti concorditer servierunt.* »

La vie de la charité n'est-elle pas la seule vie du chrétien, qui n'expose point ici-bas aux illusions ni à l'égoïsme. Cette vie de la mère Gertrude, qui s'écrie, dans l'ardeur de sa charité : « Ce n'est plus moi qui vis, c'est Dieu et le prochain qui vivent en moi, » n'est-elle pas le vrai sentiment de l'amour de Dieu, sentiment qui répond au premier commandement du Décalogue, autant que le comporte la faiblesse d'une créature humaine? Aussi je ne suis point étonné quand un prêtre qui confesse beaucoup à Tours vient me dire qu'il admire dans la mère Gertrude, pendant sa dernière maladie, cette vie intérieure, voilée par les obligations extérieures de sa position ; aussi quand ces obligations cèdent à la maladie qui vient déchirer le voile de son humilité, il découvre en elle une piété tendre et les doux épanchements d'une âme fervente.

Les mois de mars et d'avril se passent avec des alternatives de crises violentes et de mieux peu sensibles, dans lesquelles la nature perdait tous les jours de ses forces sans jamais lasser l'admirable patience et le courage enté sur la foi de cette femme supérieure.

Pour faire la sainte communion toutes les semaines au moins une fois, elle ne voulait rien prendre après minuit par respect pour son Jésus, quoiqu'elle eût pu dès lors communier en viatique, ce qu'elle fit seulement dans les dernières semaines de sa vie. Elle aimait mieux souffrir toute la nuit pour offrir dès le matin les prémices de son âme et de son corps au Dieu de son cœur. (En passant, merci au bon abbé Fauquet, aumônier des petites sœurs des pauvres, qui venait avec tant de bonheur, à six heures du matin, lui donner la sainte communion). Dans ces visites fréquentes que lui faisait le bon maître, elle ne manquait pas de lui offrir le sacrifice de sa vie, à laquelle elle tenait seulement pour les soins qu'elle donnait au prochain, imitant en cela le thaumaturge des Gaules. Quand elle versait une larme en pensant à la mort, ce n'était pas la mort qu'elle redoutait, c'était le jugement. « Je ne crains pas de mourir, disait-elle souvent à son confesseur; mais je crains Dieu. J'ai été si négligente toute ma vie à servir le bon maître!! Qu'ai-je donc à faire, ô mon père, pour être digne de paraître devant lui? » A son directeur, qui lui répondait en faisant un petit examen de sa vie passée, elle disait avec une naïveté admirable : « Rien de tout cela ne m'inquiète. Oui, j'ai toujours bien rempli mes devoirs d'hospitalière, du moins je le crois; mais j'ai si mal prié! » Il eût été facile au saint prêtre de lui montrer que son assiduité à tous les exercices de piété commandés par la règle étaient la preuve d'une fidélité bien méritante ; son humilité n'eût pas accepté une telle solution; il fallait en appeler à sa foi : aussi ce prêtre, versé dans la direction des âmes privilégiées, eut-il recours à cette vertu, en lui disant : « Eh bien! si vous croyez n'avoir point assez prié dans votre vie, ne pourriez-vous pas maintenant réparer dans une minute ce que vous craignez d'avoir négligé autrefois? Un seul *Pater noster,* dit en communion avec notre Seigneur Jésus-Christ ne peut-il pas faire oublier à Dieu la négligence que vous prétendez avoir mis dans vos prières?

« — C'est vrai, disait-elle; mais déjà je n'ai plus la force de prier. Quand je commence à le faire, ma tête s'égare.

« — Dieu, sans doute veut que nous l'aimions de toutes nos forces et que nous le priions avec ferveur, mais il ne commande jamais l'impossible.

« — C'est vrai.

« — Vous faites bien tout ce que vous pouvez ?

« — Je le pense.

« Alors ayez confiance dans celui qui connaît la pauvre nature humaine. Le sang qu'il a versé au sommet du Calvaire a coulé sur la croix pour nous aider à payer nos dettes. »

Les vomissements de la pauvre malade, augmentant toujours, donnèrent des inquiétudes plus sérieuses à son confesseur, qui jugea opportun d'accomplir la triste et noble mission qu'elle lui avait confiée, en lui disant avec une délicatesse exquise qu'il fallait se préparer à mourir.

« — *Oui*, » lui répondit-elle avec moins d'émotion qu'elle n'en ressentait quand elle annonçait cette terrible nouvelle à ses malades, « *Oui, je le sens, je vais mourir, et je veux faire mes préparatifs en conséquence.* »

Ce jour-là même, pendant ma visite quotidienne ; elle parut bonne et gaie comme les jours précédents, craignant sans doute de m'affliger. Comme elle était plus souffrante, je lui dis « Bonne mère, pauvre martyre, vous paraissez en proie à d'affreuses douleurs. » Sans rien répondre, elle me montra son crucifix, avec cet air que devait avoir la sainte Vierge, lorsque son divin fils suspendu à la Croix lui dit : « *Mère, voici votre fils.* » Comme je ne pouvais rien dire à cause de la profonde émotion que je ressentais, elle me montra de nouveau son crucifix en ajoutant : « Est-il enfant ! soyez donc un chrétien, un homme au moins ! » Alors le silence qui se fit entre nous deux en disait beaucoup plus que des lamentations et des gémissements.

Quelques instants après , je voulus empêcher le bruit que l'on faisait dans le bâtiment neuf, bruit dont elle souffrait cruellement ; elle me dit d'une voix haute et brève : « *Restez ici, ce n'est pas votre affaire. Il faut savoir souffrir pour arriver au ciel.* »

Dans ces derniers temps, M. l'abbé Ménier, curé de Joué-les-Tours, vint la voir, et comme il lui demandait avec beaucoup d'intérêt des nouvelles de sa santé , elle lui répondit avec un sourire ineffable : « *Eh bien ! Monsieur le Curé, la voilà comme les autres la pauvre vieille Gertrude : il lui faut rendre ses comptes à Dieu.* »

Monsieur l'abbé Regnard, qui la visitait de temps en temps avant sa maladie, vint aussi l'encourager dans ses souffrances. Elle était heureuse d'entendre ce bon prêtre qui l'amusait en lui racontant certaines petites histoires pieuses qui faisaient plus de bien à son âme que de longs sermons. Elle écoutait avec plaisir des récits qu'il jugeait propres à édifier une religieuse et à distraire une malade. Non-seulement, dit ce bon abbé, la mère Gertrude conservait une sérénité inaltérable, elle savait encore mêler à la conversation certains traits qui faisaient plaisir à ceux qui venaient la consoler. « Bonne mère, lui dit un jour son visiteur , *quand vous arriverez au paradis, vous ferez rire les saints. — Là haut,* répond-elle, *on ne rit plus, on est trop content.* « Expression simple qui cache une pensée pleine de justesse : Dieu semble avoir donné à la créature raisonnable la faculté de rire, pour faire diversion aux peines de la terre. Mais dans le ciel il n'y a plus de douleurs, Dieu lui-même essuie les larmes de ses amis en leur donnant une joie inaltérable.

La mère Gertrude avait une profonde reconnaissance pour un bon prêtre du voisinage, qui vint lui faire aussi ses adieux, parce que ce prêtre, aux sentiments délicats, portait une affection sincère à une personne qu'elle aimait d'un amour maternel.

En voyant un autre ecclésiastique, qu'elle avait perdu de vue sans jamais l'oublier, elle lui rappelle avec bonheur les jours de son enfance, où il venait avec tant de piété servir la messe de la communauté. La mère Gertrude, avec la mémoire du cœur, s'était toujours intéressée beaucoup au sort de ce prêtre, l'un des plus distingués du diocèse.

Elle ressentit, dans ses derniers jours, une peine bien vive, au départ de la bonne sœur Pétronille pour la communauté ; mais l'obéissance lui imposant silence, elle ne se plaignit point ; elle comprit même la pensée bienveillante qui dirigeait la supérieure générale dans cette circonstance pénible, comme dans une autre dont nous allons parler bientôt. Cependant elle souffrit de cette séparation, connaissant tout le mérite de la pieuse converse et tout son dévouement pour elle et pour ses malades. Le directeur de sœur Petronille disait, en parlant d'elle, que c'était une âme d'élite que Dieu favorisait des plus sensibles consolations dans ses exercices de piété. Ne soyons donc point étonnés de voir la mère Gertrude pleurer à son départ.

Quelques jours après cette séparation cruelle, on vint annoncer à la maison de santé, la mort de sœur Pétronille. On voulait cacher cette triste nouvelle, qui devait impressionner vivement la bonne mère. Malgré toutes les précautions, elle devine aussitôt ce qu'on voulait lui céler, elle s'afflige beaucoup d'abord et dit : « Elle est arrivée, elle !... Bientôt, avec la grâce de Dieu, j'irai la rejoindre. » Puis elle n'en parle plus jusqu'au moment où Dieu la réunit à celle qu'elle avait tant estimée sur la terre.

La seconde peine non moins vive qu'elle ressentit alors fut de quitter sa vieille demeure qu'elle avait habitée quarante-deux ans, sans jamais presque en sortir. Mais la supérieure générale avait encore raison ; la bonne mère Gertrude était bien à l'étroit dans sa chambre provisoire, puis la mère du Calvaire tenait à ce que la pauvre malade, qu'elle estimait entre les premières de sa communauté, mourût dans cette maison, pour la bénir de son dernier souffle. Plusieurs fois pendant la maladie, surtout dans les derniers jours, la supérieure générale venait la voir à chaque instant, et lui manifestait le désir de lui voir étrenner le nouveau bâtiment, en lui répétant : « Que le bon Dieu fasse un miracle, au moins, pour que vous preniez possession de la maison neuve ! »

Un vieux marin qui voit sombrer contre un écueil, ou tomber sous la hache des démolisseurs, le vaisseau qu'il a monté pendant quarante-deux ans, s'afflige et pleure en montant sur un navire tout neuf et plus grand. Ainsi fut la bonne mère. En quittant sa vieille masure pour aller habiter une demeure plus grande et plus somptueuse, elle s'afflige elle aussi ; mais elle ne pleure pas.... ses yeux sont toujours braqués sur l'Arche du Seigneur qui ne craint ni les flots de la mer, ni les haches des démoliseurs....

Transportée dans sa nouvelle chambre avec ses souffrances

et sa faiblesse, elle comprend parfaitement qu'elle en sortira bientôt pour faire le grand voyage de l'éternité. Elle en parle à ses sœurs, en leur disant que ce ne sont pas les murs qu'elle regrette, mais bien ses filles chéries, les douces et fidèles compagnes de son exil.

Il est une personne dont je ne dois point taire le zèle et l'amitié constante : c'est la bonne sœur Zélie, de l'hospice général, sa compagne de noviciat et sa compatriote. Cette bonne fille n'aurait pas voulu quitter la malade d'un instant. Bien des fois, la mère Gertrude m'a dit qu'elle était très-sensible à cet attachement si pur et si désintéressé de l'excellente religieuse.

Comme le mal s'aggravait de plus en plus et que le danger devenait imminent, son confesseur venait lui-même apporter le saint viatique et restait après la communion avec elle, pour l'aider à faire son action de grâces. Je suis certain qu'il est sorti plus d'une fois de la chambre de la malade bien attendri en pensant à la perte qu'il allait faire lui et toute sa paroisse.

Deux mois avant sa mort, au moment d'une crise, elle avait dit à ses sœurs, qui lui parlaient de l'extrême-onction : « Merci ; le temps n'est pas venu, nous attendrons ; vous serez averties. » Elle comptait sur la parole de son directeur et elle se tranquillisait. Le temps arrivé, comme nous l'avons dit plus haut, avertie qu'elle va bientôt mourir, elle demande et reçoit l'extrême-onction avec une piété angélique.

Le même jour la révérende mère générale était présente avec toutes les sœurs de la maison autour du lit de la malade. M. le curé, avant de lui donner le saint viatique, l'avertit qu'il est temps de dire adieu à sa supérieure et à ses sœurs. Alors, sans hésiter, d'une voix forte, distincte, solennelle comme la voix d'un criminel qui avoue les plus grands crimes, elle parle en ces termes :

« Je suis heureuse que les circonstances aient amené ici ma révérende mère pour manifester devant elle les sentiments qui m'animent pour la communauté. Avant de paraître en la présence de Dieu, je renouvelle devant elle, mes vœux de pauvreté, de chasteté et d'obéissance, et je lui demande pardon de tout ce que j'aurais pu faire qui l'eût contristée. J'ai sans doute fait souvent de la peine à mes chères sœurs par mes vivacités : mais connaissant mon cœur, elles me pardonneront et prieront Dieu de me pardonner. »

Puis elle continue de parler au milieu des larmes et des sanglots de l'assistance, pour remercier M. le curé de tous les soins qu'il lui avait prodigués, et le prier de s'intéresser toujours à ses sœurs. M. le curé, qui estimait sincèrement la mère Gertrude, M. l'abbé Leclerc, qui, par respect pour elle, avait assisté à la cérémonie, la supérieure générale, qui voyait mourir une de ses filles les plus chéries, ses sœurs, qui devenaient orphelines d'une mère qu'elles avaient adorée, en un mot, tous admirent la foi puissante, l'humilité profonde, la charité brûlante de celle qui les avait tant édifiés sur la terre ; mais ils redoublèrent d'admiration et d'enthousiasme en la voyant à la porte de l'éternité leur tracer à tous le chemin qui conduit au ciel; semblable à ces braves qui montent les premiers à l'assaut, elle eût encouragé les plus lâches. Quel effet ne dut pas alors produire sa parole sur des âmes aussi bien trempées, qui conserveront, j'en suis sûr, profondément gravés dans la mémoire ces adieux sublimes de la sœur de charité.

Ne nous lassons point d'admirer cette femme forte jusqu'à son dernier soupir. La mission est pénible, le calice est amer, des sanglots bruissent dans nos cœurs, nos larmes coulent ; mais soyons courageux comme elle jusqu'à la fin.

Quelques jours avant sa mort, elle fit écrire dans les régistres des fondations la reconnaissance qu'elle emportait pour la supérieure générale ; et comme on lui demandait quand il faudrait lui remettre ce régistre, elle répondit avec une grande fermeté : « *Après le service !!!* »

Plus la fin approchait, plus les sœurs étaient tristes. Déjà elles ne pouvaient plus retenir leurs larmes, même devant elle. Quand elle voyait couler ces pleurs, quand elle entendait leurs sanglots étouffés, elle leur disait avec une douce sérénité : « *Courage ! Ne faut-il pas faire plus grandement son sacrifice ?* »

Ne pouvant plus prononcer une seule parole, elle demandait à ses filles chéries de prier tout haut, afin de pouvoir les suivre de la pensée au moins.

Son crucifix ne l'abandonne point jusqu'au dernier moment : les yeux toujours fixés sur son modèle, souvent elle colle ses lèvres amoureuses sur les plaies divines ; et tout cela, vous le faites, ô bonne mère ! avec un naturel qui fait couler les larmes de tous ceux qui vous ont tant aimée et qui vous aimeront toujours !!!.....

Quand ses sœurs lui disent : « Tous les malheureux que vous avez envoyés au ciel viendront au devant de vous, elle leur répond dans une langue qui n'appartient à nul autre et qui meurt avec elle : « *Ces chrétiennes-là, sous prétexte que j'ai mis beaucoup d'emplâtres droits et quelques-uns de travers, voudraient me persuader que je ne passerai point par les flammes du purgatoire. Elles sont capables de m'y faire rester plus longtemps que je ne le voudrais.* »

Elle parlait quelquefois en riant de tous ceux qui viendraient là pleurer après sa mort comme si elle eût parlé d'une autre personne.

Avant de mourir elle veut qu'on lui coupe les cheveux, se rappelant ce qui était arrivé à la mort du saint prêtre dont nous avons parlé : « Ma mère, dit-elle à la supérieure, je vous en supplie, promettez-moi que rien de ce qui m'appartient ne sera donné à des étrangers qui voudraient en faire des reliques comme si j'étais une sainte, je n'en suis pas une. »

Je passe sous le silence la bénédiction qu'elle donne au prêtre reconnaissant qui l'appelait sa mère. Nous en avons parlé ailleurs.

La veille de sa mort, au médecin qui l'interrogeait sur sa position, elle répondit : « Ça se vide. » Elle voulait parler d'une tumeur qui était venue aggraver sa maladie de foie, tumeur qu'elle avait longtemps cachée à ses sœurs pour ne pas les effrayer. En disant ces mots, elle regardait fixement le médecin pour voir l'effet que ses paroles produisaient sur lui ; elle savait que c'était le signe certain d'une fin prochaine. Le bon docteur, ne pouvant répondre un mot, sortit dans l'admiration du courage sublime de cette femme qui voyait déjà sans sourciller la mort lui tendre les bras.

Le dernier jour de sa vie, M. Podevin, préfet du département d'Indre-et-Loire, ayant appris la triste position de la supérieure de la maison de santé de La Riche, vint pour lui rendre visite et la remercier du bien qu'elle avait fait dans la ville et dans le département. Par discrétion, il ne voulut point entrer dans la chambre de la malade, mais il dit à la sœur pharmacienne : « *J'ai voulu venir moi-même témoigner à votre mère ma reconnaissance et rendre hommage à sa vertu. Il y a quarante-deux ans qu'elle est ici. Je sais tous les services qu'elle a rendus au temps des épidémies et pendant tout le cours de sa vie. Veuillez lui en témoigner ma gratitude.* » En sortant, il ajoute : « *Je porte tant d'intérêt à la malade, que, ne pouvant revenir moi-même demain, j'enverrai demander de ses nouvelles.* »

Cette démarche du premier magistrat du département ne lui fait pas moins d'honneur qu'à l'humble sœur qu'il venait remercier ; et je suis autorisé à dire que, sans une affaire importante, il eût mis le comble à sa bienveillance en assistant aux funérailles de celle qu'il avait honorée de sa visite au moment du trépas.

Après le Préfet, M. l'abbé Roze vint la voir pour l'encourager à mourir et pour s'édifier auprès d'elle. Mais cette visite fut silencieuse. La pauvre martyre avait une crise qui fut la dernière.

Ce jour-là même encore, elle ordonne avec un grand courage de faire partir la mère Prudence, supérieure de l'hospice de Vernou, sa propre sœur, en leur disant : « *Elle est trop sensible ; je ne veux pas qu'elle assiste à ma mort.* » Quelle charité !

Ce même jour, vers quatre heures du soir, on voulut lui donner une potion qu'elle refusa en disant : « *Non, merci ; reposez-vous plutôt, vous en avez besoin.* »

Sa dernière parole fut donc une parole de charité. Telle vie, telle mort !....

A neuf heures, sœur Augustine, qui couchait dans sa chambre, s'étant jetée sur un lit pour reposer un instant, fut éveillée deux heures après par une personne qui veillait auprès de la mère Gertrude, et qui lui dit : « Notre mère paraît bien mal. » Sœur Augustine court aussitôt près d'elle, lui adresse quelques mots qu'elle semble comprendre, puis se mettant au pied de son lit, elle récite les prières des agonisants, et la bonne mère rend le dernier soupir au moment où la sœur prononçait : *Saint Joseph, priez pour elle.*

Pendant toute sa vie, la mère Gertrude avait eu la plus tendre dévotion pour ce grand saint, qui, dans ce moment, vient au-devant d'elle pour l'introduire auprès de Celui qu'il avait soigné et adoré sur la terre.

Comme la supérieure générale avait formellement déclaré qu'elle voulait lui rendre les derniers devoirs, elle fut avertie aussitôt de la perte qu'elle venait de faire. Dès le matin, elle vint accomplir sa promesse, donnant ainsi à toutes ses sœurs l'exemple du dévouement au mérite, et les encourageant à se rendre dignes d'une mort précieuse aux yeux de Dieu et des hommes.

La voilà donc morte, cette mère Gertrude, ma bonne mère, que la communauté des sœurs de la charité de la Présentation, que la ville de Tours, que le département d'Indre-et-Loire regretteront toujours !!....

Telle fut cette femme d'élite dont la vie toute entière se résume en trois mots chrétiens : *Foi, charité, humilité*, rares vertus dont elle reçoit maintenant la récompense, mais qu'elle a pratiquées avec une persévérance trop généreuse pour qu'on les taise au monde, qui a si grand besoin d'être édifié.

Elle fut, pendant ses dernières années, l'objet de la pieuse sollicitude, de la paternelle bienveillance du chef vénéré du diocèse, qui regretta beaucoup, comme nous l'avons dit plus haut, étant absent, de n'avoir pu lui donner sa bénédiction, pour lui témoigner tout l'intérêt qu'il lui portait et pour engager toutes les sœurs de la Présentation à mériter cette grâce précieuse et cet insigne honneur.

CHAPITRE XVI.

Après la Mort.

*Date ei de fructu manuum suarum, et
laudent eam in portis opera ejus.*
Donnez-lui du fruit de ses mains et que
ses œuvres la louent dans sa demeure.
(Salomon).

Dans toute la paroisse de La Riche, quand on apprit dès le
matin, la mort de la bonne mère Gertrude, ce fut un deuil général, une triste harmonie de plaintes et de gémissements.
Pouvait-il en être autrement quand la paroisse perdait sa mère,
mère qu'elle avait chérie et vénérée pendant quarante-deux ans!
C'était de la reconnaissance, il faut l'avouer, bien méritée. En
effet, n'avait-elle pas donné des soins à l'enfant, des avis au
père et à la mère, un pain blanc aux affamés, du vin généreux
aux altérés, des vêtements à ceux qui étaient nus, des consolations aux affligés, des encouragements aux faibles, des
louanges aux justes, des leçons aux pécheurs? en un mot,
n'avait-elle pas été pour cette paroisse la Notre-Dame de bon
Secours, l'étoile du matin et du soir, et pour beaucoup la porte
duciel?...

Elle est maintenant exposée sur son lit de mort ; il me semble encore la voir couronnée de roses blanches, un Christ sur la poitrine, son chapelet au côté. Bonne mère, vous étiez belle encore, mais belle de vos vertus, belle de la beauté des saints. Longtemps j'ai contemplé dans ma douleur cette bouche qui convertit tant de pécheurs, ces yeux, hélas ! fermés, naguère pétillants d'esprit, si doux et si sympathiques au malheur, ces mains si habiles à cicatriser les blessures, ces pieds si rapides à voler au secours des malades et des affligés ; et je me suis dit : Son corps est là, et son âme !... ô mon Dieu, elle est devant vous, pure et sans tache, comme au jour de son baptême. Soyez béni, Seigneur ; soyez bénie, bonne mère !

Quand on sut qu'elle était exposée sur un lit funèbre et que sa chambre était ouverte au public, tous les voisins, un grand nombre de personnes de la ville et des alentours vinrent s'agenouiller à ses pieds. Sa maison était encore le rendez-vous des malheureux qu'elle avait soignés ou consolés. Toute la journée ce fut une procession, un saint pèlerinage où se rendaient pieusement les jeunes gens et les vieillards, les pauvres et les riches, les servantes et les maîtresses, le prêtre avec sa foi, l'impie avec sa reconnaissance, la fille du sanctuaire avec sa charité ; un homme âgé colle ses lèvres sur les pieds de la sœur de la Présentation, un jeune homme lui fait toucher sa médaille ; les enfants et les jeunes filles, leurs scapulaires.

Mais quelles sont ces deux femmes inconnues qui versent des torrents de larmes et poussent d'amers sanglots, en baisant avec un profond respect le bas de ses vêtements ?....

C'est la fille de la honte, guérie par les soins de la fille de l'honneur qui vient avec sa compagne rendre hommage à cette morte qui lui avait sauvé la vie ! ! ! ! !

Vous étiez grande, ô bonne mère, pendant les jours de votre exil sur la terre, mais la mort vous a faite plus grande encore ! On ne craint plus de blesser votre humilité en chantant vos louanges : le prêtre et le laïc, la marquise et la femme du peuple, la fille de la vertu et la fille du vice viennent à l'envi vénérer vos dépouilles mortelles. Ange de la charité, soyez béni entre tous les saints ; soyez béni. Vous prierez pour nous, n'est-ce pas, pour nous maintenant, et surtout à l'heure de notre mort, afin qu'elle soit précieuse comme la vôtre aux yeux du Seigneur. Vous nous avez trop aimés sur la terre, pour nous oublier au ciel ! ! !.......

A cette vue, ses sœurs, toujours présentes, étaient tentées de s'écrier avec la Vierge mère :

Parce que le Seigneur a regardé la bassesse de sa servante, désormais toutes les nations m'appelleront bienheureuse !

Il a déployé la force de son bras, et confondu les superbes.

Il a renversé de leur trône les puissants, et il a élevé les humbles.

Les prêtres pensaient à ces paroles de la Sagesse divine :

La grâce est trompeuse, la beauté est vaine, la femme qui craint le Seigneur sera louée.

Donnez-lui du fruit de ses mains, et que ses œuvres la louent dans sa demeure.

Chacun de ceux qui la visitaient pour la dernière fois emportait une pensée salutaire, en rappelant dans sa mémoire les paroles d'encouragement de la chère défunte, ses doux re-proches, ses consolations, ses avis et surtout l'exemple de son ardente charité, qu'elle léguait en mourant à tous ceux qui l'avaient connue : admirable testament olographe, écrit dans toutes les actions de sa vie.

Le 9 juin 1865, nous lisons dans le *Journal d'Indre-et-Loire* l'article suivant, annonçant à la ville et au département la mort de la mère Gertrude, article qui prouve une fois de plus que le rédacteur en chef, M. Ladevèze, bien loin de nuire aux intérêts sacrés de la religion, comme tant d'autres de ses con-frères, est heureux de saisir toutes les occasions de la faire aimer et de proclamer les vertus qu'elle inspire :

« Notre ville vient de voir s'éteindre une de ces existences d'humble et généreux dévouement, de charité et d'abnégation chrétiennes qui sont un honneur pour l'humanité, une gloire pour la religion.

« Hier a succombé, après de longues et cruelles souffrances, endurées, acceptées avec une admirable résignation, la sœur Gertrude qui, depuis quarante-deux ans, dirigeait l'hôpital des Dames-Blanches, dans le quartier de Notre-Dame-la-Riche.

« Parler de la sœur ou plutôt de la mère Gertrude, c'est rap-peler à la portion la plus populeuse de notre cité la charité dans ce qu'elle avait de plus ingénieux, de plus touchant, de meilleur; c'est prononcer un nom vraiment populaire, entouré de la vénération reconnaissante de tout ce qui, depuis longues années, souffrit dans le corps ou dans l'âme. Aussi, innombrable serait le cortége qui suivrait son modeste cercueil, si pouvaient y figurer tout ceux que soigna, que secourut, que consola la pauvre sœur qui vient de mourir !

« Les obsèques de la sœur Gertrude auront lieu demain vendredi à dix heures du matin à l'église Notre-Dame-la-Riche. »

En effet, à dix heures, le lendemain, tout le clergé de la paroisse, accompagné de plusieurs chanoines honoraires, d'aumôniers de communautés, de curés et de prêtres des environs, se rendait en silence à la maison de la défunte, pour la conduire à l'église de Notre-Dame-la-Riche, où elle était allée si souvent prier Dieu.

Arrivé près du corps, le célébrant entonne le *De Profundis*, pour celle qui, par ses vertus, par son exemple et par son immense charité, avait arrêté tant d'âmes sur le point de se précipiter dans le gouffre infernal, et le chœur répond alternativement :

Exaucez-nous, Seigneur. Prêtez une oreille attentive à nos prières.

N'examinez point leurs iniquités, ni les miennes.

Votre miséricorde est grande, et la rédemption de votre Fils est copieuse ;

Puisqu'il a racheté toutes les iniquités d'Israël.

Après avoir jeté l'eau sainte sur le corps de celle que nos cœurs bénissaient, le prêtre s'écrie avec le prophète royal : *Miserere mei, Deus, secundum magnam misericordiam tuam ;* et le chœur continue ces lamentations du grand Roi pénitent, jusqu'à la maison du Seigneur. La bonne mère est suivie de ses sœurs, que la supérieure générale a conviées en grand nombre à ces funérailles, qui laissent en même temps un bel exemple et un grand vide dans la communauté. On les admire, ces vierges du Seigneur, ces bonnes mères des pauvres, s'avançant sur deux lignes, la tristesse au cœur, les larmes aux yeux, avec un maintien recueilli qui commande le respect aux passants.

Avec elle, cette douce reine de la charité n'emporte, comme trophée de toutes les victoires qu'elle a remportées sur les douleurs des âmes et des corps, qu'une couronne de roses blanches, symbole de sa virginité ; mais les pleurs qui coulent à son passage, mais les gémissements qui se font entendre jusque dans le lieu saint, prouvent aussi sa maternité.

Le sacrifice expiatoire est offert sur l'autel du Dieu de charité par M. l'abbé Malmouche, vicaire-général et supérieur de la congrégation, qui daigne accorder à la défunte cette preuve d'une estime bien méritée. Il est assisté par deux ecclésiastiques qui remplissent les fonctions de diacre et de sous-diacre; vingt prêtres au moins sont présents ; les uns, en habit de chœur, prêtent leurs voix aux lamentations du *Dies iræ* ; d'autres en soutane seulement, comme des parents aux funérailles d'une mère, pleurent et prient pour la mère qu'ils ont perdue, Des religieuses de toutes les communautés de la ville sont aussi là pour rendre hommage à celle qui les a tant édifiées et pour mêler leurs regrets aux regrets des sœurs de la Présentation.

Après l'absoute avec ses chants lugubres, le convoi sort de l'église et s'avance vers le champ qui conservera ces précieuses reliques jusqu'au jour où la trompette éclatante, reveillant les morts au fond du sépulcre, et les rassemblant tous de-

vant le trône de l'Eternel, annoncera la victoire et les récompenses de ces corps vierges, martyrs de la charité.

Dans la rue de Lariche, au milieu de la place Victoire, sur
les trottoirs de la rue Bonaparte, un grand nombre de riches,
un plus grand nombre de pauvres viennent rendre leurs hommages et faire leurs adieux à celle qu'ils appelaient tous encore :
la bonne mère Gertrude.

Une femme du peuple s'écrie, en la voyant passer : « Grand
Dieu ! que c'est dommage ! C'était la meilleure femme de
la ville !... » Et sa voisine de lui répondre : « Dis donc la seule ;
toutes les autres ne lui venaient pas à la cheville du pied, à la
mère Gertrude. »

Plus loin, une autre disait avec une colère admirable :
« Pourquoi l'emportent-ils, la bonne mère Gertrude, cette
femme si bonne pour nous tous? » Et il y avait du regret, de
l'amour et de la rage dans sa voix.

Sur les quais, derrière les sœurs, on voyait une foule de
gens de toutes conditions suivre le cortége ; les pauvres surtout,
malgré la chaleur tropicale qui plombait sur leurs têtes,
veulent l'accompagner jusqu'à la tombe. Appuyée sur une
jambe de bois, une pauvre fille chemine avec autant de
peine que de courage ; elle arrivera jusqu'au bout, dût-elle
en mourir.

On voit les ouvriers de Lariche et des Carmes, au coin de
chaque rue, abandonner à regret celle qui leur donna tant
de soins maternels.

A partir de l'hôtel-de-ville, ce n'est plus que l'élite des amis, des malheureux avec la pauvre boiteuse, et quelques femmes converties qui suivent la défunte et les sœurs éplorées.

Sur le pont, les voyageurs demandent quelle est cette reine couronnée de fleurs, suivie par les vierges de Marie, qui s'avance sur le char funèbre, vers la région des morts !

« — La mère Gertrude !... »

Et chacun répète : La mère Gertrude n'est plus ! quelle perte pour les pauvres !...

Dans le faubourg St-Symphorien, à l'autre extrémité de la ville, quand la bonne mère passe dans la rue qui conduit à la terre du silence, on entend le même écho, fidèle à chaque porte : « C'est la mère Gertrude ! quelle perte pour les pauvres !... »

Auprès de la tombe, c'est encore M. l'abbé Malmouche qui préside à cette triste cérémonie en donnant une dernière bénédiction à la chère défunte et en présentant l'eau sainte à l'assistance ; et en passant et en bénissant, chacun répète : « Adieu, mère Gertrude ! » Et pendant que je passe et bénis à mon tour, mes lèvres disent : « Au revoir, mère Gertrude ! » et mon cœur soupire ces derniers mots : « *A bientôt, ma mère* !...

Madame,

En écrivant la vie de la bonne mère Gertrude, j'ai voulu remplir un devoir sacré et donner un triple exemple de reconnaissance, de justice et de sympathie :

De reconnaissance pour la chère défunte. Vous n'ignorez point qu'elle fut pour moi une mère pleine de tendresse, d'indulgence et de charité. J'étais son débiteur ;

De justice pour votre communauté ; vous savez pourquoi...... honnête homme et chrétien, j'ai dû prendre et j'ai pris à tâche de payer mes dettes à la terre et au ciel ;

De respectueuse sympathie pour vous ; car vous, Madame,

vous et quelques amis exceptés, j'ai senti dans mon cœur que personne sur la terre ne s'est montré chrétien à mon égard. Dieu l'a permis sans doute pour m'humilier; qu'il en soit béni et qu'il pardonne à tous ceux qui foulèrent aux pieds l'Évangile pour me traîner aux Gémonies... A vous, sœur de la Charité, à vous donc, qui n'avez point forfait à l'Évangile, merci !

J'avais d'abord pensé à vous faire hommage de la Vie de mon excellente mère, qui fut pour vous une fille de prédilection, lorsque la pensée d'être utile aux enfants des hommes qu'elle a soignés, édifiés et conduits au ciel, m'a décidé à leur dédier cette vie, si remplie de bons exemples, afin de leur prouver que la fille de la charité n'est pas seulement pour eux une sœur, mais une mère, une vraie mère. J'aime à croire que vous partagerez les raisons qui m'ont porté à décerner cet honneur aux bons ouvriers nos frères. Je connais le peuple, il a du cœur, il aimait sa mère Gertrude, sa reconnaissance nous est acquise.

Depuis longtemps imprégné des nobles sentiments de cette excellente mère, je ne suis dans sa vie que le traducteur fidèle de sa pensée, pensée que j'ai mise en relief pour satisfaire aux exigences d'un grand nombre de lecteurs qui ne sont pas moins avides de la forme que du fond. Comme elle agissait librement et pensait tout haut devant moi, j'ai écrit ses sentiments et ses actions avec la plume d'un fils reconnaissant.

Permettez-moi maintenant, Madame la supérieure, de vous faire l'hommage d'une allégorie qui sera le couronnement de la vie de celle que nous pleurons toujours. Par la forme, cette allégorie paraît légère ; par le fond, si je ne me trompe, elle peut faire du bien à la sainte cause que nous défendons tous. Les préjugés, qui sont nombreux contre la vie religieuse, s'enracinent de plus en plus par la lecture des mauvais livres qui s'infiltrent dans chaque famille. Tous nos bons ouvriers sont entraînés à la dérive par des gens plus malins qu'eux. Si, par bonheur, un seul d'entre eux pouvait pénétrer dans la sainte ruche dont vous êtes la digne reine et voir ce qui s'y passe, ses soupçons se changeraient bientôt en confiance, ses malédictions en bénédictions ; dès lors, il aimerait la sœur de charité de la Présentation, et de cet amour à la porte du ciel il n'y a qu'un pas.

Avant de terminer cette épître, laissez-moi, Madame la supérieure, vous remercier des précieuses reliques que vous m'avez envoyées et des documents que vous avez eu la bonté de me procurer avec une confiance que j'ai su apprécier à sa plus haute valeur.

Daignez maintenant recevoir l'assurance du profond respect et des sentiments qui vous placent désormais dans un cœur reconnaissant,

Madame la Supérieure générale,

A côté de celle qui fut durant trente-six ans la mère la plus tendre et la plus affectueuse

De votre très-humble serviteur

X.

UNE RUCHE.

Le lendemain des funérailles de la mère Gertrude, deux habitants de la bonne ville de Tours cheminaient doucement vers les hauteurs de la Tranchée. En passant sur le pont, ils devisaient chemins de fer, industrie, économie politique et religion. L'un d'eux, ancien tailleur émérite, donnait non-seulement des coups de ciseaux à la constitution de l'empire qui date de quatorze ans, mais il faisait encore des rognures à celle de l'église qui régit le monde depuis bientôt dix-neuf siècles. Sa bile s'échauffait surtout contre les communautés religieuses, sans épargner même les sœurs hospitalières que bien d'autres approuvent sans avoir beaucoup plus de religion que lui, mais qui font au moins preuve de plus de bon sens.

« Tout a changé, disait-il, dans notre société moderne ; tout a changé, surtout la forme des habits ; chose néanmoins très-importante. Mais les prêtres, qui n'aiment pas le progrès, ne veulent rien changer à cette religion de mille huit cent soixante-cinq ans. Ils ont tort ; croyez-moi, voisin.

« — Mon ami, la vérité ne change pas comme la forme des habits, répondit son interlocuteur, ancien professeur, sincèrement chrétien ; la vérité ne change point ; une comme Dieu, elle est immuable comme lui.

« — Mais je vous le demande, à quoi servent toutes ces religieuses que nous voyons tous les jours circuler dans les rues, sur les ponts, dans nos chemins de fer, en tout lieu ? C'est un tas de fainéantes qui passent le jour à prier, la nuit à dormir, et qui se nourrissent comme des princesses.

« — Voulez-vous parler des sœurs hospitalières ?

« — Oui.

« — Vous vous trompez, mon ami. Non-seulement elles travaillent toute la journée, mais elles veillent les malades pendant la nuit. Quant à leur nourriture, je vous plaindrais bien si vous étiez réduit à vivre de leur cuisine. »

A ces mots, le tailleur en retraite, commence contre les sœurs de la charité une période doublée de sarcasmes, ouatée d'injures, piquée de blasphèmes et cousue d'impiété, dont les derniers mots expirent dans sa gorge, tant il est à bout de poumons. Le professeur en profite pour lui dire :

« Connaissiez-vous la mère Gertrude qui vient de mourir ?

« — Oui, certes, je la connaissais ; et, quoiqu'elle ait donné à ma femme des remèdes qui l'ont guérie d'une grave maladie, je ne l'aimais pas, cette femme. C'est une religieuse qui nous a fait trop de mal, à nous, libres penseurs ; elle était trop dangereuse pour la société moderne. Ne s'avisait-elle pas de traiter les ouvriers comme s'ils avaient été tous ses frères ou ses enfants ? Il faut des distinctions dans le monde : « A chacun suivant son mérite,» comme disait Victor Considérant. Un petit tailleur qui travaille en chambre ne doit pas marcher l'égal d'un maître tailleur qui porte enseigne dans la rue Royale.

« — Votre femme partage-t-elle vos sentiments contre la mère Gertrude, qui l'a guérie, sans lui demander beaucoup d'argent, j'imagine ?

« — Pas le moins du monde !... C'est une imbécile qui croit lui devoir de la reconnaissance, quand elle lui a payé *trente sous* par jour pendant les deux mois qu'elle a passé chez elle : ce qui fait bel et bien 90 francs pour soixante jours seulement ; et malgré ça, elle en est folle. Depuis que cette femme était malade, on ne parlait que d'elle dans ma maison. Et ne me disait-elle pas hier que les habitants de Lariche devraient faire une pétition au conseil municipal de Tours, pour donner à une des rues du quartier le nom de la sœur Gertrude, comme on avait donné à une autre le nom de l'abbé Manceau ? Au moins cet abbé me commandait-il des soutanes ; mais elle... elle ne s'est jamais occupée que des pauvres, des ouvriers et des malades. Tenez, voisin, croyez-moi, n'en parlons plus. Toutes ces femmes sont des fainéantes, des propres à rien, et surtout pas un mot de plus sur cette mère Gertrude, car ma femme m'en assourdit tellement les oreilles, que dans mes rêves je la retrouve toujours au milieu de ses calins d'ouvriers et de ses pauvres en guenilles. On dit même que l'on va écrire sa vie. Pour moi, je ne la lirai jamais. C'est à n'y plus tenir, tous les journaux de Tours parlent des services qu'elle a rendus au peuple. Mettons-la de côté et parlons plutôt des abeilles laborieuses ; maintenant, que j'ai déposé l'aiguille, je veux m'occuper à élever des mouches à miel.

« — Admirable projet dont vous m'aviez déjà entretenu !... A ce propos, connaissez-vous une ruche modèle, qui se trouve depuis quelques années dans nos parages ?

« — Non vraiment ; où est-elle ? Vous piquez ma curiosité.

« — Regardez à gauche, du côté de Portillon ! Ne la voyez-vous pas ?

Le tailleur, s'écarquillant les yeux, avait beau regarder, il ne voyait, bien loin d'y découvrir une ruche modèle, que la Grande-Bretêche, se dressant devant lui comme un château de fées paresseuses, qu'il fallait démolir.

« Eh bien ! puisque votre vue, si longue en politique et en religion, ne s'étend pas jusqu'à la demeure de ces abeilles, dit le professeur, laissez-moi, du moins, vous en faire l'historique.

« — Volontiers.

« — Cette ruche renferme un grand nombre d'abeilles laborieuses, dont les ancêtres vivaient jadis en d'autres climats. Un jour, à la voix d'un nouvel Aristée, l'essaim, prenant son essor, vint choisir d'autres pénates en ces lieux pavoisés de bosquets, emaillés de mille fleurs sucrées et jonchés de thym odoriférant. Il devint si nombreux qu'il fallut agrandir la ruche, et les ouvriers qui la firent gagnèrent beaucoup d'argent. Plus tard, les fleurs manquant dans les alentours, les abeilles s'aventurèrent dans les provinces voisines, et même dans les plus éloignées, pour en apporter le suc des fleurs étrangères qu'elles amassèrent avec beaucoup de peine et de travail.

« — Quelle différence avec ces endormies de la Grande Bretêche !

« — Voisin, laissez-moi continuer. Pendant que celles-ci butinent en terre étrangère, d'autres construisent des cases en cire pour y recevoir le miel des voyageuses.

« — Parfait ! c'est absolument comme un maître-tailleur qui envoie des commis voyageurs chercher la pratique, tandis qu'il taille lui-même ses habits.

« — Ecoutez, écoutez-moi. Ces abeilles font de nouveaux voyages et en rapportent tous les ans de nouvelles richessés.

« — A la bonne heure ! parlez-moi de ces petites bêtes-là et non pas de ces fainéantes de religieuses qui se contentent de boire, de manger et de dormir, comme je vous l'ai déjà dit, et c'est bien sûr, car je l'ai vu dans mon journal de Paris.

« — Voisin, laissez-moi donc continuer et ne m'interrompez plus. Dans cette belle ruche, une abeille gouverne les autres avec toute la bonté d'une mère, et cette reine-mère donne l'exemple du travail et sa cellule n'est pas plus belle que les autres cellules, et sa nourriture est la même; comme chez les Lacédémoniens on vit en commun, et les abeilles qui ne veulent pas travailler sont chassées, et celles qui restent dans la ruche en travaillant sont heureuses, exposées au soleil du midi, à l'abri des vents et des tempêtes. »

Dans son admiration pour une telle république, le tailleur s'écrie :

« Vive l'abeille laborieuse ! A bas la religieuse fainéante, incapable de faire même un ourlet ou une couture ! Si j'ai de la fortune, moi, c'est que j'ai longtemps travaillé. On dit que ces femmes ont fait construire cette Grande-Bretêche avec l'argent d'autrui. »

Il prononce ces derniers mots, en se rengorgeant dans son col amidonné, comme un enfant d'Albion qui parle de Waterloo.

« Allons, mon ami, allons ! calmez-vous ; laissez-moi finir, reprit le professeur avec une patience admirable. Le bon Aristée a placé ses abeilles sous la protection d'une puissante divinité, en lui faisant élever un temple magnifique du produit de la cire, tandis qu'il nourrit, avec le prix du miel vendu à la ville, les pauvres du voisinage. Son nom est béni dans la contrée, qui bénit aussi les charitables abeilles fournissant du miel aux vieillards enrhumés et aux pauvres catharreux.

« — Bien, très-bien, j'adore l'être suprème, et j'ai de la philanthropie au cœur.

« — Il faut néanmoins vous avouer que les bonnes abeilles ont des ennemis acharnés dans la contrée, et que l'excellent Aristée est souvent en butte à la fureur de ceux mêmes que son miel devrait adoucir.

« — Ce n'est pas moi toujours, moi qui ai gagné ma fortune à la pointe de l'aiguille.

« — Non, ce n'est pas vous ; ce sont des frelons, ces insectes parasites qui vivent sans travailler et passent le temps à bourdonner et à piquer. Voilà les ennemis de notre ruche si utile au pays. Ces frelons voudraient chasser les abeilles laborieuses de leur domaine, pour en habiter les cellules et s'y nourrir du miel qu'elles ont amasé avec tant de peine. Regardez bien, ne les voyez-vous pas voler, ne les entendez-vous pas bourdonner autour de la ruche? »

Ici le tailleur prit son pince-nez et ne vit rien, ouvrit les oreilles et n'entendit aucun bourdonnement. Pendant ce temps le professeur continuait :

« Non contents de bourdonner autour de la ruche pour y entrer, ces maudits fainéants poursuivent les abeilles voyageuses dans leurs excursions lointaines. On dit même, s'il faut en croire la renommée, que ces fameux frelons solidaires se sont adressés plus d'une fois à Jupiter pour tourmenter le bon Aristée et pour chasser les abeilles laborieuses des cellules qu'elles ont construites avec tant de labeurs. Mais comme Jupiter a été nourri dans un temps par un des aïeux d'Aristée, et qu'il a souvent mangé du miel des bonnes abeilles, il conserve Aristée dans son bien, et les bonnes abeilles dans leurs cellules; et, sans écouter les plaintes des frelons fainéants, toujours il protége les abeilles laborieuses. Cette conduite de Jupiter ne m'étonne point; car il n'est pas seulement le plus puissant des Dieux, mais, d'après Homère, il en est encore le plus rusé. Il sait bien qu'il n'a rien à craindre des abeilles qui travaillent toujours; mais il redoute avec raison les frelons fainéants qui bourdonnent à ses oreilles et cherchent à le piquer jusqu'au sang. Il n'a point oublié la guerre des Géants, ces terribles enfants de la terre, qui, entassant l'Ossa sur le Pélion, cherchèrent à escalader le ciel pour vivre plus tard sans rien faire dans les magnifiques palais de l'Olympe, au milieu des délices, assis à une table somptueuse où coule un nectar généreux et abondant. »

A ce récit, le tailleur bondissant d'admiration, s'écrie de toute la force de ses poumons :

« Vive Jupiter le rusé! vive l'abeille laborieuse! A mort, à mort le frelon, cet infâme paresseux!!!

« — Noble vétéran de la couture, bravo! Vous êtes doué d'une grande intelligence et d'un esprit aussi juste que les habits dont vous preniez vous-même la mesure. Votre admiration pour le travail me transporte de joie; vous êtes digne de siéger au conseil municipal de la ville. Comptez sur ma voix aux prochaines élections. Vos nobles imprécations contre les frelons et vos louanges à l'adresse des abeilles prouvent que vous sauriez, à l'occasion, récompenser l'homme laborieux et punir le fainéant, défendre le calomnié et poursuivre le calomniateur. Permettez-moi donc un jour de vous montrer de plus près cette ruche modèle; et si même vous aviez le temps, pourquoi ne pas la visiter aujourd'hui?

« — Avec plaisir! je suis tout à vous!.

« — Eh bien! continuons la promenade; mais promettez-moi d'entrer, quelles que soient vos répugnances, partout où je vous conduirai.

« — Je vous connais assez, voisin, pour vous faire cette promesse.

« — Votre parole d'honneur?

« — Ma parole d'honneur, et d'ancien tailleur, qui plus est! »

La poignée de main échangée, les deux amis continuent leur promenade en dissertant sur les gens qui ne tiennent point à leur parole. Le tailleur, surtout, s'escrimait avec la plus violente passion contre ceux qui manquent à leur promesse. C'était bien l'affaire du professeur. La barrière d'octroi de Portillon franchie, nos deux amis prennent le trottoir qui longe les maisons. Arrivés à la porte de la Grande-Bretèche.

le professeur s'arrête et sonne. Impossible à l'historien de peindre la bouche béante, les yeux hagards et les mains tombantes du tailleur pétrifié! Malgré sa dissertation chaleureuse sur la parole donnée, il allait s'esquiver; mais la porte s'ouvre, il faut bien entrer : car notre homme venait aussi de vanter sa politesse exquise. La portière se présente; elle a dépassé la soixantaine. Ses grands yeux noirs couronnés d'épais sourcils, son air gracieux et son teint vermeil sont encadrés dans une cornette polie comme l'ivoire et blanche comme la neige. Sa pose majestueuse annonce une fille de bonne maison. Le professeur, qui la connait de vieille date, lui dit :

« Madame, j'ai l'honneur de vous présenter un de mes amis qui désire visiter votre établissement.

« — Soyez le bienvenu, Monsieur, » répondit gracieusement la portière en s'adressant au tailleur, qui rendit un salut embarrassé.

« Messieurs, continua la portière en inclinant modestement la tête, vous me permettrez d'aller demander la permission à notre supérieure générale, qui certes ne la refusera point ; mais c'est la règle de la maison. »

Puis s'adressant en particulier au tailleur, qu'elle prenait pour un officier de la légion d'honneur en voyant l'œillet rouge qu'il portait à sa boutonnière : « Vous êtes sans doute un officier en retraite ou un professeur de l'université! Vous connaissez la consigne. »

Le tailleur répondit par un salut moins embarrassé que le premier.

« Vous pouvez, Messieurs, en attendant mon retour, entrer au parloir, ou vous promener dans la cour. A la minute, je suis à vous. »

Ces dernières paroles furent accompagnées d'un sourire bienveillant, qui ne déplut point au tailleur déjà bien heureux d'avoir été pris pour un officier en retraite ou pour un professeur de l'Université.

Pendant que la portière court demander à la supérieure générale la permission de visiter l'établissement, nos deux amis se dirigent vers le parloir, et le tailleur de s'écrier aussitôt :

« Dans quel guêpier m'avez-vous conduit ?

« — Vous vous trompez, mon ami ; c'est dans une ruche, dans cette ruche modèle dont je vous parlais sur le pont.

« — Je suis pris ; j'ai donné ma parole ; il faut coudre l'habit, puisqu'il est taillé.

« — Comment trouvez-vous la portière ? c'est une des abeilles de la ruche.

« — Très-bien ; c'est une femme de mérite. Son premier coup d'œil est juste ; quoique tailleur, on m'a toujours dit que j'avais le genre du grand monde. Cela vient sans doute des comtes, des marquis et surtout des préfets que j'ai habillés et par conséquent fréquentés. »

Il disait ces derniers mots en entrant au parloir. Quel ne fut pas son étonnement, quand il vit quatre grands murs blancs, un crucifix en plâtre à la cheminée, d'un côté le portrait du supérieur, de l'autre celui de la mère Poussepin, fondatrice de l'ordre ; puis, çà et là, quelques images de saints encadrées de noir, une douzaine de chaises empaillées de jonc, une table en bois de chêne au milieu, et des rideaux de madapolam aux fenêtres; lui qui croyait découvrir de sur le pont, à travers les murs de la Grande-Bretêche, des tentures en soie de Lyon, des sophas en velours d'Utrecht, des glaces de Venise, des moquettes, des voltaires et des pompadours ! Aussi, après cette revue, s'écria-t-il :

« C'est bien propre, mais trop simple.

« — Vous voyez une des cellules de la Ruche qui malgré sa simplicité, ne vous déplaît pas plus que la portière, dont vous avez su apprécier le bon goût.

« — Vraiment non; c'est propre, mais très-propre, et j'adore la propreté. »

A ces mots, les deux amis virent entrer M. Malmouche, vicaire général de Tours et supérieur de l'ordre, qui les salua avec une douce majesté et qui, reconnaissant le professeur, lui dit combien il était heureux de le voir dans sa communauté avec un de ses amis, en jetant au tailleur un sourire aimable accompagné d'une grande bienveillance.

Quand il fut passé, le professeur dit au tailleur ébahi :

« Eh bien! voilà mon Aristée. C'est lui qui fait vendre le miel à la ville pour donner du pain aux pauvres du voisinage et de l'argent aux ouvriers.

« — C'est incroyable! ces gens-là, qui, vus de loin, paraissent si noirs, de près sont des anges; il a la figure d'un ange, cet homme-là !...

« — Messieurs, dit la portière, qui revenait dans ce moment, notre mère est très-heureuse de votre bonne visite. Veuillez prendre cette direction ; vous trouverez une de nos sœurs prête à vous conduire à la chapelle et dans tous les appartements. J'ai bien l'honneur de vous saluer, Messieurs. »

Les deux visiteurs se confondent en remerciements et prennent la direction indiquée.

En arrivant à la principale entrée, ils trouvent une bonne vieille sœur récitant son chapelet, assise sur la dernière marche du perron, et aperçoivent sur la première la sœur qui doit les introduire. La bonne vieille sœur se lève et les salue avec une simplicité charmante, tandis que l'autre les engage à monter. Le professeur, qui connaissait l'octogénaire depuis longues années, dit à voix basse à son ami :

« Vous aviez bien raison d'avancer que les religieuses sont des voleuses. »

Puis haussant un peu la voix :

« Cette sœur que vous voyez prenait tout ce qu'elle trouvait sous ses mains pour le donner à ses malades. Aussi dans le pays, lorsqu'on voulait parler d'une personne charitable, on disait : Elle est voleuse comme sœur Saint-François.

« — Vous avez raison, Monsieur, s'écrie la sœur, qui descendait pour les recevoir ; vous avez raison. Non contente de voler la supérieure pour ses malades, elle se volait elle-même en se privant de tout ce qu'on lui donnait pour le porter à ces malheureux. Entrez, je vous prie, Messieurs. »

Voilà donc notre tailleur en pleine ruche, dans cette Grande-Bretêche si détestée, qu'il comparait il n'y a qu'un instant au palais de Crésus. Mais à la place des riches tentures aux croisées, des tapisseries sur les murs, des tapis moelleux sous

les pieds, ses yeux ne rencontrent partout que des murailles
blanchies à la chaux, du madapolam à 75 centimes le mètre
aux croisées, et sous les pieds un carreau de Châteaurenault
sur lequel il est facile de glisser, tant il est propre et luisant.
Assurément, le brave homme était la dupe des colonnes de son
journal, qui n'était pas l'*Ami de la religion*, mais un autre qui
se trouve dans tous les estaminets, sur tous les comptoirs vi-
neux et qu'il croyait très-véridique : *in vino veritas*.

En entrant à la cuisine, au moins s'attendait-il à rencontrer
des mets délicats, comme il en avait mangé à la table d'un
candidat au conseil général qui lui demandait sa voix. Mais
rien de tout cela n'apparut à ses yeux ; seulement une
grande marmite, remplie de choux, bouillait à la crémaillère ;
cinquante sardines au moins grillaient sur les charbons, et un
bol de lait tiédissait sur les fourneaux pour une sœur malade.

« Eh bien ! que pensez-vous des bombances des religieuses
que vous lisez dans votre journal ? lui dit à l'oreille le
professeur.

« — Je pense que mon journal est un insigne menteur,
et que j'aimerais mieux le dîner de ma portière que celui
des religieuses : la vapeur des choux me suffoque et l'odeur
des sardines m'étrangle. »

La sœur cicerone, entendant ces paroles, prie ces messieurs
de passer au réfectoire pour le visiter avant le dîner, qui
bientôt va commencer.

Dans cette pièce, le tailleur voit encore des murs peints à la
chaux, un christ en plâtre, le portrait de la mère Poussepin

et quatre tableaux bordés de noir, puis sur la table, de la toile cirée, des cuillères en étain, des fourchettes en fer, des verres ordinaires, deux piles d'assiettes en faïence, des bouteilles remplies d'un vin trop diaphane pour qu'il n'ait pas été largement baptisé, des serviettes de grosse toile avec des rouleaux en fer blanc sans aucune peinture, un plateau d'osier pour recevoir le potage, flanqué de deux autres qui attendent les choux et les sardines. Décidément il ne reconnaît point là le confortable de nos hôtels, et encore moins la table si riche et si gourmande que son journal dresse tous les jours dans les maisons religieuses.

Dans cette visite au réfectoire, nos amis étaient seuls ; la sœur qui les conduisait, connaissant le professeur, l'avait prié de montrer la salle à manger à son ami, pendant qu'elle allait chez la supérieure qui l'avait fait mander.

« Eh bien ! que pensez-vous de la ruche et des abeilles, de leur nourriture et de leur ameublement ? demanda le professeur au tailleur ébahi.

« — Ce que j'en pense, c'est que j'ai été floué plus d'une fois par le feuilletonniste de mon journal, qui met, tous les vendredis, du saumon et de la fine matelote sur la table des religieuses, tandis que j'y vois seulement des sardines et des choux, exhalant une odeur qui mettrait en fuite les nez les moins délicats ; à la place de couverts et de vaisselle d'argent, de gros plats de caillou, des assiettes de faïence, des fourchettes en fer et des cuillères en étain. En un mot, tout ici est simple comme bonjour, mais d'une ravissante propreté, et vos abeilles ne sont point des pies-grièches, comme le prétend mon journal de Paris.

« — Vous n'êtes pas à bout de surprises, mon ami; et si vous voulez m'en croire, nous ferons une visite à la reine des abeilles, ou pour mieux dire, maintenant que vous êtes au courant de ma fiction, nous frapperons à la porte de la supérieure générale, sœur du Calvaire; je la connais; vous serez heureux de la voir.

« — Ma foi, l'habit est taillé; il faut bravement le coudre; c'est mon refrain. »

La sœur qui les avait laissés au réfectoire, arrivant à l'instant même où ils en sortaient, leur dit :

« Eh bien! Messieurs, comment trouvez-vous cette salle?

« — Salle, point du tout sale, Madame, répondit le tailleur enchanté de faire un mauvais calembourg; mais bien au contraire, d'une propreté recherchée.

« — Monsieur est trop indulgent.

— Non, Madame, je suis ravi de tout ce que je vois ici. J'adore la simplicité et la propreté. Je dois cependant avouer que ma salle à manger est plus somptueuse; mais elle n'est pas plus propre, quoique ma femme.... »

Comme il allait faire l'éloge de sa femme et l'inventaire de sa maison, le professeur l'interrompit en disant :

« Si vous le permettez, ma sœur, nous ferons une petite visite à votre supérieure générale.

« — Très-volontiers; notre mère, malgré ses nombreuses occupations, sera charmée de vous recevoir. Daignez me suivre, Messieurs, je vais vous conduire à sa chambre. »

On fait passer les deux visiteurs par un corridor long, large, bien aéré, mais seulement blanchi à la chaux, du madapolam aux fenêtres, de distance en distance un tableau encadré de noir. L'un de ces tableaux représentait saint Martin donnant aux portes d'Amiens la moitié de son manteau à un pauvre. Le tailleur, en passant devant, fit une grimace d'assez mauvais ton. Ce grand saint n'était pas l'ami de notre homme, qui, possédant une maison à Saint-Pierre-des-Corps, avait dit plus d'une fois, en prenant son café dans la rue Royale :

« Si l'on construit la basilique de saint Martin, la ville entière est perdue. C'est au moins une perte de deux mille francs pour moi sur ma maison de Saint-Pierre-des-Corps. »

Il n'est pas inutile de dire ici pour les étrangers que Saint-Pierre-des-Corps est éloigné d'un kilomètre du tombeau de saint Martin. Le brave homme n'était donc pas seulement trompé par son journal de Paris.

En arrivant à la chambre de la supérieure, d'une main discrète la sœur frappe un coup seulement :

« Entrez.

« — Notre mère, ces messieurs.»

« — Soyez les bienvenus, Messieurs. »

Le professeur, entré le premier, présente son ami à la supérieure générale qui l'accueille avec une dignité sans apprêt, enrichie d'un sourire qui commande le respect et l'admiration.

Le tailleur, qui n'avait pas daigné saluer sur le pont une sœur de la Présentation passant auprès de lui, et rendant son salut au professeur, fit à la supérieure générale les trois saluts qu'il ne manquait jamais d'adresser au préfet quand il lui prenait la mesure d'un habit.

La mère du Calvaire présente des chaises, on s'assied ; on est assis. Pendant que la supérieure générale interroge le professeur sur sa famille, le tailleur continue son inventaire dans la salle de réception. Un Christ en plâtre, le portrait de la mère Poussepin et celui de M. l'abbé Malmouche qu'il avait pris pour un ange en entrant, une douzaine de chaises empaillées et une table en chêne au milieu.

La supérieure qui, tout en causant avec le professeur, s'était aperçue de l'inspection faite par son hôte, lui dit :

« Vous voyez, Monsieur, la simplicité de notre ameublement.

« — Simplicité admirable, Madame ; mais propreté plus admirable encore. Mon salon, il est vrai, est plus somptueux, mais il n'est pas plus propre, quoique cependant ma femme.... »

Le professeur lui coupant encore la parole, lui dit :

« — Cette simplicité convient très-bien aux sœurs de la Présentation.

« — Quand on voit la Grande-Bretèche du milieu du pont, on s'attend à mieux, n'est-ce pas, Monsieur? ajoute la mère du Calvaire en s'adressant au tailleur.

« — C'est vrai, Madame. La Grande-Bretèche a l'apparence d'un palais ; mais je vois qu'à l'intérieur c'est à peine la maison d'un ouvrier ; ce qui ne vous empêche pas, j'en suis sûr, de payer des contributions énormes pour toutes ces portes et fenêtres.

« — D'autant plus énormes, Monsieur, que nous payons tous les ans un impôt désigné sous le nom de *Taxe des biens de main-morte qui représente les droits de transmission entre vifs et par décès*, taxe dix fois plus onéreuse que celle des héritiers.

« — Un droit de main-morte ! Mais mon journal de Paris prétend que les communautés n'en paient point.

« — Votre journal se trompe, Monsieur ; j'ai dit la vérité.

« — Je vous crois, Madame ; et je commence à me défier de mon journal qui pourrait bien être un menteur.

« — Pardon, Messieurs, dit la supérieure en se levant ; dans un instant je suis à vous. »

Le tailleur au professeur : « Voilà une maîtresse femme. Pendant son absence je vais vous dire franchement qu'elle m'inspire plus de confiance que le rédacteur de mon journal de Paris.

« — Vous avez raison.

« — Cependant si elle ne paye pas le droit comme elle vient de le dire !…. Je commence à me défier de tout le monde…. »

En ce moment la supérieure rentre portant en main une feuille de papier qu'elle présente à notre homme en lui disant :

« Lisez, Monsieur, je vous prie. »

Le tailleur prend son pince-nez, et lit à haute voix :

« *Contributions foncière.*	tant
« — *mobilière.*	tant
« — *des portes et fenétres.* .	tant
« *Taxe de biens de main-morte.* . . .	tant
« Total. . .	tant

Le tailleur en voyant ce reçu allait déchirer le journal qu'il portait toujours sur lui, quand la supérieure lui dit en souriant :

« Eh bien ! Monsieur, votre journal ?

« — Eh bien, Madame, je suis fâché de la peine que vous vous êtes donnée ; peine inutile, je vous croyais sur parole.

« — Je vous en remercie, mais une religieuse, surtout quand elle est supérieure, ne doit jamais laisser planer le moindre doute sur sa véracité.

« — C'est juste, Madame, et je vous admire ; puis je vous crois d'autant plus que ma femme avait aussi la plus grande confiance dans une sœur que vous avez conduite hier au champ du repos.

« — Oui, au champ du repos pour le corps ; les âmes ne restent pas là. Vous voulez parler sans doute de la sœur Gertrude ?

« — Oui, Madame ; précisément de la sœur Gertrude. Il paraît que c'était une femme de bien, car Ladevèze en a déjà parlé deux fois dans son journal, et Ladevèze ne fait des compliments qu'à bonne enseigne.

« — Il avait bien raison, Monsieur Ladevèze ! C'est une perte irréparable que vient de faire la communauté. Sœur Gertrude nous donnait à toutes l'exemple des vertus chretiennes et en particulier de la charité. Bientôt vous lirez dans sa vie que cette charité ne connut jamais d'obstacles insurmontables. La chère sœur soignait avec le même zèle les croyants et les incrédules, les catholiques, les protestants, les orthodoxes, les juifs, les musulmans, les vieillards, les enfants, les pauvres, les riches,

la femme de chambre et la comtesse, la cuisinière et la du-
chesse, les ouvriers et les banquiers, les hommes de mauvaise
vie, même ces malheureuses créatures... qui font la honte de
notre sexe ! ! ! »

Cette période, prononcée avec une animation qui partait
du fond du cœur, impressionne si vivement le tailleur qu'il
s'écrie :

« Quelle philanthrophie !...

« — Dites plutôt, Monsieur ; quelle charité chrétienne ! car
la vraie religion seule peut inspirer un tel courage.

« — Vous avez raison, Madame la supérieure ; je crois que
les rédacteurs de mon journal de Paris, avec toutes leurs belles
phrases, n'en feront jamais autant.

« — Avec un esprit juste et droit comme le vôtre, Monsieur,
ou vous êtes déjà bon chrétien, ou vous ne tarderez pas à le
devenir.

« — Ma foi ! je remercie l'Etre suprême et mon ami, de
m'avoir conduit dans vos murs, et plus tard nous verrons.

« — Mon ami, dit alors le professeur, Madame est très-oc-
cupée, n'abusons pas.

« — C'est vrai, mais vous ne m'empêcherez pas de dire une
seconde fois à Madame la supérieure combien je suis heureux
d'avoir visité la Grande-Bretêche. Avant tout la vérité ; je suis
l'amant de la vérité.

— Messieurs, répondit la mère du Calvaire, vous n'avez pas eu
le temps de voir la maison tout entière. Pendant que nos sœurs
terminent leur dîner, je vous montrerai moi-même une chambre de professe (elles se ressemblent toutes), le dortoir des

novices, l'ouvroir et la chapelle ; puis, si vous le voulez, nous donnerons un coup d'œil au noviciat. »

La proposition étant acceptée par le professeur avec plaisir, par le tailleur avec enthousiasme, la supérieure les conduit d'abord dans la chambre d'une sœur professe ; c'était précisément celle de la bonne sœur Saint-François. Fatiguée ce jour-là, au lieu d'aller au réfectoire, elle était montée dans sa chambre. Pendant que le professeur, qui l'a reconnue, la taquine un instant sur les vols qu'elle faisait au profit de ses malades, l'intrépide tailleur fait son inventaire : Un petit lit de fer, garni d'une paillasse de trente centimètres d'épaisseur et d'un matelas qui n'en a pas plus de quinze, un traversin à l'avenant, une couverture en laine, des draps de grosse toile écrue, une chaise empaillée de jonc, une table en bois blanc, voilà les meubles meublant la petite cellule de la bonne vieille, et voici les ornements : un christ à la tête de son lit, son chapelet au pied, vis-à-vis le portrait de la mère Poussepin sous un verre un peu taché par les mouches.

« Eh bien ! dit le professeur, qui en avait fini avec la sœur Saint-François, vous voyez, mon ami, une cellule de mouche à miel !

« — Oui, mais sans miel. »

Puis s'adressant à la révérende supérieure et à la sœur octogénaire, le tailleur dit :

« Vous êtes d'une simplicité admirable, Mesdames ; il est bien fâcheux que vous ne soyez pas plus connues du monde. »

La supérieure. — « Monsieur, nous ne tenons au monde que pour y faire du bien ; notre seule récompense est au ciel.

« — Parfait, Madame, parfait, » s'exclama notre homme ravi d'un tel langage.

En sortant de cette cellule, ils entrent dans le dortoir des novices. Encore des lits de fer, des paillasses et des matelas de même épaisseur, un christ et des tableaux noirs aux murailles, une table et une chaise par lit, et du madapolam aux croisées. A cette vue, notre tailleur pousse les mêmes exclamations avec un ravissement qui grandit toujours.

La supérieure, voulant donner à ses sœurs, après le dîner, le temps de monter à l'ouvroir et aux novices un quart d'heure de récréation avant d'entrer en classe, mène ses visiteurs à la chapelle.

En entrant dans le lieu saint, le tailleur est frappé d'admiration et d'étonnement !

En deux mots, le professeur fait l'historique de la chapelle, parle de son style, du commencement du xiie siècle, style sévère, rendu plus sévère encore par l'habile architecte M. Meffre, sur la demande des modestes sœurs qui voulaient une chapelle modeste, mais digne cependant de l'époux divin qu'elles ont choisi avec tant de bonheur. Voilà pourquoi nous voyons s'élever un dôme aussi simple qu'il est majestueux ; voilà pourquoi nous cherchons en vain, sur les chapiteaux de ses colonnes sévères, les riches dentelles de nos églises gothiques et leurs figurines symboliques. Les yeux des filles de la Présentation n'abandonnent les dômes éternels que pour s'abaisser sur des frères malheureux qui souffrent dans les hôpi-

taux ; telle est la devise de ces pieuses et charitables sœurs :
Le Ciel et l'hôpital, Dieu et le prochain.

Pendant qu'il donnait tous ces détails, la Mère du Calvaire priait avec ferveur ; mais le tailleur, qui n'avait jamais lu l'abbé Bourassé, commençait à s'ennuyer d'une science à laquelle il ne comprenait rien. Le professeur, s'en apercevant, attira son attention sur les vitraux de la chapelle, ce délicieux musée de la charité chrétienne.

« Voyez, disait le professeur à son ami, parcourez avec moi tous ces chefs-d'œuvre de **M.** Lobin, qui nourrirent pendant plusieurs mois un grand nombre des ouvriers de la ville de Tours.

« — C'est vrai ; vous avez raison. J'allais critiquer une bonne œuvre.

« — Excellente réflexion, mon ami. Contemplez maintenant la Foi, l'Espérance et la Charité sous la figure de ces admirables vierges : la Foi tient à la main un calice rappellant la dernière cène de Jésus-Christ avec les apôtres, qui tous étaient des enfants du peuple ; l'Espérance, appuyée sur une ancre, promet un port sûr aux malheureux ballotés par les vents de l'infortune ; la Charité conduit par la main une jeune orpheline adoptée par la religion.

« — Merci, voisin, merci de ces explications ravissantes auxquelles je n'avais jamais pensé. »

Pendant que les amis admirent avec attention, le vitrail de la Sainte Famille, le professeur s'écrie :

« Quelle humilité profonde ! Dieu, pour nous sauver, choisit une mère dans une pauvre famille de Juda et un tuteur dans l'atelier d'un artisan. Quelle leçon pour les grands de la terre ! qu'en pensez-vous?

« — C'est vrai, mille fois vrai. Mais quel est ce grand saint représenté dans l'autre croisée.

« — C'est Charles Boromée, archevêque de Milan, qui vendit sa principauté d'Uritano, pour en distribuer le prix aux pauvres, et sa vaisselle d'argent, pour secourir les pestiférés.

« — Franchement, je le crois, Voltaire, le grand saint de mon journal, n'a jamais rien fait de semblable ; pour moi, je ne l'ai jamais lu dans sa vie.

« — Parfait ! mon ami. Vous voyez dans le vitrail suivant un roi de France, Louis IX.

« — Que fait-il donc là sous son chêne?

« — Il rend la justice aux derniers de ses sujets dans la forêt de Vincennes. Tout roi qu'il est, cela vous étonne.

« — Dame, les autres ne font plus cela maintenant.

« — Eh bien ! l'église en a fait un saint. Qu'en pensez-vous?

« — Je crois qu'elle a bien fait. Mais elle ne pourrait plus en faire autant puisque les rois donnent à d'autres le droit de juger leurs sujets.

« — La justice en est-elle mieux rendue?

« — Eh bien ! non, il n'y a rien de tel que l'œil du maître.

« — Que pensez-vous de ce bon roi?

« — Je l'adore.

« — Contentez-vous de l'honorer et défiez-vous de ceux qui l'attaquent en parlant de ses croisades.

« — Comptez sur moi maintenant.

« — Vous êtes français, suffit; passons à d'autres vitraux.

« Ce saint qui vous étonne avec une colombe sur l'épaule et une plume à la main, c'est saint Thomas d'Aquin, fils d'un comte d'Aquitaine. Il refusa l'épiscopat, parce qu'il s'en croyait indigne, quoiqu'il fût le plus saint et le plus savant de son siècle. Il dit dans un de ses ouvrages, qui ne vous déplairait pas : *Sans charité une action bonne en apparence n'est utile à rien; mais tout ce qui vient de la charité, quelle qu'en soit la valeur, est une action méritoire.*

« — Eh bien! voilà encore un saint de mon goût; ce fils de comte n'est point orgueilleux comme tous ces parvenus. Mais pourquoi cette colombe, pourquoi cette plume?

« — La colombe est le symbole de l'Esprit-Saint qui l'inspire, et la plume annonce un grand écrivain.

« — Tiens, mon journal dit tous les jours qu'il n'y a que des ignorants qui croient à la religion.

« — Vous voyez une fois de plus la confiance qu'il mérite.

« — C'est vrai. Aussi ses actions sont en baisse aujourd'hui dans mon esprit; avant tout la vérité. Qui trompe une fois, peut tromper mille. »

En arrivant devant les derniers vitraux du côté de l'Epître, le professeur, profondément ému à la vue du premier médaillon, et sentant couler ses larmes, dit à son ami :

« C'est de l'histoire moderne. Voyez vous-même et vous comprendrez facilement.

« — Vous avez raison, c'est une sœur morte et une autre qui prie pour elle. Dans le second médaillon, une sœur qui donne du pain aux pauvres, et dans le troisième, une sœur qui soigne un moribond.

« Voisin, c'est beau, mais bien triste : une morte, un moribond et des pauvres qui meurent de faim.

« — Pas si triste que vous le pensez, quand on meurt comme la mère Gertrude, après avoir donné du pain aux pauvres.

« — Bien, bien, » dit le tailleur qui, se détournant, et apercevant d'autres sœurs sur la dernière croisée du côté de l'Évangile, ajouta : Encore des sœurs.

« — Sans doute. On dirait que vous ne seriez pas content à la vue de ces saintes filles, qui font tant de bien...

« — Vous vous trompez ; ma haine a fait place à un sentiment d'admiration dont je ne me défends plus.

« — J'en suis enchanté. Vous pouvez voir dans le premier médaillon que les sœurs de la Présentation ne se contentent pas de soigner les malades et de prier pour les morts ; cette jeune sœur est environnée de tout petits enfants qu'elle garde pendant que leurs pauvres mères travaillent à gagner leur vie et leurs vêtements.

« — C'est vrai, et mon journal dit qu'elles ne sont bonnes à rien, l'infâme menteur !

« — Dans l'autre médaillon, c'est une jeune novice qui va faire sa profession. On la reconnaît à son tablier blanc, tandis que la professe priant à côté d'elle porte un tablier noir.

« — Profession ! professe ! qu'entendez-vous donc par là ?

« — Après avoir fait ses preuves au noviciat, la jeune fille promet à Dieu de se dévouer au soulagement du prochain toute sa vie.

« — C'est admirable! Quel sublime dévouement à cet âge!

« — Ce dernier médaillon, enfin, représente une sœur donnant des soins à une femme malade, comme la mère Gertrude en donnait à la vôtre.

« — Voisin, j'étais un ingrat; mais je ne le suis plus. Honneur à la mère Gertrude! »

Au moment où il pousse cette exclamation, ses yeux tombant sur le costume d'un capucin, il s'écrie : « En voilà un que je n'aime pas.

« — C'est saint François de Paule, mort en Touraine, qui donna pourtant de bonnes leçons au roi Louis XI, et qui porte pour devise un mot qui ne vous déplait point : *Caritas* en français signifie *Charité*.

« — Toujours la charité dans cette maison! Après tout c'est admirable, quoi qu'en dise mon journal.

« — Mon ami, prenez garde à vous. Nous arrivons à votre ennemi mortel, en lui montrant du doigt saint Martin.

« — C'est vrai, je ne l'aime pas. Il va me faire perdre au moins un millier d'écus sur ma maison de Saint-Pierre-des-Corps.

« — Allons donc! allons donc! je vous demande ce que peut faire l'église Saint-Martin à Saint-Pierre-des-Corps, à plus d'un kilomètre?

« — Il est vrai, c'est un peu loin.

« — Rassurez-vous, et n'ayez pas plus de confiance dans les anti-Martiniens que dans les journalistes parisiens. Les connaissez-vous bien, ces hommes opposés à la construction d'une basilique en l'honneur du plus charitable des saints?

« — Ma foi, pas trop.

« — Eh bien ! faites une enquête et tâchez de découvrir les aumônes qu'ils font et les pertes qu'ils feraient si la basilique était reconstruite.

« — Pour les aumônes, je crains bien qu'ils n'en fassent pas beaucoup ; pour leurs pertes, je doute même qu'elles soient très-considérables.

« — Eh bien ! savez-vous ce qu'ils font, ces grands et nobles défenseurs des intérêts du peuple ?

« — Non.

« — Ils empêchent les ouvriers de gagner deux ou trois millions pour sauvegarder les intérêts de quelques boutiquiers qui ne manqueraient pas de recevoir de larges dédommagements.

« — Vous croyez ?

« — Avez-vous jamais entendu dire que ces messieurs aient donné une partie de leur manteau aux pauvres ? Pourriez-vous assurer qu'ils recherchent sincèrement et uniquement l'intérêt des propriétaires et des commerçants ? Voudriez-vous en un mot vous porter garant de leur désintéressement ; il est si doux de se faire un nom pour augmenter sa clientelle, ou son commerce !

« Mais passons à d'autres vitraux et n'abusons pas des instants de madame la supérieure....

« — Qui prie le bon Dieu de tout cœur. Quelle femme ! »

En parlant ainsi et en marchant, nos deux amis étaient arrivés en face de saint François de Sales, dont la figure ne déplut point à l'ennemi de saint Martin. Mais quand le professeur lui dit qu'il avait refusé une place de sénateur en Savoie pour se faire prêtre, et qu'avec sa bonté seule, sans user de la moindre rigueur, il avait converti soixante-douze mille hérétiques au catholicisme, le tailleur ne put s'empêcher de l'admirer et de répéter ses imprécations contre son journal, qui lui parle toujours d'inquisition et de tortures.

« — Et de Jean-Jacques Rousseau, qui, lui aussi, habita Genève, dont saint François fut évêque, ajoute le professeur.

« — En effet, il parle souvent de l'auteur d'*Héloïse* et du *Contrat social*. Il en fait même un saint du premier ordre.

« — Qui envoyait ses enfants à l'hôpital !

« — Ce n'est pas possible !

« — C'est tellement possible que c'est vrai.

« — Mon imposteur de journal, qui n'en dit pas un mot se joue donc de la crédulité de ses lecteurs !

« — Oui, passablement, comme vous le voyez. Mais laissons Rousseau envoyer ses enfants aux bonnes sœurs de la charité, qu'il accablait de ses railleries en guise de remerciements, et passons à un saint qui n'est pas trop de votre goût, car c'est encore un moine.

« — Son nom ?

« — Saint Dominique.

« — Le fondateur des Dominicains ?

« — Lui-même.

« — Le père Lacordaire était de son ordre ?

« — Sans doute, Etait-il un ignorant ce père Lacordaire ? Qu'en pense votre journal ?

« — Il en parle rarement.

« — Et pour cause ; cependant le père Lacordaire aimait la liberté, dont votre journal est l'apôtre le plus bruyant. Pourquoi ne vous donne-t-il pas ses discours.

« — Je n'en sais rien.

« — Eh bien ! moi je vais vous le dire : parce qu'il était chrétien, moine, charitable et populaire ; parce qu'il voulait le bonheur et la liberté du peuple, tandis que votre journal ne veut que son argent.

« — Je ne suis pas éloigné de cette pensée.

« — Maintenant, finissons par la Présentation. C'est la fête de ces dames, qui ont pris à tâche d'imiter la Sainte-Vierge dans toutes ses actions, en commençant dès la plus tendre jeunesse, comme vous l'avez vu dans un des médaillons, à faire le vœu de se consacrer à Dieu pour la vie.

« — Parfait, mon voisin, parfait! et je répète en finissant, ce que vous avez dit en commençant : *Cette chapelle est vraiment le musée de la charité.*

« — Avant de sortir, mon ami, voyez quelle simplicité, quelle abnégation. Ces bonnes sœurs n'ont que des bancs pour s'agenouiller et des bancs pour s'asseoir.

« — C'est vrai, tandis que ma femme a, dans l'église Saint Julien, deux chaises bien rembourrées et richement étoffées.

« — Mon ami, votre appréciation est juste, et vous en concluez que...

« — Les bonnes sœurs font tout pour Dieu et pour le prochain, et rien pour elles.

« — Admirablement raisonné. »

En parlant ainsi, les deux amis se dirigèrent vers la porte suivis de madame la supérieure.

En sortant de la chapelle pour aller à l'ouvroir, notre curieux visiteur dit à la mère du Calvaire :

« Cette chapelle vous a coûté bien cher, Madame ? elle est très-belle et les vitraux en sont admirables.

« — Oui, Monsieur, très-cher ; c'est le fruit du travail de nos bonnes sœurs qui sont en paroisses. Elles s'imposent toute espèce de privations pour envoyer chaque année un petit pécule à la communauté, qui n'a pas d'autres revenus pour vivre, pour s'agrandir et pour orner la maison du Seigneur.

« — N'avez-vous pas aussi deux autres maisons en ville ? La maison de santé de Lariche et l'asile des Carmes ?

« — Oui Monsieur ; et c'est encore par les mêmes moyens que nous les avons fait construire, toujours grâce aux privations que s'imposent volontairement nos sœurs, qui n'ont pas plus de quatre cents francs chacune pour vivre et se vêtir et souvent même pour se loger.

« — Et vous n'ignorez point que de ces deux maisons, l'une est consacrée aux enfants pauvres et l'autre aux ouvriers malades, ajouta le professeur.

« — C'est vrai, tandis que moi, avec quatre cents francs par mois, je mets à peine les deux bouts ensemble, quoique ma femme soit d'une économie....

« — Mon ami, dit le professeur en l'interrompant pour la dernière fois, reconnaissez-vous les abeilles voyageuses dont je vous parlais sur le pont ?

« — Tiens, c'est vrai.

« — Et ces ignobles frélons que vous maudissiez sans les voir, les connaissez-vous maintenant ?!

« — Non.

« — Les rédacteurs de votre journal, les romanciers et tous les amis de même farine.

« — Eh bien ! c'est mille fois vrai. »

A ces mots, on entrait à l'ouvroir où le tailleur comptait bien prendre sa revanche contre le professeur, qui s'était oublié en parlant trop longuement du style et de l'architecture de la chapelle, science à laquelle notre homme n'entendait rien, qu'il méprisait même aimant par goût et par état la nouveauté. C'est donc à son tour de trôner.

Dans cette fourmilière qu'on appelle ouvroir, l'une repasse des habits blancs, l'autre plie les tabliers noirs, celle-ci empèse les cornettes, celle-là plisse les mouchoirs ; les vieilles trico-tent, les jeunes brodent des ornements pour la chapelle, quelques-unes ourlent des draps et des serviettes, d'autres font des chemises pour les pauvres ; toutes en silence travail-lent à qui mieux mieux pendant qu'une d'entre elles fait la lecture.

Ce tableau qui rappelait au tailleur son début dans la car-rière, moins le silence et la lecture, lui fait ouvrir les yeux grands comme des portes cochères. Alors d'un air superbe, comme un général inspecteur qui fait la revue d'un régiment, il encourage les unes, donne des louanges aux autres, fait voir quelques défauts à un ourlet, quelques points manqués à une couture, et finit par dire :

« Mesdames, vous êtes les fées du travail ! moi-même je ne faisais pas mieux ! »

Puis à la supérieure, d'une voix haute :

« Madame, je vous fais mon compliment.

Enfin au professeur d'une voix plus basse :

« Et mon journal dit qu'elles ne font rien ! Mensonge atroce ! j'enrage en voyant si peu de respect pour la vérité. »

A ces dernières paroles, la supérieure sort, précède les visiteurs, ouvre la porte de la classe, annonce une visite et prie ces messieurs d'entrer. En les voyant les novices se lèvent, leur maîtresse en tête.

Le professeur, qui jadis avait donné des leçons dans la maison, fit, à la demande de la supérieure, des questions sur l'orthographe, l'analyse logique et l'analyse grammaticale, la géographie et l'histoire, sur la tenue des livres en partie simple et en partie double, auxquelles on répondit admirablement. Puis s'adressant à la plus jeune des novices, il lui dit :

« — Quel est votre prochain?

« — Tous les hommes, même nos ennemis.

« — Vous feriez donc du bien à ceux, qui vous font du mal?

« — Oui, Monsieur, Jésus-Christ nous l'ordonne.

« — Que faites-vous ici ?

« — On nous instruit pour faire la classe aux pauvres et aux enfants des ouvriers qui n'ont pas le moyen de payer dans les pensions, où le prix est trop élevé.

« — Ensuite?

« — Nous enrichissons notre âme de la doctrine et de la morale de l'Evangile.

« — Enfin ?

« — Nos cœurs apprennent à compatir aux souffrances d'autrui, pour soigner plus tard les malades. Notre maîtresse nous disait encore ce matin :

« Mes enfants, lorsque vous serez dans un hôpital ou à la campagne, soignez indistinctement tous ceux qui souffrent, chrétiens ou non chrétiens, pauvres, ouvriers, ignorants et savants ; soyez les sœurs de tout le monde, suivez l'exemple de la bonne mère Gertrude ; ayez sa compassion pour les douleurs, son dévouement à toutes les misères humaines et son humilité chrétienne qui cachait avec tant de soin le bien qu'elle faisait ; en un mot soyez d'autres sœurs Gertrudes, Dieu et les hommes vous béniront.

« — Bien, Madame, dit le professeur.

« — Très-bien, très-bien, ajoute le tailleur, émerveillé de ces réponses aussi simples que sublimes, et s'adressant à la supérieure : « Madame, je vous fais mon sincère compliment sur l'admirable charité qui règne dans votre maison, et je vous prie d'accepter nos remerciements pour la grâce avec laquelle vous en avez fait les honneurs. Dans une heure vous avez déchiré le voile épais que mon journal et d'autres mauvaises lectures avaient jeté sur mes yeux. Je sors de chez vous bien convaincu que la Grande-Bretêche est une école de vertu, de travail et de charité. Adieu, Madame.

« — Au revoir, Messieurs. »

Sortis du couvent, nos deux amis gardent un profond silence, bientôt rompu par le tailleur qui s'écrie :

« Que de préjugés j'avais, grand Dieu ! contre ces bonnes

filles! et combien d'autres encore partagent ces maudites erreurs sur la foi d'un journal sans bonne foi.

« — C'est vrai, mon ami, il y a bien des préjugés dans le monde contre ces femmes dévouées dont la vie toute entière se passe en bonnes œuvres. N'en est-il pas de même contre les prêtres ? Tenez, voyez devant nous le supérieur de ces Dames. Il sort de chez elles pour aller porter des consolations ailleurs ; c'est le bon monsieur Malmouche. Hâtons le pas pour le rejoindre et lui présenter nos hommages. »

Ils arrivent à lui et le saluent respectueusement tous les deux. Monsieur le vicaire général les salue à son tour avec un tendre sourire, en leur disant :

« Messieurs, vous venez de visiter nos sœurs ?

Le professeur : « — Mon ami est enchanté de leur bonne réception, et vous savez ce que je pense de ces excellentes religieuses.

Le tailleur. « — Elles sont admirables, et la Grande-Bretêche est la maison du travail et leur chapelle le musée de la charité.

M. le supérieur. « — Il est vrai qu'il y a dans cette communauté un bon esprit, beaucoup de piété, une grande charité. Comment se trouve-t-il des hommes assez ignorants pour attaquer ces bonnes sœurs? Quand je dis ignorants, ils peuvent savoir beaucoup de choses, mais ils ne savent pas ce qu'est une sœur hospitalière dont le nom seul les irrite ou les fait sourire de pitié. Une sœur hospitalière, Messieurs, c'est l'âme et la providence de tous les malheureux, la consolatrice des affligés, l'appui des faibles, le soutien de la veuve, la mère de l'orphelin et la fille du vieillard. Sa vie entière n'est qu'un

21

long dévouement. Qui, parmi ses détracteurs, consentirait à échanger à son exemple les joies de la famille, les jouissances de la fortune, tous les biens que les hommes recherchent avec tant d'avidité, contre des travaux obscurs, des devoirs pénibles, des fonctions qui brisent les cœurs et révoltent les sens, pour ne recevoir le plus souvent que les dédains et l'ingratitude, les railleries sanglantes des hommes vicieux et l'insulte amère des impies! Mollement étendus sur un duvet voluptueux, ces detracteurs sont encore plongés dans le sommeil, que déjà la fille de la charité, devançant l'aurore, recommence le cours de ses bienfaits, soulage le pauvre, visite le malade, pénse le blessé, essuie les larmes de la douleur, instruit l'ignorant, fortifie le faible et calme les âmes troublées par les orages de la nuit. Après une journée si remplie de bonnes œuvres, le soir arrive, mais non le repos. A l'heure où le plaisir appelle le mondain aux spectacles, aux bals, aux fêtes, elle est auprès d'un malade ou d'un moribond. Voilà pour les temps ordinaires; mais quand arrive une maladie contagieuse, la fièvre noire, le choléra morbus, les philanthropes s'enfuient en pays étranger pour éviter la mort, tandis que la fille de la Présentation, loin de fuir, se précipite au milieu des pestiférés. Quand le fléau mortel arrive avec son hideux cortége, jetant devant lui l'épouvante et l'effroi, sa charité ne connaît plus de bornes; quelque effrayants que soient les symptômes de la peste, quelles qu'en soient les suites, rien n'ébranle son courage; elle marche au devant du mal quand il ne vient pas assez vite. Alors le soulagement qu'elle apporte aux douleurs morales et physiques est la récompense qu'elle attend de son abnégation. Voilà, Messieurs, la vraie sœur de charité, non telle qu'en jugeant sur quelques exceptions scandaleuses, le monde se plaît à se la figurer, mais telle que réellement on la trouve dans les hôpitaux, dans les rues de nos villes, dans les chemins boueux de nos campagnes, portant des secours à tous les malheureux, et des consolations à tous les délaissés; voilà la fille de charité de la Présentation que vous venez de visiter. »

Pendant que le bon supérieur parlait aux deux amis en faisant de main de maître le portrait de la sœur hospitalière, on arrivait à la place de l'Hôtel-de-Ville; alors le professeur lui demanda la permission de lui faire une visite dans la soirée, et le tailleur lui dit du fond de son cœur qu'il garderait longtemps la mémoire des grandes choses qu'il venait d'entendre.

En arrivant chez lui, le tailleur, ayant vraiment au cœur un grand amour de la vérité et beaucoup de droiture dans l'esprit, jette au feu devant sa femme le journal du jour en disant : « Brûle, infernal menteur, je ne veux plus te lire jamais, Et toi, ma femme, cours me chercher la vie de ta mère Gertrude; je veux la commencer aujourd'hui. Je sors de la Grande-Bretèche, ce qui t'étonne beaucoup, n'est-ce pas. Eh bien! oui, j'en sors, après avoir vu, de mes yeux vu, des femmes laborieuses et charitables à la place des fainéantes et des pies-grièches que mon imagination troublée par les mauvaises lectures m'y représentaient toujours. Il faut que leur foi soit bien puissante pour les engager à passer leur vie au milieu des pauvres et des malades, des mourants et des morts. Il faut que leur espérance attende une grande récompense pour vivre, comme elles le font et pour se sacrifier entièrement au bonheur de tant de gens qui les récompensent bien souvent par l'ingratitude. Il faut enfin qu'elles aient une charité sans borne pour supporter avec tant de patience les calomnies qu'on déverse sur elles comme je le faisais moi-même à chaque instant. Mais à partir de ce jour, la sœur de charité sera pour moi, sur la terre, l'ange du plus sublime dévouement. Je n'ai plus maintenant qu'un regret, c'est de ne pas les avoir connues plus tôt ; autant que toi, je le sens dans mon cœur, j'aurais aimé et vénéré cette bonne sœur qui t'a guérie. Si le quartier de Lariche fait une pétition au Conseil municipal pour donner son nom à une rue de la ville, je signerai des deux mains et, désormais, je l'appellerai avec tout le monde, le soutien des malheureux, la consolation des affligés, la mère des orphelins, la providence de tous ceux qui souffrent, en un mot la BONNE MÈRE GERTRUDE ! ! ! . . . . »

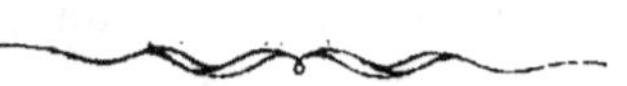

TABLE

Tours, imprimerie Ladevèze.